금융기관론

서문

금융기관은 자금을 필요로 하는 기업과 여유자금을 저축하려는 예금자 사이에서 이들을 중개함으로써 경제발전에 기여한다. 또한 금융기관이 여수신 활동 결과 발생하는 여유자금을 주식, 채권, 외환 등에 투자하는 경우 금융시장 변수인, 주가, 금리, 환율에 큰 영향을 미친다.

다른 측면에서 금융기관은 영리를 목적으로 하는 측면과 공익성이 중시되는 측면이 공존하는 특성이 있다. 예금이자 보다 높은 대출이자를 통해 영업이익을 창출하는 면은 금융기관도 영리를 목적으로 하는 기업의 일종임을 의미한다. 그러나 금융기관의 과도한 리스크 부담에 의한 지급불능은 국가 금융시스템 전체의 작동불능을 의미하는 시스템 리스크로 연결될 수도 있으며 이러한 관점에서 금융감독당국이 금융기관을 엄격한 기준에 의해 감독하고 규제한다.

따라서 이 책의 독자들은 금융기관의 특성, 금융기관의 영업행태에 따른 금융시장의 영향, 금융기관의 영업행태에 영향을 미치는 금융당국의 정책을 이해해야 한다.

금융당국의 정책방향은 즉각적으로 금융시장의 가격변수에 크게 영향을 미치는데 여기서 금융당국은 우리나라 금융당국 뿐만 아니라 세계경제에 큰 영향을 미치는 주요 선진국의 금융당국도 포함된다. 예를 들어 미국 중앙은행의 금리인상 또는 인하, 양적완화 또는 양적완화 축소 등의 정책은 즉시 전세계 금융시장에 영향을 미치고 우리나라를 포함한 주요국 중앙은행의 통화정책 및 외환정책에도 영향을 미친다. 따라서 주요 금융당국의 정책방향을 예측할 수 있는 능력이 중요한데 이를 위해서는 주요 금융당국의 설립목적, 정책적 책무, 정책수행 방식 등을 이해해고 최근의 금융시장 여건을 감안할 때 향후 금융당국의 정책방향이 어떻게 결정될지를 예측할 수 있어야 한다.

금융당국의 향후 정책방향이 예상되면 그 다음 이에 따른 금융시장의 주요 변수들이 어떤 방향으로 반응할지를 예측해야 하는데 이를 위해서는 금융당국의 주요 정책결정과 시장변수들간의 관계를 이해해야 한다.

이 책은 독자들이 이러한 이슈들을 금융시장의 현실에 비추어 이해하는 데 도움이 되도록 설명하려고 노력하였다. 독자들에게 조금이나마 도움이 되기를 바라며 집필과정의 오류는 모두 필자의 책임으로 추후 보완해 나가겠다.

2022년 7월

강재택

차 례

01 금융기관론 개관

1. 금융기관론의 학습 목표 — 1

2. 금융기관 개관 — 2

2.1. 금융의 의의 / 2

2.2. 금융기관의 의의 및 기능 / 3

2.2.1. 금융기관의 의의 / 3

2.2.2. 금융기관의 기능 / 3

2.3. 금융기관의 경영원칙 / 4

2.3.1. 유동성 / 4

2.3.2. 안전성 / 4

2.3.3. 건전성 / 5

2.3.4. 수익성 / 5

2.3.5. 공공성 / 5

2.4. 금융중개 관련 이슈들 / 6

2.4.1. 비대칭적 정보(asymetric information) / 6

2.4.2. 역선택 / 6

2.4.3. 도덕적 해이 / 7

2.4.4. 시스템 리스크(system risk), 최종대부자(lender of the last resort), 대마불사(大馬不死, too big to fail)와 도덕적 해이 / 8

2.4.5. 최선의 최종대부자 기능 수행 방안 / 9

02 금융당국 개관

1. 기획재정부 — 11

1.1. 기능 / 11

1.1.1. 법안 제출권 / 11

1.1.2. 경제정책 관련 기관 협의 총괄 / 12

1.1.3. 금융기관론 관련 분야별 업무 관장 / 12

2. 금융감독 기구 ——— 13

2.1. 금융위원회 / 13

2.1.1. 조직의 성격 / 13

2.1.2. 주요 기능 / 13

2.1.3. 구성 / 14

2.2. 증권선물위원회 / 15

2.2.1. 설치 배경 / 15

2.2.2. 주요 기능 / 15

2.2.3. 구성 / 16

2.2.4. 금융위원회와 금융감독원간의 관계 / 16

2.3. 금융감독원 / 17

2.3.1. 설립 / 17

2.3.2. 조직의 성격 / 17

2.3.3. 설립 목적 / 17

2.3.4. 금융감독원의 고위 직위 / 17

2.3.5. 예산 / 18

2.3.6. 주요 업무 / 19

2.3.7. 금융감독원내 별도 기구 : 금융소비자보호처 / 19

2.4. 한국은행의 은행감독기능 / 20

2.4.1. 중앙은행의 은행감독업무 필요성 / 20

2.4.2. 「한국은행법」 등에 따른 한국은행의 은행감독관련 권한 / 21

2.4.3. 한국은행의 은행감독관련업무 현황 / 22

2.5. 예금보험공사의 금융감독기능 / 24

2.5.1. 조직의 성격 / 24

2.5.2. 기능 / 24

3. 한국은행: 중앙은행 ——— 25

3.1. 중앙은행 관련 주요 이슈 개관 / 25

3.1.1. 설립 목적 / 25
3.1.2. 중앙은행의 통화정책 수행에 대한 논쟁 / 25
3.1.3. 중앙은행의 독립성 / 26
3.2. 한국은행의 조직 및 기능 / 28
3.2.1. 한국은행의 조직 개요 / 28
3.2.2. 한국은행의 성격 / 29
3.2.3. 한국은행의 주요 기능 / 29

03 금융감독정책

1. 금융규제 — 47
1.1. 금융규제의 단계 / 47
1.1.1. 금융규제(financial regulation) / 47
1.1.2. 금융 자유화(financial liberalization) 및 규제 완화(deregulation) / 47
1.1.3. 재규제(reregulation) / 47
1.2. 금융규제 완화 및 자유화 관련 논쟁 / 48
1.3. 금융규제의 대상 / 49
1.3.1. 가격규제 / 49
1.3.2. 진입 및 퇴출 규제 / 49
1.3.3. 건전성 규제(prudential regulation) / 50
2. 금융감독의 의의 — 51
2.1. 거시감독과 미시감독 / 51
2.1.1. 거시감독 / 51
2.1.2. 미시감독 / 53
2.2. 사전감독과 사후감독 / 54
2.2.1. 사전감독 / 54
2.2.2. 사후감독 / 55
3. 우리나라의 은행감독제도 — 56
3.1. 은행업 인가 및 업무영역규제 / 56
3.1.1. 은행업 인가 / 56
3.1.2. 업무영역규제 / 57
3.1.3. 은행주식의 보유규제 / 58

3.2. 건전성규제 / 59
3.2.1. 자기자본의 충실화 / 59
3.2.2. 자산의 건전성 제고 / 70
3.2.3. 신용공여한도규제 / 74
3.2.4. 경영실태평가 / 76
3.2.5. 적기시정조치 / 77

04 통화정책

1. 통화정책 수단 —— 79
1.1. 전통적인 통화정책 수단(Conventional Tools of Monetary policy) / 79
1.1.1. 공개시장조작(Open Market Operation, OMO) / 79
1.1.2. 환매조건부채권매도(還買條件附債券賣渡, repurchasing, R/P) / 79
1.1.3. 지급준비율(Required Reserve Ratio, rr) / 80
1.1.4. 재할인 정책(再割引 政策, Discount Policy) / 81
1.2. 비전통적 통화정책 수단(Unconventional Tools of Monetary Policy) / 81
1.2.1. 비전통적 통화정책 수단의 등장 배경 / 81
1.2.2. 양적완화(Quantitative Easing) / 82
1.2.3. 마이너스 이자율 정책(Negative Interest Rate Policy, NIRP) / 83
1.2.4. Forward Guidance / 84
2. 통화정책(Money Policy) 수행 —— 85
2.1. 적정 통화량 공급을 통한 통화정책 수행 / 85
2.1.1. 적정 인플레이션 유지를 위한 적정 통화량 공급 / 85
2.1.2. 통화승수 모형에 의한 적정 본원통화의 공급 / 87
2.2. 적정 이자율 목표 설정을 통한 통화정책 수행 / 92
2.2.1. 목표 이자율 수준 또는 범위의 기준금리 선정(Selecting the benchmark interest rate of a Target Interest Rate Level or Zone) / 92
2.2.2. 연준의 목표이자율 설정 방식 / 92
2.3. 통화량 목표 통화정책에서 이자율 목표 통화정책으로 전환하게 된 이유 / 95
2.3.1. 통화량 목표 통화정책 운용의 한계 / 95

05 외환정책

1. 외환시장 개요 — 99
1.1. 외환시장의 개념 / 99
1.2. 한국의 외환시장 개요 / 100
1.2.1. 외환시장의 구성 / 100
1.2.2. 한국 외환시장 구조 / 101
2. 환율의 개념(Concept of Exchange Rate) — 104
2.1. 현물환환율과 선물환율 / 104
2.1.1. 스왑포인트의 의미 / 104
2.1.2. 차액결제 선물환(non-deliverable forward, NDF) / 105
2.2 재정환율과 교차환율 / 108
2.2.1. 개념 / 108
2.2.2. 재정환율의 외환시장 왜곡효과 / 109
2.3. 명목환율과 실질환율 / 109
2.4. 실효환율과 실효환율지수 / 110
2.5. 달러지수 / 112
3. 환율 변동에 따른 통화가치 평가 — 113
3.1. 명목환율 변동 / 113
3.2. 실질환율 변동 / 113
3.2.1. 실질환율 변동의 의미 / 113
3.2.2. 실질환율 변동의 사례분석 / 114
4. 환율 결정요인 — 120
4.1. 통화량과 인플레이션 / 120
4.2. 경제성장률 / 121
4.3. 이자율 차이 / 123
4.3.1. 채권시장 경로 / 123
4.3.2. 주식시장 경로 / 124
4.3.3. 이자율 차이와 자본유입 관련 통계검증의 한계 / 125
4.4. 국제수지 / 126
4.4.1. 경상수지 / 126

4.4.2. 자본수지 / 127
4.4.3. 경상수지 적자는 자동적으로 자본수지 흑자로 보전되는가? / 127
4.5. 정치적 요인 / 128
4.5.1. 지정학적 긴장(geopolitical tension) / 128
4.5.2. 국제정치적 합의(international political accord) / 129
5. 환율제도(exchange rate regime) — 130
5.1. 환율제도의 종류 / 130
5.2. 적정 환율제도 논쟁 / 131
5.3. 환율제도별 특징 / 132
5.3.1. 변동환율제도 / 132
5.3.2. 고정환율제도 / 135
5.3.3. 관리변동환율제도 / 135
6. 이자율 평가(利子率 平價, interest rate parity, IRP) — 137
6.1. 이자율평가의 개념 / 137
6.2. 헤지 이자율 평가(covered IRP)와 非헤지 이자율 평가(uncovered IRP) / 138
6.2.1. 헤지의 개념 / 138
6.2.2. 헤지 이자율 평가 / 139
6.2.3. 非헤지 이자율 평가 / 140
6.2.4. 재정거래 메커니즘(arbitrage mechanism) / 141
7. 자국통화 약세정책의 효과 — 144
7.1. 환율 조작 논쟁(debate over currency manipulation) / 144
7.1.1. 환율 조작의 개념 / 144
7.1.2. 환율 조작 여부 평가 / 145
8. 외환당국의 외환정책 — 148
8.1. 외환제도 관련 정책 / 148
8.1.1. 외환파생상품 포지션 비율 규제 / 148
8.1.2. 외환건전성 부담금 / 150
8.1.3. 외국인 채권투자 과세 환원 / 151
8.1.4. 외화대출 관리 강화 / 152
8.1.5. 외화유동성 규제 / 153

8.2. 시장개입에 의한 외환시장 안정화 조치 / 154
8.2.1. 원/달러 현물환율의 안정화 조치 / 154
8.2.2. 스왑레이트와 CRS / 155
8.2.3. 외환시장 안정화조치의 제약요인 / 156

06 금융기관의 리스크 관리

1. 리스크 개관 ———— 161
1.1. 금융기관 관련 리스크의 개념 / 161
1.1.1. 불확실성으로서의 리스크 / 161
1.1.2. 절대적 리스크와 상대적 리스크 / 162
1.1.3. 위험조정성과의 측정 / 163
1.1.4. 리스크 측정의 어려움 / 170
1.2. 금융기관 트레이딩 자산의 시장리스크 / 171
1.2.1. 시장리스크의 개념 / 171
1.2.2. 주식시장의 리스크 요소 / 172
1.2.3. 채권시장의 리스크 요소 / 174
1.2.4. 외환시장의 리스크 요소 / 193
1.3. 은행계정 자산의 금리리스크 / 202
1.3.1. 금리리스크의 개념 / 202
1.3.2. 금리리스크의 측정 / 203
1.3.3. 금리리스크 관리 방안 / 205
1.4. 금융기관의 신용위험 / 213
1.4.1. 금융기관 신용위험의 개념 / 213
1.4.2. 신용리스크의 측정 / 214
1.4.3. 신용리스크의 노출 감축 방안 / 215
1.4.4. 신용파생상품을 이용한 신용리스크 관리 / 216
1.5. 금융기관의 결제위험 / 220
1.5.1. 결제리스크 유형 / 220
1.5.2. 결제리스크 관리 / 223
1.6. 금융기관의 유동성리스크 / 227
1.6.1. 유동성리스크의 개념 / 227
1.6.2. 유동성리스크의 측정 / 228

1.7. 금융기관의 운용위험 / 230
1.8. 금융기관의 법적위험 / 230
1.9. 금융기관 리스크의 종합적 판단 필요성 / 231

2. 시장리스크의 측정 —— 231
2.1. VaR를 이용한 시장리스크의 측정 / 231
2.2. VaR를 이용한 리스크 측정 예제 / 235
2.2.1. 외환의 VaR 측정 / 236
2.2.2. 채권의 VaR 측정 / 237
2.2.3. 주식의 VaR 측정 / 238
2.2.4. 옵션의 VaR 측정 / 240
2.2.5. 포트폴리오의 VaR 측정 / 241
2.2.6. 공헌 VaR 측정 / 245

07 금융당국의 정책방향 예측

1. 정책방향 예측의 필요성 —— 249
2. 통화정책 방향 예측 —— 249
2.1 미 연준 등 중앙은행의 통화정책 방향 예측 / 249
2.1.1. 테일러 룰에 의한 통화정책 방향 예측 / 249
2.1.2. 중앙은행 통화정책 예측시 중요한 변수 / 250
2.1.3. 테일러 룰에 의한 중앙은행의 통화정책 방향 예측 실습 / 255
2.1.4. 미 연준의 금리인상 확률 / 256
2.1.5. FOMC 위원들의 금리인상시기 예측 점도표 / 257

3. 외환정책 방향 예측 —— 258
3.1 원/달러 환율의 균형 이탈 여부 / 258
3.1.1. 경상수지 흑자의 지속과 실질실효환율지수 / 259
3.1.2. 외환보유액의 과도한 증가 / 259
3.2. 금융시장 불안정성 증가 / 260

4. 금융감독정책 예측 —— 264
4.1 국제결제은행(BIS) 등 정책방향 예측 / 264

4.2 국내 감독당국의 정책방향 예측 / 264

참고문헌 ──── 267

부　　록 ──── 269

찾아보기 ──── 278

01

금융기관론 개관

1 금융기관론의 학습 목표

- 금융기관론에서는 금융기관의 특성을 이해하고 금융기관의 영업행태에 따른 금융시장의 영향과 금융기관의 영업행태에 영향을 미치는 금융당국의 정책을 이해해야 한다.
- 금융기관의 영업행태가 보수적이냐 또는 적극적이냐에 따라 금융기관의 위험부담 정도가 달라지고 이는 곧 금융시스템의 안정성에 영향을 미친다. 금융당국이 금융시스템의 안정성을 유지하기 위해 영리를 목적으로 하는 금융기관의 영업행태를 면밀히 관찰하고 공공성의 차원에서 금융기관을 엄격히 규제 · 감독하는 이유를 이해해야 한다.
- 금융당국의 정책방향은 즉각적으로 금융시장의 가격변수에 크게 영향을 미친다. 따라서 주요 금융당국의 정책방향을 예측할 수 있어야 하고 그에 따른 금융시장의 방향변화도 예측할 수 있어야 한다. 그러기 위해서는 주요 금융당국의 설립목적, 정책적 책무, 정책수행 방식 등을 이해해야 한다. 그 다음 최근의 금융시장 여건을 감안할 때 향후 금융당국의 정책방향이 어떻게 결정될지를 예측할 수 있다.
- 금융당국의 향후 정책방향이 예상되면 그 다음 이에 따른 금융시장의 주요 변수들이 어떤 방향으로 반응할지를 예측해야 하는데 이를 위해서는 금융당국의 주요 정책결정과 시장변수들간의 관계를 이해해야 한다.

감독당국의 감독정책 결정은 금융기관들이 여신을 보다 보수적으로 또는 보다 적극적으로 하도록 영향을 미칠 것이고 투자행태에서도 위험자산 선호도에 영향을 미침으로써 금융시장 변수들에도 영향을 미칠 것이다.

중앙은행의 통화정책은 긴축정책 또는 완화정책 여부에 따라 시장금리와 시중 유동성에 즉각적으로 영향을 미치고 이는 채권가격과 주가는 물론 환율에도 영향을 미친다.

또한 중앙은행과 정부가 협조하여 수행하는 외환정책은 외환시장의 제도적 규제 또는 환율 등 외환시장 가격변수의 안정화조치를 통해 외환시장과 금융시장에 영향을 미친다. 통화정책과 외환정책의 결정이 채권가격 또는 시장금리, 주가, 환율에 미칠 영향을 예측하고 이에 따른 포트폴리오 조정의 원리를 이해해야 한다.

2 금융기관 개관

2.1. 금융의 의의

금융(金融)이란 돈(金)을 융통(融通)하는 것, 즉, 돈을 빌리고 빌려주는 것을 말한다. 여기서 자금의 차입자가 직접 자금의 대여자를 물색해서 자금을 조달하는 경우를 직접금융이라 한다. 기업이 주식이나 회사채를 공모[1)]해서 발행하고 이를 통해 매입자로부터 자금을 조달하는 경우가 대표적이다.

한편 자금의 차입자와 대여자 사이에 중개기관이 개입하여 자금의

1) 기업이 증권회사 등에 주식이나 회사채 등의 발행공모를 위탁하여 발행하는 경우 증권회사는 위임받은 범위내에서 발행사무만을 대행하는 것으로서 직접금융에 해당한다.

융통을 중개하는 것이 간접금융이며 자금의 대여자가 은행에 예금하고 은행은 이 자금을 자금의 수요자에게 대출하는 것이 대표적인 사례이다.

2.2. 금융기관의 의의 및 기능

2.2.1. 금융기관의 의의

금융기관[2)]이란 자금의 수요자인 차입자와 자금의 공급자인 대여자 사이에서 이들을 연결하는 중개기능을 하는 기관이다. 이러한 금융기관에는 중앙은행, 은행, 비은행예금취급기관으로서 상호저축은행, 신용협동조합, 새마을금고, 농 · 수 · 산림조합 등이 있고 이외에 금융투자회사, 보험회사, 기타 금융중개기관 등이 다양하게 존재한다.

본 교재는 이들 금융기관들의 업무를 기관별로 설명하기 보다는 이들 금융기관을 전체적으로 하나로 보고 금융기관들의 금융행태가 금융시장에 미치는 영향을 중심으로 설명할 것이며 중앙은행은 금융당국의 하나로서 금융당국 부분에서 설명할 것이다.

2.2.2. 금융기관의 기능

금융기관이 존재함으로써 다음과 같은 효과를 기대할 수 있다.

(1) 거래비용 절감

금융기관은 다수의 자금 제공자와 수요자에 대한 정보를 축적하고

---

2) 업무성격을 감안하면 금융기관보다 금융회사가 더 적합하지만 우리나라의 경우 경제개발 초기에 금융자금을 생산적인 부문에 우선적으로 공급하기 위해 당국이 금융기관들의 설립, 인사, 예산 및 금융업무에 깊숙하게 개입하였고 금융기관들의 경영이 어려워지면 정부가 지원하였다. 이에 따라 금융기관들의 공공기관 성격이 강했기 때문에 금융기관이란 용어가 사용되어 오고 있다.

가장 효과적인 방법으로 이들을 연결하기 때문에 정보의 탐색비용이 감소한다. 또한 자금의 제공 및 관리상의 전문성으로 인하여 위험관리를 효과적으로 할 수 있게 됨에 따라 비용절감이 가능하다.

(2) 자산 변환

금융기관은 다양한 공급자로부터 받은 자금을 다양한 자금 수요에 맞추어 공급함으로써 자금의 규모, 이용기간, 이자율 등을 변환하는 기능을 한다.

(3) 신용 및 지급결제수단의 창출

금융기관은 중앙은행으로부터 받은 본원통화를 기초로 하여 예금통화를 창출하는 신용창출 기능을 하며 또한 수표발행을 통해 현금 이외의 지급결제수단을 창출하는 기능도 한다.

2.3. 금융기관의 경영원칙

2.3.1. 유동성

금융기관은 예수자의 예금인출 요구에 응할 수 있어야 한다. 따라서 금융당국의 요구지급준비율에 맞추어 지급준비금을 보유해야 한다. 또한 항상 지급준비율을 맞출 수 없으므로 필요시 언제든지 자산가치에 큰 손실 없이 현금화가 가능한 유동성 자산을 보유함으로써 이에 대응해야 한다.

2.3.2. 안전성

금융기관은 건전한 경영을 통해서 채무를 지급할 수 있는 능력인 청산능력(solvency)을 유지해야 한다. 금융기관이 채무지급을 못하게 되면 그 지급자금으로 다른 금융기관에게 지급하려던 금융기관도 지급을 하지 못하게 되고 이는 연쇄적으로 금융시스템 전체적으로 파급될 것이다.

2.3.3. 건전성

금융기관은 예수금으로 조달한 자금을 효율적으로 투자하여 예수금의 이자보다 높은 수익을 창출해야 생존이 가능하다. 문제는 수익을 창출하는 과정에서 과도한 리스크를 부담함으로써 금융기관의 건전성이 취약해질 수 있다. 이러한 관점에서 금융기관은 적절한 리스크[3)]관리 시스템을 구축하고 이를 효율적으로 운영해야 한다.

2.3.4. 수익성

금융기관은 영리를 목적으로 하는 상법상의 주식회사이므로 주주이익의 극대화를 위해 수익을 창출해야 한다. 여기서 유동성과 수익성의 상충관계(trade-off)를 감안한 조화가 필요하다.

2.3.5. 공공성

금융기관은 예금자의 돈을 받아 이를 여신 및 투자 등으로 운용한다. 따라서 여신 및 투자가 얼마나 생산적인 부문에서 이루어지는지가 공공성의 차원에서 중요하고 또한 금융기관의 부실은 국가 금융시스템 전체의 와해로 이어지므로 그 사회적 책임이 매우 크다. 이 부분은 다음 금융중개 관련 이슈들에서 살펴본다.

---

3) 금융기관의 리스크에는 재무적 리스크와 비재무적 리스크가 있다. 재무적 리스크는 이자율, 환율, 주가, 경기변동 등에 따라 금융기관의 자산가치가 변동할 리스크를 말한다. 비재무적 리스크는 운영리스크가 대표적인데 컴퓨터망 관련 운영시스템 리스크, 법률적 리스크, 평판리스크 등이 이에 해당한다. 이러한 리스크 관련 내용은 관련 부분에서 상세하게 설명할 것이다.

2.4. 금융중개 관련 이슈들

2.4.1. 비대칭적 정보(asymetric information)

비대칭적 정보는 자금의 대여자가 차입자 관련 모든 정보를 제대로 알 수 없는 한계로부터 발생한다.

차입자는 최선의 차입조건, 즉, 은행으로부터 가능한 최저의 금리로 최대 금액의 차입을 희망한다. 따라서 차입자는 차입을 희망하는 은행에 대해 자신 관련 좋은 정보는 최대한 알리려 하지만 좋지 않은 정보의 공개는 최소화하려고 노력한다. 이에 금융기관이 여신을 결정하기 위해 차입자의 정보를 분석할 때 차입자가 알고 있는 모든 정보를 차입자와 똑같이 알 수 없는 데서 정보의 비대칭이 발생하게 된다.

2.4.2. 역선택

역선택(adverse selection)이란 금융기관이 여신대상 기업을 선정할 때 차입자의 재무상황 관련 정보를 채무자 만큼 제대로 알 수 없는 정보의 비대칭으로 인해 최선의 차입자가 아닌 차입자를 최선이라 판단하고 선택하는 것을 말한다.

은행이 차입 희망 기업들의 재무상황을 재무제표를 중심으로 분석할 때, 기업의 재무제표가 기업의 재무상황을 실시각으로 제대로 반영하지 못하는 한계가 있다. 또한 재무상태표상의 재무상태가 양호한 경우에도 기업의 유동성이나 현금상황 등이 이와 다를 수 있다. 뿐만 아니라 재무상황이 최선의 상태가 아닌 기업들은 재무상태가 최선인 상태의 기업에 비해 은행으로부터의 차입이 기업의 생존에 더욱 필수적이기 때문에 보다 적극적인 홍보 등을 통해 은행차입을 늘리려고 한다. 이 경우 은행은 이들 기업의 재무상황이 최선이 아님에도 불구하고 최선인 것으로 믿고 대출결정을 할 수 있다.

2.4.3. 도덕적 해이

금융기관의 여신 관련 도덕적 해이는 두 가지 관점에서 관찰이 가능하다.

(1) 차입자의 투자행태 등과 관련한 정보의 비대칭성과 도덕적 해이

은행은 차입자가 차입자금으로 최선을 다해 합리적으로 투자하고 차입금의 상환노력에도 최선을 다할지 여부를 알 수 없다.

일부 차입자는 일단 은행자금을 최대한 차입한 후 이 자금을 고위험 자산에 투자함으로써 수익의 극대화를 추구할 수 있다. 만일 이러한 수익 극대화 전략이 성공하면 차입금에 대해 이미 정해진 이자를 지급한 후 최대의 수익을 얻을 수 있으며 이러한 전략에 실패할 경우에는 채무상환이 불가능함을 선언한다. 은행은 그 손실을 대손상각으로 처리하게 되고 그 피해는 결국 예금자에게 돌아가게 된다.

이러한 도덕적 해이는 기업이 성과보수 시스템을 채택하는 경우 더욱 두드러지게 나타날 수 있다. 성과보수 시스템하에서는 수익이 높을수록 보수가 높아지고 수익이 낮으면 성과보수 없이 기본급만 수령하고 사임하는 것이 일반적이기 때문에 성과보수 시스템하에서 기업의 투자담당은 고수익 고위험 투자를 모색할 유인이 커지게 된다.

(2) 은행의 성과보수 시스템과 도덕적 해이

성과보수 시스템에 의한 도덕적 해이 문제는 은행에서도 발생할 수 있다.

은행의 여신관리자가 성과가 높을수록 많은 보수를 받는다면 이 여신관리자는 고수익 투자를 추구하는 기업에 예금자의 돈을 상대적 고금리로 대출함으로써 그 역시 고수익을 추구할 수 있다. 이 여신관리자는 이 전략이 성공하면 성과급을 포함하여 높은 보수를 받고 이

전략에 실패하면 직무에서 물러남으로써 그 손실은 은행이 부담하게 된다.

2.4.4. **시스템 리스크**(system risk), **최종대부자**(lender of the last resort), **대마불사**(大馬不死, too big to fail)**와 도덕적 해이**

(1) 시스템 리스크

만일 규모가 매우 큰 은행이 지급불능 상태가 되면 이 은행이 다른 은행에 대해 예정된 지급을 할 수 없게 되고 이는 곧 금융권 전체의 연쇄적 지급불능 상태로 확산됨으로써 금융시스템이 더 이상 작동할 수 없게 될 수 있으며 이를 시스템 리스크로 부른다.

(2) 최종대부자

위에 설명한 시스템 리스크를 피하기 위해 지급불능의 위기에 처한 금융기관들에게 최종적으로 자금을 공급할 수 있는 유일한 기관이 중앙은행이다. 중앙은행은 한 나라 금융권 전체가 와해되는 것을 방지하기 위해 불가피한 경우 화폐를 발행하여 지급불능 위기에 처한 금융기관들에게 대여하는데 중앙은행의 이러한 기능이 최종대부자 기능이다.

(3) 대마불사(大馬不死, too big to fail)와 도덕적 해이

한 금융기관이 지급불능 상태에 이르렀을 때, 그 규모가 시스템 리스크 유발 여부를 판단하는 데 중요한 기준이 된다.

만일 한 금융기관의 관리 하에 있는 자산 규모가 크지 않은 경우, 이 은행이 지급불능 상태에 이르러 다른 금융기관에 대해 약정된 지급을 못하더라도 다른 은행들이 이를 감내할 수 있고 금융시스템의 작동은 유지될 수 있다. 중앙은행이 이 은행에 대해 최종대부자로서 금융지원을 하지 않아도 금융시스템이 기능할 수 있는 것이다.

만일 한 금융기관의 관리 하에 있는 자산 규모가 매우 큰 경우, 이 은행의 지급불능 사태는 연쇄적으로 다른 은행들의 지급불능을 유발하고 결국 한 나라 금융시스템의 작동이 불가능한 상태에 이를 수 있다. 중앙은행은 금융시스템의 와해를 막기 위해 이 은행에 대해 최종대부자로서 금융지원을 해야 하는 경우가 발생할 수 있다. 이것은 금융기관들이 외형을 확장하는 것이 만일의 경우 지급불능의 위험에 빠지더라도 중앙은행의 지원을 받을 가능성이 크다는 잘못된 믿음을 줄 수 있으며 금융기관들의 도덕적 해이를 유발할 수 있는 또 하나의 원인이 될 수 있다.

2.4.5. **최선의 최종대부자 기능 수행 방안**

(1) **유동성 부족**(illiquidity)**과 지급불능**(insolvency)**의 경우 구분**

중앙은행은 최종대부자로서 자금상황이 어려운 금융기관들을 지원해야 할 경우, 이 금융기관들의 자금애로의 원인이 유동성 부족 때문인지 또는 지급불능으로 인한 것인지를 구분하여 달리 대응할 필요가 있다.

유동성 부족 상태란 금융기관의 평소 여신 및 투자전략이 건전하여 자산규모가 부채규모보다 커서 정상적으로 자산을 처분하면 현재의 채무를 충분히 변제할 수 있으나 외부요인 등에 의해 채무상환에 필요한 유동성이 일시적으로 부족한 경우를 말한다.

지급불능 상태란 금융기관의 자산규모보다 부채규모가 더 커서 정상적으로 자산을 처분하더라도 현재의 채무를 충분히 변제할 수 없는 상태를 말한다.

(2) 최종대부자 기능 수행시 금리의 차등 적용

1) 유동성 부족시

중앙은행은 금융기관의 일시적 유동성 부족으로 인한 시스템 리스크를 피하기 위해 금융지원을 하는 경우 정상적인 금융지원의 경우에 비해 다소 높은 이자율을 부과할 필요가 있다. 도덕적 해이를 방지하기 위해 정상적인 이자율보다 높은 이자율을 부과할 필요가 있지만 금융지원 수혜 금융기관의 평소 경영행태가 방만하지 않기 때문에 벌칙성 고금리까지 부과할 필요는 없다.

2) 지급 불능시

중앙은행은 금융기관의 평소 경영행태가 방만한 것으로 판단되는 경우에도 시스템 리스크를 방지하기 위해 이 금융기관에 금융지원을 해야 하는 경우가 발생할 수 있다. 이 경우에는 벌칙성 고금리를 부과함으로써 다른 금융기관들의 도덕적 해이를 방지할 필요가 있다. 중앙은행의 금융지원은 발권력에서 나오는 것이고 이는 곧 국민전체가 부담하게 되는 것이기 때문에 중앙은행의 금융지원은 꼭 필요한 경우 최소한으로 이루어져야 하기 때문이다.

만일 지급불능 금융기관이 이러한 벌칙성 고금리를 감당할 수 없는 상황에서도 시스템 리스크 방지를 위해 중앙은행의 금융지원이 필요한 경우에는 중앙은행의 금융지원 후 이 금융기관을 국유화하여 국가가 관리하는 것도 한 방안이 될 수 있다. 중앙은행의 발권력은 결국 국민으로부터 나오는 것이기 때문에 이 금융기관을 국가의 관리 하에 두는 것이 합리적일 수 있기 때문이다.

02

금융당국 개관

1 기획재정부

1.1. 기능

기획재정부는 우리나라 경제정책의 수립, 총괄, 조정 차원에서 화폐, 국제금융, 외환 등의 업무를 관장하는 부총리급 정부부처이며 수장은 경제부총리 겸 기획재정부장관이다. 기획재정부의 주요 기능으로는 법안제출권을 통한 금융제도 기획 기능과 경제정책 총괄 기능을 이해해야 한다.

1.1.1. 법안 제출권

기획재정부는 소관 업무 관련 법안을 발의할 수 있고 발의된 법안은 국회에서 소정의 절차를 거쳐 의결, 공포되어야 효력이 발생한다.

시행령은 법의 시행을 위한 세부사항을 정하는 것으로 각 부의 장관이 정하여 공포한다. 또한 시행령의 세부사항을 정한 규정도 각 부의 장관이 정할 수 있다.

따라서 기획재정부에서 우리나라 경제정책 관련 법, 시행령 및 규정의 제정 또는 개정의 방향을 정하기 때문에 금융기관론 관련 금융당국의 정책방향이나 금융기관들의 행태 변화 등을 예측할 때 이러한 점을 감안할 필요가 있다.

1.1.2. 경제정책 관련 기관 협의 총괄

기획재정부장관은 경제정책을 담당하는 여러 기관들 사이의 정책협의를 총괄하는 기능을 수행한다. 우리나라의 경우 경제정책은 그 분야에 따라 여러 정부부처 또는 비정부기관 등이 관장하고 있으며 이들 기관들의 경제정책은 상호 연계되어 있기 때문에 효율적인 수행을 위해서는 조정이 필요한 경우가 많다. 이러한 정책협의를 효과적으로 할 수 있도록 기획재정부 장관의 지위를 다른 경제부처 또는 기관의 장에 비해 높게 부총리급으로 하였다.

금융기관론 관련 정책은 금융위원회 소관인 금융정책, 한국은행 소관인 통화정책 그리고 기획재정부 소관인 경제정책 및 외환정책이 상호 유기적으로 연관되어 있으므로 이들 당국간 정책 협조가 필요하다. 따라서 기획재정부를 중심으로 금융위원회 및 금융감독원 그리고 한국은행 간의 정책협의가 어떻게 이루어지는지를 이해할 필요가 있다.

1.1.3. 금융기관론 관련 분야별 업무 관장

(1) 국제금융정책

국제금융 관련 정책의 수립 · 운영 및 감독기능은 기획재정부와 금융위원회가 협조하여 수행한다. 금융정책은 금융위원회 소관사항이지만 금융정책이 경제정책과 밀접한 관련이 있기 때문에 이와 관련한 사항을 기획재정부와 협의하여 결정하도록 되어 있다.

(2) 외환정책

외환정책은 기획재정부 소관사항이다. 그러나 외환정책은 많은 경우 그 시행의 효과가 통화정책에 큰 영향을 미치기 때문에 한국은행법에 정부의 외환정책 협의기능이 명시되어 있다. 따라서 중요한 외환정책은 기획재정부와 한국은행이 협의하여 결정한다.

또한 현실적으로 기획재정부 소관사항인 외환정책의 세부적 시행과 외환감독의 일부도 한국은행이 수행하도록 위임되어 있다. 따라서 한국은행이 수행하는 외환업무와 관련된 외국환은행의 외환업무에 대해 한국은행은 금융감독원과 공동검사를 수행하며, 외국환중개회사 등 일부 금융기관에 대하여는 기획재정부의 위임을 받아 이들 기관의 업무에 대한 감독과 단독검사를 실시한다.

2 금융감독 기구

2.1. 금융위원회

2.1.1. 조직의 성격

금융위원회는 금융위원회의 설치 등에 관한 법률에 의거 설치된 행정위원회로서 국무총리 소속하의 합의제 행정기관이며, 일반 행정청으로부터 독립된 중앙행정기관으로 행정기능 이외에 준입법적, 준사법적 기능을 수행하는 합의제 기관이다.

다른 정부부처의 업무권한이 정부조직법 등에 의하여 결정되는 것과는 달리 금융위원회는 금융위원회의 설치 등에 관한 법률, 대통령령인 금융위원회와 그 소속기관 직제 및 금융감독 관계법령에 의하여 업무관련 사항이 정해지는 특징이 있다.

2.1.2. 주요 기능

금융위원회의 금융감독 관련 주요 기능은 다음과 같다.

(1) **금융에 관한 아래와 같은 주요 사항을 심의 · 의결한다.**

- 금융에 관한 정책 및 제도에 관한 사항과 관련 법령 및 규정의 제 · 개정에 관한 사항
- 금융회사 감독 및 검사 · 제재에 관한 사항과 관련 법령 및 규정의 제 · 개정에 관한 사항
- 금융회사의 설립, 합병, 전환, 영업양수도 등의 인 · 허가에 관한 사항과 관련 법령 및 규정의 제 · 개정에 관한 사항
- 자본시장의 관리 · 감독 및 감시 등에 관한 사항과 관련 법령 및 규정의 제 · 개정에 관한 사항
- 금융중심지의 조성 · 발전에 관한 사항과 관련 법령 및 규정의 제 · 개정에 관한 사항
- 금융 및 외국환업무취급기관의 건전성감독에 관한 양자 · 다자간 협상 및 국제협력에 관한 사항
- 외국환업무취급기관의 건전성감독에 관한 사항
- 기타 다른 법령에서 금융위원회 소관으로 규정된 사항

(2) **금융감독원에 대한 지도 · 감독을 담당한다.**

- 금융감독원의 정관변경에 대한 승인
- 금융감독원의 예산 및 결산 승인
- 기타 금융감독원을 지도 · 감독하기 위하여 필요한 사항

2.1.3. 구성

금융위원회는 위원장, 부위원장, 금융감독원장, 예금보험공사 사장, 기획재정부 차관, 한국은행 부총재, 금융위원장이 추천하는 금융전문가 2인, 대한상공회의소 회장이 추천하는 경제계 대표 1인, 총 9인으로 구성된다.

▌표 1-1 금융위원회의 구성

구성(9인)	임명	임기
- 위원장(장관급 정무직 국가공무원)	국무총리의 제청으로 대통령이 임명	3년*
- 부위원장(차관급 정무직 국가공무원)	금융위원회 위원장의 제청으로 대통령이 임명	3년
- 기획재정부 차관 - 금융감독원 원장 - 예금보험공사 사장 - 한국은행 부총재	당연직	
- 금융위원회 위원장이 추천하는 금융전문가 2인(1급 상당 별정직 국가공무원 : 상임) - 상공회의소 회장이 추천하는 경제계대표 1인(비상임)		

* 1차에 한하여 연임 가능

2.2. 증권선물위원회

2.2.1. 설치 배경

증권선물위원회는 증권 및 선물거래의 특수성을 감안하여 이에 대하여는 금융위원회와 별도로 심의 또는 의결할 수 있도록 하는 체계를 구축하기 위해 설치되었다.

2.2.2. 주요 기능

증권선물위원회의 주요 기능은 아래와 같다.

- 자본시장의 불공정거래 조사
- 기업회계의 기준 및 회계감리에 관한 업무
- 금융위원회 소관 사무 중 자본시장의 관리·감독 및 감시 등과 관련된 주요 사항에 대한 사전심의 및 불공정거래 조사
- 자본시장의 관리·감독 및 감시 등을 위하여 금융위원회로부터

위임받은 업무

• 기타 다른 법령에서 증권선물위원회에 부여된 업무

2.2.3. 구성

증권선물위원회는 위원장과 4인의 위원으로 구성된다. 위원장은 금융위원회 부위원장이 겸임하며, 4인의 위원은 금융위원회 위원장의 추천으로 대통령이 임명한다.

▌표 1-2 증권선물위원회의 구성

구성(5인)	임명	임기
- 위원장	금융위원회 부위원장이 겸임	3년*
(4인의 위원) - 금융 · 증권 · 파생상품 또는 회계분야에 관한 경험이 있는 2급이상의 공무원 또는 고위공무원단에 속하는 일반직 공무원단의 직에 있었던 자(상임위원은 1급상당 별정직 국가공무원) - 대학에서 법률학 · 경제학 · 경영학 또는 회계학을 전공한 자로서 대학이나 공인된 연구기관에서 부교수 이상 또는 이에 상당하는 직에 15년 이상 있었던 자 - 기타 금융 · 증권 · 파생상품 또는 회계분야에 관한 학식과 경험이 풍부한 자	금융위원회 위원장의 추천으로 대통령이 임명	3년*

* 1차에 한하여 연임 가능

2.2.4. 금융위원회와 금융감독원간의 관계

금융위원회는 금융감독원의 업무, 운영, 관리를 지도 감독한다.

금융위원회와 증권선물위원회는 금융감독의 효율성을 제고하기 위하여 필요한 경우 법령에 따른 권한의 일부를 금융감독원장에게 위탁할 수 있다.

2.3. 금융감독원

2.3.1. 설립

금융감독원은 「금융감독기구의 설치등에 관한 법률」(제24조)에 의거 은행감독원, 증권감독원, 보험감독원 및 신용관리기금이 통합되어 설립되었다.

2.3.2. 조직의 성격

금융감독원은 금융위원회와 증권선물위원회의 지도·감독을 받아 금융기관의 검사·감독업무를 수행하기 위해 설립된 무자본 특수법인으로서 공법인이다.

즉, 특별법에 근거하여 설립된 행정조직으로서 국가 또는 지방자치단체로부터 독립하여 특정한 공공사무를 담당하는 공법인이다.

금융감독원을 정부조직으로 하지 아니하고 독립된 공법인으로 법제화한 것은 금융회사 감독업무에 대해 정부의 간섭을 최소화함으로써 동 업무가 공정하고 독립적으로 시행될 수 있도록 하기 위한 것이다.

2.3.3. 설립 목적

금융감독원은 금융회사에 대한 검사·감독업무 등의 수행을 통하여 건전한 신용질서와 공정한 금융거래 관행을 확립하고 예금자 및 투자자 등 금융수요자를 보호함으로써 국민경제의 발전에 기여할 목적으로 설립되었다.

2.3.4. 금융감독원의 고위 직위

금융감독원의 고위 직위는 다음과 같다.

(1) 금융감독원장

금융감독원장은 금융위원회의 의결을 거쳐 금융위원장의 제청으로 대통령이 임명하며 임기는 3년이고 1차에 한해 연임이 가능하다.

금융감독원장은 금융위원회에 안건 상정을 요청할 수 있고 금융위원장은 특별한 사유가 없는 한 이에 응해야 한다.

(2) 부원장

부원장은 금융감독원장의 제청으로 금융위원회가 임명한다.

표 1-3 금융감독원 고위 직위

구성	임명	임기
- 원장	금융위원회의 의결을 거쳐 금융위원회 위원장의 제청으로 대통령이 임명	3년*
- 감사	금융위원회의 의결을 거쳐 금융위원회 위원장의 제청으로 대통령이 임명	3년*
- 부원장	금융감독원장의 제청으로 금융위원회가 임명	3년*
- 부원장보	금융감독원장이 임명	3년*
전문심의위원	금융감독원장이 임명	금융감독원 정관

* 1차에 한하여 연임 가능

2.3.5. 예산

(1) 금융위원회의 승인

금융감독원의 예산은 회계연도 개시 60일전까지 금융위원회에 예산서를 제출하여 금융위원회의 승인을 얻어야 한다.

(2) 재원조달

금융감독원 예산의 재원은 정부의 출연금, 한국은행의 출연금, 검사

대상 금융회사의 출연금 및 분담금, 기타 다른 법령이나 정관에서 정한 수입으로 조달된다.

2.3.6. 주요 업무

금융감독원이 수행하는 주요 업무는 아래와 같다.

- 금융회사의 업무 및 재산 상황에 대한 검사
- 동 검사결과에 따른 관련 법령의 규정에 의한 제재
- 금융위원회 소속 기관에 대한 업무 지원
- 기타 관련 법령에서 금융감독원이 수행하도록 하는 업무

2.3.7. 금융감독원내 별도 기구 : 금융소비자보호처

금융소비자보호처는 금융감독원 내에 인사, 예산, 업무상 독립성을 강화하여 준독립기구로 설치된 기관이다.

(1) 주요 업무

금융소비자보호처의 주요 업무에는 금융분쟁조정, 금융교육, 민원처리 등이 있다.

(2) 금융회사에 대한 조사

금융소비자보호처는 필요시 금융회사에 대한 사실조사를 할 수 있고 사실조사 결과 필요시 금융위원회와 금융감독원에 적절한 조치를 건의할 수 있다.

2.4. 한국은행의 은행감독기능

2.4.1. 중앙은행의 은행감독업무 필요성

중앙은행은 통화신용정책 수행을 통해 단기금리 또는 시중 유동성을 조절함으로써 물가안정을 달성하고자 노력한다. 또한 일시적으로 유동성이 부족한 금융기관에 대하여는 부족자금을 지원해 주는 최종대부자(lender of last resort) 기능 등을 통해 금융안정을 도모하고 있으며, 전통적으로 금융안정의 핵심요소의 하나인 지급결제의 안정성을 유지하는 역할도 담당하고 있다.

중앙은행이 통화신용정책을 효율적으로 수행하기 위해서는 통화정책의 파급경로상에 위치한 금융기관의 자금수급 상황과 경영상태, 금융기관의 여신행태 등 금융안정에 영향을 미치는 제반 요인들의 실상을 정확히 파악할 필요가 있다. 또한 중앙은행의 최종대부자 기능은 기본적으로 건전한 금융기관을 대상으로 즉시 이루어져야 하기 때문에 어느 금융기관에 유동성 부족 상황이 발생할 경우 그 원인이 일시적인 유동성 부족(illiquidity)인지 아니면 구조적인 지급능력부족(insolvency) 인지를 판단할 필요가 있으며 이를 위해 중앙은행은 금융기관의 자금수급과 경영상태 등을 항상 파악하고 직접 확인할 수도 있어야 한다. 또한 중앙은행은 지급결제의 안정성을 유지하기 위해서 지급결제시스템 참가자인 금융기관의 건전성과 유동성 상황 등을 심사하고 부적격자에 대하여는 참가를 제한할 수 있어야 한다.

이와 같이 중앙은행이 통화안정과 금융안정이라는 책무를 수행하기 위해서는 금융기관 경영상태 등 정책수행에 필요한 관련정보를 적기에 수집하는 것이 매우 중요하다는 관점에서 한국은행도 은행감독업무의 일부를 수행하고 있다.

2.4.2. 「한국은행법」 등에 따른 한국은행의 은행감독관련 권한

한국은행은 은행감독과 관련하여 다음과 같은 제한적인 권한을 보유하고 있다.

① 은행, 은행지주회사 및 한국은행과 당좌예금거래약정을 체결한 비은행 금융회사 및 금산법상의 금융기관 중 자산규모를 고려하여 대통령령에서 정한 금융기관[1]에 대한 자료제출 요구권(한은법 제87조)

② 금융감독원에 대하여 금융기관 검사 및 공동검사 요구권(한은법 제88조 제1항)

③ 금융감독원에 대하여 한국은행의 요구에 의한 검사·공동검사 결과의 송부 요청 및 검사결과에 대한 시정조치 요청권(한은법 제88조 제2항)

④ 금융위원회의 통화신용정책과 직접 관련되는 금융감독상 조치에 대하여 금융통화위원회의 재의 요구권(한은법 제89조 제1항)

⑤ 긴급여신을 지원받은 금융기관에 대한 업무와 재산상황 조사·확인권(한은법 제65조 제3항)

한편 「한국은행법」 이외의 법률에 근거한 한국은행의 감독관련 권한에는 다음과 같은 것들이 있다.

① 「자본시장과 금융투자업에 관한 법률」에 따른 금융투자업자에 대한 자료제출요구권 및 금융감독원에 대한 검사 또는 공동검사 요구권(동법 제419조)

1) 「한국은행법시행령」 제15조의2 각호에 해당하는 금융기관으로 자산규모가 해당 금융업종의 평균 자산규모 이상인 금융기관

② 「전자금융거래법」에 따른 전자금융업자에 대한 자료제출 요구권 및 공동검사 요구권(동법 제41조)

2.4.3. 한국은행의 은행감독관련업무 현황

(1) 은행경영실태 평가

한국은행은 통화신용정책의 파급경로 상에 있는 개별금융기관의 경영건전성 파악 등을 위해 금융기관이 제출하는 업무보고서[2] 등을 기초로 자금조달 및 운용, 자본적정성, 자산건전성, 수익성, 유동성, 편중여신현황, 금융기관 국외점포 및 자회사 등 경영실태 전반에 관한 상황을 정기적으로 분석하고 있다.

분석대상은 국내은행은 물론 외국은행의 국내지점을 포괄하며 분석방법은 전통적인 재무상태표 및 손익계산서 중심의 경영분석 외에도 한국은행이 자체적으로 개발한 경영실태분석모형[3] 등을 활용하고 있다. 또한 금융기관 대출행태에 관한 서베이(survey)를 정기적으로 실시함으로써 금융기관의 대출행태와 그 변동상황 등에 관한 현장정보를 수집하여 한국은행의 정책수립 및 집행에 참고자료로 활용하고 있다.

(2) 검사요구 및 공동검사

금융기관의 경영건전성을 정확하게 평가하기 위해서는 보고서를 통한 간접적인 정보와 함께 금융기관을 직접 접촉하여 얻는 현장정보

---

2) 금융기관의 자료제출업무 부담을 경감하기 위해 금융감독원을 통해 확보할 수 있는 자료는 대부분 금융감독원과의 정보공유를 통해 입수하고 있다.

3) 경영실태분석모형은 재무비율 등 각종 분석지표를 활용하여 자본적정성(Capital Adequacy), 유동성(Liquidity), 수익성(Earnings), 자산건전성(Asset Quality) 등 4개 부문별로 평가점수와 종합평점을 산출하고 동 평점에 의해 은행경영상태를 종합적으로 파악·분석한다.

가 매우 유용하다. 이러한 측면에서 금융기관에 대한 임점검사는 금융기관 직원과의 대면을 통해 필요한 정보를 획득할 수 있는 가장 효율적인 수단에 해당한다.

한국은행의 금융기관 검사에는 직접검사와 간접검사의 2가지 종류가 있다. 직접검사는 금융감독원과 공동으로 금융기관을 검사하는 것이며 간접검사는 금융감독원에 대해 금융기관을 검사하도록 요구하는 것이다. 또한, 공동검사는 특정테마[4]에 대해 여러 금융기관을 동시에 점검하는 부문검사와 1개 금융기관에 대해 통화신용정책 관련규정 준수여부 확인, 경영상황 및 리스크요인 등을 점검하는 개별 금융기관 검사로 나뉜다.

한국은행의 공동검사는 통화신용정책의 실효성 확보, 통화신용정책 및 금융안정 책무 수행에 필요한 현장정보의 획득 등을 위해 수행되고 있으며, 검사결과는 금융통화위원회에 보고하고 관련부서에 제공하여 통화신용정책의 수립 및 집행에 활용함은 물론 기획재정부, 금융위원회, 금융감독원 등 유관기관에 송부하여 정책수립에 참고할 수 있도록 하고 있다. 또한 검사결과의 수검기관 앞 송부 및 경영진 설명회 등을 통해 금융검사의 피드백 과정을 거침으로써 수검기관이 잠재리스크에 유의하고 경영 취약부문을 개선할 수 있도록 조치하고 있다.

---

4) 금융기관의 주택담보대출 및 외형확대경쟁 등 쏠림현상(herd behavior), 금리운용실태, 취약 가계 · 기업의 채무상환능력, 자영업자대출 취급실태, 금융기관의 기업구조조정 상황 등

2.5. 예금보험공사의 금융감독기능

2.5.1. 조직의 성격

예금보험공사는 금융위원회 산하의 무자본특수법인이다.

2.5.2. 기능

예금보험공사는 예금자보호법의 부보금융기관과 공적자금 투입 금융기관에 대한 검사, 보고서 징구를 통해 미시감독기능을 수행하며 이외에 아래의 기능을 수행한다.

- 예금보험기금과 예금보험기금채권상환기금의 운용
- 재무구조가 취약해 부실금융기관이 될 가능성이 있는 금융기관에 대해 출자, 출연, 또는 유가증권의 매입 등을 통해 자금을 지원(예금보험제도 : 동일인 지급한도 : 5,000만원)

그림 2-1 금융감독기구 및 타기관 사이의 관계

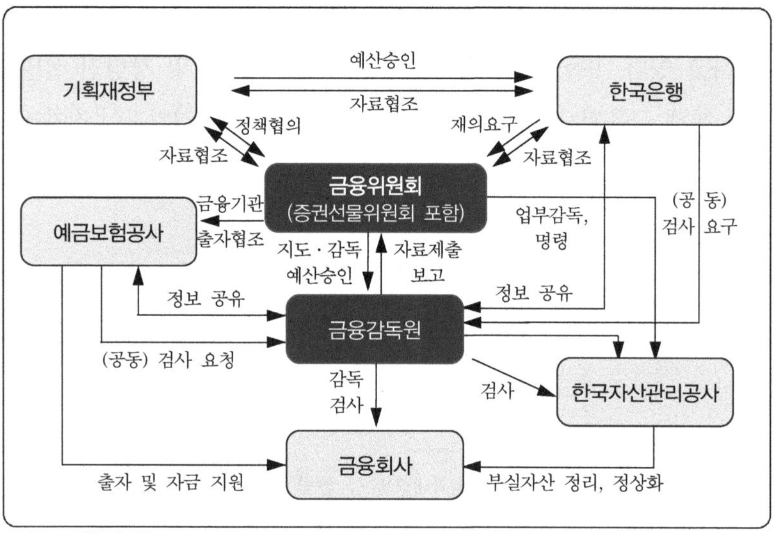

자료 : 금융감독원

- 금융위원회 또는 금융감독원에 대해 부보금융기관의 검사를 요청하거나 동사의 직원이 검사에 공동으로 참여하도록 요청 가능
- 예금보험공사의 부보금융기관 조사결과 금융감독원장에게 시정조치 요청

3 한국은행 : 중앙은행

3.1. 중앙은행 관련 주요 이슈 개관

3.1.1. 설립 목적

중앙은행의 설립목적은 물가안정이다. 정부는 성장우선 정책을 선호하는 경향이 있으며 이로 인해 화폐가치가 급락하고 물가가 크게 불안정해지면 그 폐해는 국민 전체적으로 미치게 된다. 이에 따라 대부분의 국가들은 중앙은행법에 물가안정을 가장 중요한 책무로 명시하고 있다.

중앙은행에 부여하는 물가안정 이외의 책무는 각국의 경제여건에 따라 아래와 같이 상이하다.

- 한국 : 물가안정, 금융안정에 유의
- 일본 : 물가안정, 지급결제, 신용질서 유지
- 독일 : 포괄적 의미의 통화가치 안정
- 미국 : 물가안정, 완전고용 등 거시경제의 안정

3.1.2. 중앙은행의 통화정책 수행에 대한 논쟁

중앙은행은 물가안정의 책무를 정부로부터 중립적으로 수행하도록 부여받은 국가기관이지만 이러한 통화정책의 권한과 책임이 정부에

귀속되어야 한다는 견해도 있다.

(1) 통화정책의 권한과 책임을 정부에 두어야 한다는 견해

이 견해는 통화정책도 경제정책의 일부이며 따라서 그 책임과 권한은 국민으로부터의 수임기관인 정부가 맡아야 한다는 견해이다. 또한 경제정책간의 조화를 위해서도 정부가 중앙은행의 운영에 간여하여 시장의 실패를 방지해야 한다는 입장이다.

(2) 통화정책의 권한과 책임을 중앙은행에 두어야 한다는 견해

이 견해는 정부의 팽창주의적 경제정책 수행에 의한 인플레이션의 폐해를 막고 경제 각 분야의 정책간 균형을 위해서 정부로부터 독립된 중앙은행이 통화정책의 수립과 집행을 관장해야 한다는 견해이다. 이러한 관점에서 보면 중앙은행은 행정부에 속하지는 않지만 통화정책을 수행하는 국가기관으로서 광의의 정부에 해당한다.

3.1.3. 중앙은행의 독립성

중앙은행의 독립성 정도를 파악하는 척도로서 중앙은행이 정부, 의회 기타 이익집단으로부터 사전적 승인절차 없이 이들의 이익에 반할 수도 있는 정책목표를 제시하고 이를 실행할 수 있는 권한이 있는지 여부가 제시되고 있다.

(1) 유럽중앙은행(European Central Bank, ECB)

유럽중앙은행은 유로화 사용지역(Euro Zone) 국가들의 정부는 물론 유럽연합(European Union, EU) 당국으로부터도 독립된 지위에서 유로지역에서 공통으로 적용되는 통화정책을 수립 · 집행하고 있다. 유로화 사용지역(Euro Zone) 각국의 중앙은행들은 ECB의 결정 및 지시에 따라

자국의 금융시장을 대상으로 통화정책을 집행하고 있으며 이에 따라 각국 중앙은행의 통화정책 독립성은 상실된 상태이다.

유럽중앙은행의 통화정책을 결정하는 정책이사회(Governing Council)는 총재, 부총재, 이사 4명, 회원국 중앙은행 총재 6명 등 22명의 상임위원으로 구성된다.

(2) **미국의 연방준비제도**(Federal Reserve System)

미국의 중앙은행은 연방준비제도이다. 연방준비제도는 연방준비제도 이사회와 지역연방준비은행으로 구성된다. 미국은 헌법상 통화정책의 최종 권한을 갖고 있는 미 의회가 연방준비법에 의해 연방준비제도의 최고의사결정기구이며 독립행정위원회인 연방준비제도이사회(Federal Reserve Board, FRB)에 그 권한을 위임하였다. 따라서 FRB는 미국의 통화정책을 결정하고 그 정책결과에 대해 의회에 책임을 지도록 되어 있다.

1) FRB

FRB는 7인의 상임이사로 구성되며 대통령이 12개 지역연방준비은행 관할구역 내에서 1명 이내로 선정하여 상원의 인준을 받아 매 홀수년에 1명씩 임명한다. 이사의 임기는 14년이고 의장 및 부의장직의 임기는 4년이다. FRB의 주요 권한으로는 지급준비율 결정, 지역연방준비은행의 재할인율 승인, 지역연방준비은행 및 금융시스템 전반에 대한 관리 · 감독권 보유 등이다.

2) FOMC(Federal Open Market Committee)

FOMC는 연방공개시장위원회로서 FRB의 목표금리(federal fund target rate[5])) 결정, 공개시장운영에 관한 지시[6] 및 규정 제정 등을 관장한다.

3.2. 한국은행의 조직 및 기능

3.2.1. 한국은행의 조직 개요

한국은행의 조직은 내부 최고의결기구인 금융통화위원회와 금융통화위원회의 정책결정 사항을 시행하는 집행부로 구성되어 있다.

(1) 금융통화위원회

금융통화위원회는 총재, 부총재, 임명직 5인의 7인으로 구성된다. 총재는 국무회의 심의를 거쳐 대통령이 임명하며 금융통화위원회의 의장을 겸직한다. 부총재는 대통령이 임명하며 한국은행의 내부 경영에서 총재를 보좌하고 당연직 금융통화위원이 된다. 임명직 5인의 위원은 기재부장관, 총재, 금융위원장, 상공회의소회장, 은행연합회장이 각각 1인을 추천하며 대통령이 임명한다.

금융통화위원회는 통화정책 및 주요 정책 관련 사항을 심의·의결하고 통화정책 예산을 심의·의결한다. 단, 한국은행의 경비성 예산은 기획재정부 승인을 받아야 한다.

---

5) federal fund target rate와 federal fund rate의 구분 필요 : 미 연준은 통화정책 판단시 가장 중요하게 반영할 기준금리(benchmark interest rate)로서 federal funds rate를 관찰한다. federal funds rate는 미 연준의 회원은행들간에 지준의무 충족을 위해 부족한 자금을 차입할 때 지급하는 이자율이며 미 연준은 이 이자율이 미국 금융시장의 유동성 상황을 가장 잘 반영한다고 판단하고 있다. 이러한 관점에서 미 연준은 federal funds rate가 어느 수준(예를 들어 0~0.25% 범위 내)에 있으면 바람직하다고 판단되는지를 발표하는데 이것이 미 연준의 목표금리범위, 즉, federal fund target rate zone이다.

6) FOMC의 공개시장운영에 관한 지시사항은 뉴욕연방준비은행의 공개시장 데스크에서 시행한다. 만일 federal funds rate가 목표범위의 상한을 넘어서게 되면 뉴욕 연방준비은행의 공개시장 데스크에서 공개시장 채권매입을 통해 유동성 공급을 늘려서 federal funds rate가 목표범위로 들어오도록 한다.

(2) 집행부

집행부는 금융통화위원회의 정책 결정사항을 시행하는 부서로서 본부, 지역본부, 국외주재사무소로 구성되어 있다.

3.2.2. 한국은행의 성격

한국은행은 무자본 특수법인[7]으로 순이익은 적립금으로 적립되어 정부에 귀속된다.

한국은행의 수익은 정부 및 예금은행에 대한 대출이자, 외환보유액 운용 수익 등으로부터 발생한다.

3.2.3. 한국은행의 주요 기능

(1) 통화정책

한국은행은 정부와 협의하여 물가안정목표를 정하고 매년 통화정책 운영계획을 수립 · 공표한다.

- 통화정책의 국회 보고 : 한국은행은 매년 통화정책 수행상황보고서를 국회에 제출해야 한다.
- 정부는 총재에게 국무회의 출석을 요구할 수 있고, 국회 또는 그 위원회도 총재의 출석 답변을 요구할 수 있다.

(2) 금융안정

현재 우리나라의 경우 단일기관이 공식적인 법적 책무를 부여받아 금융안정 기능을 수행하는 것이 아니라 복수의 기관들이 각각 개별

7) 한국은행은 특별법의 일종인 한국은행법에 의해 설립되어 통화정책을 수행하는 공법인이며 자본금이 없다는 관점에서 무자본특수법인이다. 정부도 정부조직법에 의해 국가정책을 수행하는 공법인의 일종이다.

법에 부여된 소관업무 범위 내에서 관계기관 간 협조 하에 그 책무를 수행하고 있으며 그 구체적인 내용은 다음과 같다.

첫째, 통화가치의 안정 기능은 통화정책, 지급결제제도, 지급준비제도 및 환율정책 등의 영역에서 한국은행이 수행하고 있다. 둘째, 사전적 금융안정 정책은 거시건전성정책과 미시건전성정책으로 나누어볼 수 있는데 거시건전성정책은 시스템리스크 감시 및 정책 대응을 위해 한국은행, 기획재정부, 금융위원회 및 금융감독원 등이, 미시건전성정책은 금융기관 감독, 금융소비자 보호를 위해 금융위원회 및 금융감독원이 수행하고 있다. 마지막으로 사후적 위기수습은 최종대부자 기능, 공적자금 투입, 금융기관 정리 및 예금 대지급 등의 영역에서 한국은행, 기획재정부, 금융위원회, 금융감독원 및 예금보험공사가 각각 담당하고 있다.

표 2-1 우리나라의 금융안정 기능 분담

통화가치 안정	사전적 금융안정		사후적 위기수습		
	거시건전성정책	미시건전성 감독			
통화정책 지급결제제도 지준제도 환율정책	시스템리스크 감시 및 정책 대응	개별기관 감독 금융소비자 보호	예금 대지급 금융기관 정리	위기 관리 공적자금 투입	최종대부자 기능 외환보유액 운용
한국은행 (한국은행법)	기재부 (정부조직법)	금융위·금감원 (금융위설치 등에 관한 법률)	예보, 금융위·금감원 (예금자보호법 등)	기재부/금융위 (정부조직법 등)	한국은행 (한국은행법)

자료: 한국은행

(3) 발권(發券)

발권이란 한 나라의 중앙은행이 그 나라에서 통용되는 법정화폐[8]를

8) 한국은행이 발행하는 화폐는 금화나 은화처럼 그 자체에 가치가 내재되어 있는 화폐가 아니라 한국은행법으로 그 통용을 강제하기 때문에 법정화폐(legal tender)이다.

발행(發行)하는 것을 말한다. 한국은행은 중앙은행으로서 우리나라에서 통용되는 화폐의 독점적 발권력을 가진다.

1) **화폐개혁**(redenomination)**과 통화정책**

화폐를 새로이 제정하거나 화폐의 단위를 변경하는 것은 화폐와 관련된 법과 제도에 관한 것으로 기획재정부 소관사항이며, 이미 제정된 화폐의 양을 결정하는 것은 물가안정을 위해 수행하는 통화정책으로서 중앙은행인 한국은행의 소관사항이다. 한국은행의 발주에 의해 지폐를 인쇄하거나 동전을 주조하는 화폐의 제조는 한국조폐공사에서 이루어진다.

2) **조폐이익**(seignorage[9]))

조폐이익이란 국가가 화폐를 제조하여 유통시킬 때, 화폐의 제조비용이 화폐를 유통시키는 액면금액보다 작기 때문에 그 차이에서 얻는 이익을 말한다. 이 조폐이익은 중앙은행에 귀속된다.

3) **화폐 발행**(發行)**의 의미**

화폐 발행이란 조폐공사에서 제조된 화폐가 일단 중앙은행인 한국은행에 들어와 미발행화폐(未發行貨幣)로 있다가 시중에 유통되기 위해 한국은행을 나가는 것을 의미한다. 따라서 한국은행의 금고에 있는 화폐는 화폐발행액에 포함되지 않는다.

---

9) seignorage의 어원 : 중세시대에 봉건국가의 군주들은 자국 영토내에서 통용되는 화폐를 금 또는 은 등으로 제조하여 유통시켰다. 이 때 화폐 제조에 사용되는 금 또는 은의 원가에 비해 큰 금액을 화폐의 액면금액으로 정하여 유통시킴으로써 그 차액을 통치비용으로 충당하였다. 이처럼 화폐를 제조하여 유통시킴으로써 얻을 수 있는 이익은 봉건시대 군주만이 누릴 수 있는 특권이었다. 따라서 군주를 뜻하는 seignor와 그와 관련된 특권이라는 의미로 사용하기 위해 age가 결합한 단어가 바로 seignorage이다.

4) 기축통화인 달러화의 조폐차익 논쟁

중국을 중심으로 미국의 달러화가 세계의 기축통화 역할을 수행하고 미국이 달러화의 조폐차익을 독점하는 것과 관련하여 아래의 두 가지 문제를 제기하였다.

첫째, 달러화는 미국이라는 한 국가의 통화인데 사실상(de facto) 세계의 기축통화(key currency) 기능을 수행하고 있다. 세계의 기축통화는 한 국가의 통화가 아닌 세계를 대표하는 통화가 되어야 하지 않은가?

세계를 대표하는 다른 나라 통화의 대안을 찾기 어렵다는 국제사회의 주장에 대해 중국은 여러 회원국들이 모인 국제기구 IMF(International Monetary Fund, 국제통화기금)가 발행하는 SDR(Special Drawing Right, 특별인출권)이 세계 기축통화의 대안이 될 수 있을 것이라고 주장한 적이 있다.

둘째, 달러화를 발행함에 따른 조폐차익(seignorage)을 미국이 독점하는 것이 과연 공평한가? 이러한 문제제기는 현재 발행된 달러화의 약 절반이 미국 밖에서 유통되고 있어서 미 달러화의 발행증가 등으로 그 가치가 크게 하락하면 그 피해의 약 절반은 미국 이외 국가들이 부담하는 한편, 미 달러화의 조폐차익은 미국이 독점하는 사실과 연계하여 이해할 수 있다.

(4) 지급결제제도운영 및 감시

1) 한은 금융망의 운영

한국은행은 중앙은행으로서 지급결제제도의 안정성과 효율성을 책임지는 기관이다.

한국은행은 지급결제제도를 운영하는 금융업자를 감시하고 국가의 중추적인 금융결제망인 한은금융망(BOK-wire)를 직접 운영한다(한국은행법 제81조의 1). 한은금융망은 민간이 운영하는 지급결제시스템을 통한 거래대금의 최종결제를 처리함으로써 이들 시스템과 밀접하게 연계되어 있다.

취급업무로는 소액결제시스템을 통한 거래 결과 발생한 은행간 차액결제, 콜자금 등 금융기관 간 원화자금 이체, 한국은행과 금융기관 간 결제 등이 대표적이다. 현재 국내은행, 외은지점, 금융투자회사, 보험회사 등이 이용하고 있으며 운영시간은 09:00~17:30이다. 한편 한국은행은 금융회사 간 원활한 자금결제를 지원하기 위하여 은행에 대해서는 대출형식으로, 금융투자회사 및 한국거래소에 대해서는 RP 형식으로 일중 결제유동성을 지원하고 있다.

그림 2-2 한은금융망 자금이체 규모

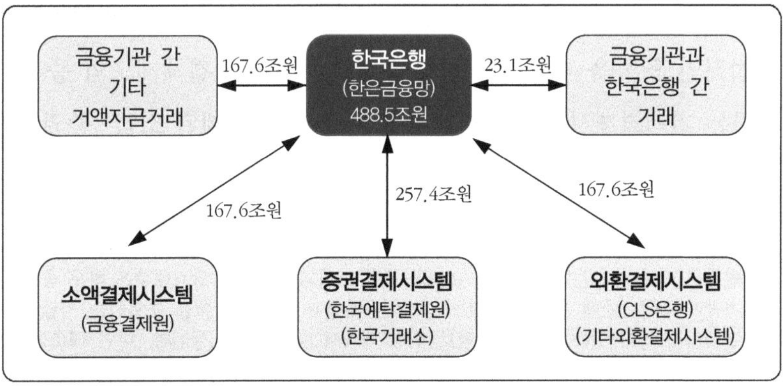

한국은행은 중앙집중결제와 실시각총액결제시스템(Real Time Gross Settlement, RTGS)을 운영하고 있다.

총액결제시스템은 거래 발생시마다 건별로 즉시 결제가 이루어지고 건별 결제가 완료되면 취소불가능하므로 결제위험을 원천적으로 제거하는 장점이 있다. 반면에 건별로 총액결제를 함에 따라 참가 금융기관의 결제자금 부담이 크며 이를 완화하기 위해 한국은행은 결제자금 부족 은행에 대해 당 영업일 내에서 긴급유동성을 지원하는 일중대출(日中貸出, intraday credit)[10] 제도를 운영하고 있다.

2) 지급결제제도 감시(Oversight)

① 개 념

지급결제제도 감시(oversight)란 지급결제시스템의 안전성과 효율성을 확보하기 위해 모니터링과 정기 · 수시평가를 실시하고 필요한 경우 시스템의 개선을 유도하는 중앙은행의 책무를 의미한다.

지급결제제도에 대한 감시활동을 중앙은행이 수행하는 이유는 다음과 같다. 첫째, 소액 · 증권 · 외환 결제시스템 등은 대부분 중앙은행이 운영하는 거액결제시스템과 연계되어 있어서 이들 지급결제시스템의 안전성은 중앙은행이 운영하고 있는 거액결제시스템의 안전성에 직접적인 영향을 미친다. 둘째, 중앙은행은 지급결제제도의 중추를 이루는 거액결제시스템을 직접 운영하고 이와 연계된 소액 · 증권 · 외

10) 일중당좌대출제도는 금융기관의 영업시간에 발생하는 일시적인 지급결제부족자금을 실시간으로 지원함으로써 금융기관 간 자금거래와 이를 매개로 하는 기업 간 대금결제가 원활히 이루어지게 할 목적으로 2000년 9월 도입되었다. 일중당좌대출은 하루 중 금융기관이 한국은행에 보유하고 있는 당좌예금계정에 예치된 금액을 초과하는 지급 또는 결제의 요청이 있는 경우 가용담보 범위 내에서 자동으로 실행된다. 다만 대출한도를 폐지하면서 금융기관의 일중당좌대출에 대한 과도한 의존을 방지하기 위하여 일정 금액을 초과하는 대출에 대해서는 이자를 부과하기로 하였다. 이에 따라 금융기관 자기자본의 25%를 초과하는 대출금액에 대해서는 '3년물 국고채 수익률 − 콜금리(무담보 익일물)' 수준의 금리를 적용하여 매 영업일에 이자를 수취하고 있다. 한편 일중당좌대출 이용기관은 한국은행에 지급준비금을 예치하고 新한은금융망(BOK-WIRE+)에 가입한 금융기관으로 한정되어 있다. 그리고 일중당좌대출 상환마감시각까지 동 대출을 상환하지 못하면 자금조정대출로 전환된다. 자금조정대출이 제한되는 금융기관의 경우 일중당좌대출 이용도 제한될 수 있다.

환 결제시스템의 결제업무를 일상적으로 처리 · 분석하면서 감시에 필요한 전문성을 축적해 왔기 때문에, 특정 지급결제시스템에서의 결제 지연 또는 결제불이행 등이 발생할 가능성을 다른 어느 기관보다 빠르게 포착할 수 있다. 셋째, 지급결제제도는 중앙은행 통화정책의 원활한 수행을 위한 기반이 된다. 즉 통화정책의 효과는 시장에서의 금융거래와 지급결제시스템 및 금융기관을 매개로 경제 전체에 파급된다. 넷째, 중앙은행은 화폐의 독점적 발권과 무제한 공급능력을 기초로 유동성 부족에 직면한 금융기관 또는 금융시장에 대해 소요자금을 적기에 제공하여 일시적 또는 부분적으로 나타나는 유동성 문제가 금융시스템 전체로 파급되지 않도록 하는 최종대부자 기능을 수행한다.

② 법적 근거

한국은행은 「한국은행법」 제81조 및 「지급결제제도 운영 · 관리규정」(금통위 규정)에 따라 지급결제시스템에 대한 감시업무를 수행하고 있다. 이밖에도 지급결제시스템의 원활한 운영을 위한 한국은행의 자료제출 요구 및 공동검사 권한 등이 「자본시장과 금융투자업에 관한 법률」 및 「전자금융거래법」에 명시되어 있다.

「한국은행법」상 지급결제시스템 감시 관련 조항

제81조 (지급결제업무)	① 한국은행은 지급결제제도의 안전성과 효율성을 도모하기 위하여 한국은행이 운영하는 지급결제제도에 관하여 필요한 사항을 정할 수 있다. ② 한국은행은 한국은행 외의 자가 운영하는 지급결제제도에 대하여 필요한 경우 해당 운영기관 또는 감독기관에 운영기준 개선 등을 요청할 수 있다. ③ 한국은행은 지급결제제도의 원활한 운영을 위하여 제2항에 따른 지급결제제도의 운영기관에 지급결제 관련 자료를 요구할 수 있다. 이 경우 요구를 받은 기관은 이에 따라야 한다. ④ 한국은행은 제1항에 따른 지급결제제도의 참가기관에 필요한 자료의 제출을 요구할 수 있다.

③ 감시대상 지급결제시스템

한국은행의 감시대상이 되는 지급결제시스템에는 「한국은행법」 제81조 및 그 하위 규정에 따라 국내의 모든 지급결제시스템이 포함된다. 그러나 한국은행은 효율적인 감시를 위해 지급결제시스템의 결제규모, 결제자금의 특성, 중요도 등을 고려하여 감시대상 중요지급결제시스템 및 기타지급결제시스템으로 구분하여 감시업무를 수행하고 있다.

중요지급결제시스템은 해당 시스템이 정상적으로 작동되지 못할 경우 그 충격이 국내외 금융시스템에 파급되어 중대한 영향을 미칠 가능성이 있는 지급결제시스템이다. 한국은행은 2021년 말 현재 한은금융망을 포함하여 10개의 지급결제시스템을 중요지급결제시스템으로 지정하고 있으며, 중요지급결제시스템에 해당하지 않는 지급결제시스템은 기타지급결제시스템[11]으로 분류하고 있다.

④ 감시업무

한국은행의 감시업무는 지급결제시스템의 설계 및 운영에 대한 모니터링, 통계작성 및 분석, 시스템의 안전성 · 효율성에 대한 평가와 그에 따른 개선유도 등이 있다.

모니터링은 지급결제시스템의 중요도 등에 따라 차별적으로 실시하며 그 주기에 따라 실시간, 정기, 수시 모니터링으로 구분된다. 실시간 모니터링은 지급결제시스템의 운영상황을 실시간으로 관찰하는 것이며 정기 모니터링은 일, 월, 분기 단위로 지급결제시스템의 양적 정보, 리스크 정보 등을 점검하는 것이다. 한편 지급결제시스템 운영기관이나

11) 지로시스템 · CD공동망, 오픈뱅킹공동망, 외화자금이체시스템, 위안화청산시스템, 주식기관투자자시스템 등을 포함한다.

감시대상 중요지급결제시스템(2021년 말 기준)

구 분		운영기관
한은금융망		한국은행
어음교환시스템		금융결제원
금융공동망	타행환	
	전자금융	
채권기관투자자결제시스템		한국예탁결제원
기관간RP결제시스템		
유가증권시장결제시스템		한국거래소, 한국예탁결제원
코스닥시장결제시스템		
파생상품시장결제시스템		한국거래소
CLS시스템		CLS은행

참가기관에 전산시스템 장애가 발생하는 등 긴급상황이 발생할 경우 한국은행은 수시 모니터링 체제를 구축하고 필요시 참가기관에 일시적 참가제한 조치, 한은금융망 운영시간 연장 등의 조치를 취하게 된다.

또한 한국은행은 한은금융망 이용현황자료와 금융결제원, 신용카드사 등으로부터 제공받은 통계자료를 기초로 지급결제통계를 편제함으로써 지급결제시스템의 감시를 위한 기초자료로 활용하고 있다.

한국은행은 중요지급결제시스템에 대해 2년마다 정기적으로, 그리고 감시대상 지급결제시스템의 안전성 및 효율성에 영향을 미치는 중요한 변경이 있는 경우에는 수시로 평가를 실시하고 있다. 지급결제시스템을 평가할 때 적용하는 기준은 「금융시장인프라에 관한 원칙(PFMI)」[12] 등[13]이다. 한국은행이 이 원칙을 평가기준으로 채택한 것은

12) 글로벌 금융위기 이후 장외파생상품시장의 인프라 확충과 금융시장인프라의 운영에 관한 국제기준 정비 필요성 등이 주요 과제로 제기됨에 따라 BIS 지급 및 시장인프라위원회(Committee on Payments and Market Infrastructures, CPMI)가 국제증권감독기구(International Organization of Securities Commission, IOSCO)와 공동으로 2012년 4월에 제정·발표한 지급결제분야의 국제기준이다.

지급결제시스템 참가기관 및 이해관계자가 국내에 한정되지 않을 뿐만 아니라 평가내용의 국제적 정합성을 확보하기 위함이다. PFMI는 리스크 통제를 위해 금융시장인프라가 준수해야 할 사항으로 24개 원칙을 제시하고 있다. 각 원칙은 금융시장인프라의 유형에 따라 다르게 적용된다. 한편 지급결제시스템 평가결과가 일정 수준에 미치지 못하거나 안전성 및 효율성에 문제가 있어 개선이 필요한 경우 한국은행은 그 운영기관이나 감독기관에 개선을 요청할 수 있다.

(5) **최종대부자**(the lender of last resort) **기능**

최종대부자 기능이란 금융기관이 예상 밖의 자금 인출 또는 거래상대방의 지급의무 불이행 등으로 인해 지급불능 상태에 이르고 이로 인해 금융권 전체가 연쇄적 지급불능 사태에 이르는 시스템 리스크를 방지하기 위하여 중앙은행이 발권력에 의하여 금융기관에 대해 긴급여신을 지원하는 기능임을 앞에서 살펴보았다.

한국은행법에 규정된 금융기관에 대한 긴급 여신은 다음 각 호의 경우 금융통화위원회 위원 4인 이상의 찬성으로 금융기관에 대한 긴급 여신이 가능하며 이 경우 임시로 적격성을 부여한 자산을 담보로 할 수 있다.(한국은행법 제65조)

① 자금조달 및 운용의 불균형 등으로 유동성이 악화된 금융기관에 대해 긴급히 여신을 하는 경우 : 이 경우 여신을 받은 금융기관에 대하여는 이를 상환할 때까지 금융통화위원회가 대출과 투자를 제한할 수 있다.

---

13) CPMI-IOSCO는 PFMI 준수를 위한 보충적 지침으로써「FMI 사이버복원력 지침」, 「FMI 손실복구지침」,「CCP 복원력 추가지침」등 국제기준을 추가 제정하였다.

② 전산정보처리의 장애 기타 우발적 사고 등으로 금융기관의 지급자금의 일시적 부족이 발생함으로써 업무수행에 현저한 지장이 초래될 것으로 인정되어 일시적으로 여신을 하는 경우

한국은행은 위의 여신과 관련하여 필요하다고 인정하는 경우에는 당해 금융기관의 업무와 재산 상황을 조사·확인할 수 있다. 또한 금융통화위원회는 위의 긴급여신을 의결하고자 하는 경우 정부의 의견을 들어야 한다.

(6) 정부재정 대행

중앙은행은 정부의 재정대행기관(fiscal agency)으로서 국고금의 출납업무를 대행한다. 한국은행을 대신하여 금융기관이 정부의 국고금을 수납하는 경우 국고대리점 또는 국고수납대리점 기능을 수행한다.

한국은행은 정부에 대출하거나 국채의 인수 및 정부보증증권의 인수 등의 업무를 할 수 있다. 한국은행이 정부 발행 국채를 인수하는 경우 정부는 발권력은 없으나 국채를 한국은행에 제시하고 한국은행에서 화폐를 발행해 나가는 것으로 사실상 정부가 화폐를 발행하는 것과 효과가 같으므로 이를 국채의 화폐화(monetization)라고 부른다.

(7) 민간에 대한 여신

한국은행은 원칙적으로 민간에 대한 여신을 할 수 없다. 그러나 예외적인 경우에는 가능하다(한국은행법 제 80조).

금융기관의 신용공여가 크게 위축되는 등 금융기관으로부터의 자금조달에 중대한 애로가 발생하거나 발생할 가능성이 높은 경우 한국은행은 민간과의 거래제한규정(한국은행법 제 79조)에 불구하고, 위원 4인 이상의 찬성으로 금융기관이 아닌 자로서 금융업을 영위하는 자 등 영리기업에 대하여 여신을 할 수 있고 동 여신과 관련하여 필요하다

고 인정하는 경우 당해 기업의 재산상황을 조사·확인할 수 있다.

(8) 외환 관련 업무

한국은행이 수행하는 외환 관련 업무는 고유업무와 기획재정부로부터 위임받은 업무로 구분할 수 있으나 대부분 위임 업무이다.

고유업무에는 한국은행법에 명시된 정부의 외환정책 협의 기능과 한국은행의 발권력에 의해 조달된 원화를 재원으로 수행되는 외환시장 안정화조치 등의 업무가 이에 해당한다. 발권력에 의해 조달된 원화로 외환시장 안정화를 위해 달러화를 매입하거나 또는 이렇게 매입된 달러화 외환보유액을 운용하는 것은 고유업무의 범위에 해당한다. 그러나 한국은행이 수행하는 업무가 고유업무인가 또는 위임업무인가는 금융기관론을 수강하는 입장에서는 그리 중요한 이슈가 아니기 때문에 이 책에서는 자세한 설명을 생략한다.

1) 외환정책에 대한 협의기능

한국은행은 정부의 외환정책에 대해 협의하도록 되어 있는데 이는 외환정책과 통화정책이 상호 밀접히 연계되어 서로 큰 영향을 미치기 때문이다.

예를 들어 정부가 원/달러 환율의 급격한 하락세를 완화하기 위해 한국은행에 발권력에 의해 조달한 원화로 달러화를 국내 외환시장에서 매입해줄 것을 요청할 수 있다. 이 경우 원화를 댓가로 한 달러화의 매입은 통화량의 증가를 통해 물가상승 압력의 증가를 유발할 수 있기 때문에 중앙은행의 통화정책 목표 달성을 어렵게 할 수 있다. 이에 따라 한국은행은 정부의 환율정책, 금융기관의 외화여수신 및 외국환 매입·매도 초과액의 한도설정 등 외환정책에 대해 협의 기능을 수행한다.

2) 외환시장 안정기능

외환시장 안정기능이란 우리나라 외환시장에서 환율이나 스왑레이트 등 외환시장 가격변수가 급격하게 변동하는 경우 기획재정부와 한국은행이 시장에 개입하여 이를 안정시키는 것을 말한다.

① 원/달러 환율의 안정화조치

예를 들어 원/달러 환율이 투기적인 달러화 매도 등으로 급격하게 하락하는 경우 외환당국은 시장에서 원화를 지급하고 달러를 매입함으로써 원/달러 환율의 급격한 하락세를 완화시켜야 한다. 이 경우 기획재정부는 외국환평형기금채권을 원화로 발행하여 조달한 원화를 대가로 시장에서 달러화를 매입할 수 있다. 그러나 외국환평형기금[14)]채권은 국채이기 때문에 사전에 국회에서 승인받은 한도 내에서만 발행이 가능하다. 보다 많은 원화 재원이 필요한 경우 기획재정부는 한국은행에 발권력으로 원화를 지급하고 달러화를 매입해서 외환시장 안정화 조치에 동참할 것을 요청할 수 있다. 한국은행은 발권력으로 원화를 지급하고 달러화를 매입하는 경우 원화 통화량의 증가를 통해 인플레이션 압력이 증가하는 것을 감안해서 정부의 요청에 응할지 여부를 판단하게 된다.

만일 원/달러 환율이 투기적인 달러화 매수 등으로 급격하게 상승하는 경우 외환당국은 시장에서 달러를 매도함으로서 원/달러 환율의 상승세를 완화해야 할 때도 있다. 이 경우 매도할 달러가 기획재정부의

---

14) 외국환평형기금(Foreign Exchange Stabilzation Fund, 이하 외평기금) : 외평기금은 기획재정부 관할 정부기금이며 외환의 과다한 유출입으로 환율이나 스왑레이트 등 외환시장의 가격변수가 급격히 변동함으로써 외환시장의 불안정성이 커지는 것을 완화하기 위한 재원을 조달하기 위한 것이다. 외평기금에서 발행하는 원화 또는 외화의 채권은 국채의 일종이므로 발행한도를 국회에서 승인받아야 한다. 외평기금의 운용사무와 외환시장 안정화 조치의 실무는 기획재정부장관이 한국은행총재에게 위탁하고 있다.

외평기금 원화로 매입한 것이면 기획재정부가 그 달러의 매도를 단독으로 결정할 수 있다. 그러나 그 달러가 중앙은행이 발권력으로 매입한 것이면 기획재정부는 한국은행에 그 달러의 매도를 통해 원/달러 환율의 안정에 동참해 줄 것을 요청할 수 있으며 그 결정은 한국은행의 몫이다.

② 스왑레이트의 안정화조치

우리나라 외환시장에서 달러화를 1년이내의 기간안에 일정기간 차입하는 외환스왑시장에서 달러화의 유동성이 부족해지면 스왑레이트가 크게 하락하고 마이너스 범위까지 내려간다. 이 경우 우리나라 외화유동성 사정이 급격히 나빠지고 있음이 국제적으로 알려지게 되고 이를 방치하면 외환위기의 조짐으로 인식될 수도 있다. 외환당국은 달러화를 현물환으로 매도하고 일정기간, 예를 들어 3개월 후 재매입하는 스왑(3개월 sell&buy)을 통해 스왑레이트를 안정화시킨다. 이 경우도 앞의 원/달러 환율의 안정화 조치와 같은 원리로 기획재정부와 한국은행은 협의를 통해 결정을 내린다.

3) 외환보유액의 보유와 운용

외환보유액의 보유와 운용은 외환보유액 재원의 원천에 따라 한국은행과 기획재정부가 그 주체가 된다. 외환보유액이란 외환당국이 보유의 주체가 되는 외화자산을 말하며 근본적으로 외환당국이 외환시장의 안정을 위해 외환시장에 개입해서 달러화를 매입함으로써 보유하게 된다.

외환보유액은 매입할 때 지급하는 원화의 재원에 따라 정부인 기획재정부 소관과 중앙은행이 한국은행의 소관이 됨을 앞에서 살펴보았다. 이 외환보유액 운용의 주체도 그 매입재원의 원천이 어느 기관에 속하는가에 따라 기획재정부와 한국은행이 주체가 된다.

현실적으로는 외환보유액의 운용에 관한 중요한 결정은 다른 외환 정책의 수립 및 집행과 마찬가지로 양기관의 협의 하에 이루어지는 것이 대부분이다. 예를 들어 외환보유액의 운용을 위해 세계적으로 전문기관을 설립하는 추세에 따라 설립된 국부펀드인 KIC(Korea Investment Fund, 한국투자공사)에 대한 양 기관의 외환보유액 위탁운용 규모 또는 KIC의 외화자산 운용전략이나 지침에 대한 중요한 사항 등도 양 기관이 협의하여 결정한다.

다만, 한국은행의 경우 자체적으로 외환보유액의 운용전문인력을 오래전부터 보유하고 있기 때문에 한국은행 소관 외환보유액을 자체의 전문인력에 의해 운용하는 경우는 그 운용전략을 한국은행이 독자적으로 결정한다.

4) 외국환거래에 대한 조사 · 검사 등 사후관리

외국환거래에 대한 조사 · 검사는 한국은행이 기획재정부로부터 위임받은 업무와 관련된 범위 내에서 한국은행이 담당한다.

일반적으로 기획재정부는 외국환은행의 외국환거래 업무와 관련하여 그 업무를 포괄적으로 감독하는 기능은 금융위원회에 위임하고 있으므로 외국환은행의 업무와 관련한 검사는 금융위원회의 지휘를 받는 금융감독원의 소관사항이다. 그러나 외국환업무 가운데 한국은행이 수행하도록 위임된 사항에 대하여는 외국환은행이 관련 사항을 제대로 준수하고 있는지 확인할 필요가 있기 때문에 금융감독원의 외국환은행 검사 때 공동검사 형태로 한국은행 직원이 함께 참여한다.

다만, 기획재정부가 외국환은행의 업무와 관련하여 감독 및 검사를 한국은행에 위임한 경우에는 한국은행이 단독으로 감독 및 임점검사를 실시한다. 그 한 예가 외국환중개회사에 대한 감독 및 검사이다. 외국환중개회사는 외국환은행이 국내 외환시장에서 외화를 매매할 때 매수 및 매입 호가를 접수하여 게재하고 계약체결을 중개하는 기관이다. 이 과정에서 기획재정부와 한국은행이 외환시장의 안정을 위해 외국환중개회사의 업무를 감독하고 검사할 필요가 있기 때문에 이를 금융위원회나 금융감독원이 아닌 한국은행에 위임한 것이다.

5) 외국환거래정보의 집중 및 관리

외국환은행의 외환거래 정보는 한국은행으로 집중되고 이 정보는 유관 정부기관들이 함께 사용하도록 하는 외환거래 정보의 집중 및 관리 제도가 도입되었다. 이 제도는 1997년 IMF 위기 이후 외국환은행의 외환거래 가운데 외화의 일시 대규모 유출 가능성이 높은 거래를 조기에 파악하고 적기에 그 대책을 마련하기 위해 도입되었다.

기획재정부는 외국환은행의 외환거래 정보를 한국은행에 집중하도록 하고 그 관련 사무를 한국은행이 담당하도록 위임하였다. 외환정보망에 집중된 정보는 정부 유관부서와 공유하는데 그 공유기관에는 기획재정부, 금융위, 금융감독원, 국세청, 관세청, 금융정보분석원, 국제금융센터 등이 있다.

한국은행은 국제수지 통계 등 외환관련 통계를 편제하는 한편, 외국환포지션 관리, 외화지급준비금 관리, 현지금융 관리 등 사후관리 업무를 수행과 관련하여 외환정보망 자료를 활용한다.

기획재정부는 외환정보시스템 자료를 외환정책 수립을 위한 기초자료로 활용하고 있으며, 국세청 및 관세청은 수출입 관련거래 · 외국환매매 · 거액송금거래 등의 자료를 제공받아 밀수, 탈세 등 불법거래 색출 및 사후관리 등의 목적으로 이용하고 있다.

금융정보분석원은 자금세탁 행위를 적발하기 위하여 외화송금내

역 등의 자료를 사용하고 있으며, 금융감독원, 금융위원회 및 예금보험공사는 금융기관 건전성 감독 업무에 자료를 활용하고 있다.

국제금융센터의 경우 외환종합지표 등의 자료를 활용하여 국제금융시장 및 국내외환시장 분석 업무에 이용하고 있다.

6) 대외지급 및 자본거래 관련 신고 · 접수 · 수리 · 허가

외국환은행을 통해 외환을 송금할 때 일정금액 이상의 경우에는 그 지급의 적격성을 한국은행에서 심사받은 후 송금이 가능하다. 이는 외국환은행을 통해 테러자금이나 자금세탁 등과 관련된 불법자금이 거래되는 것을 방지하기 위한 국제공조 차원에서 이루어지는 것이며 기획재정부가 한국은행에 그 심사업무를 위임하였다. 예를 들어 이란 관련 거액의 외화를 송금하는 경우 그 지급의 적격성을 한국은행 국제국 외환심사팀에서 심사받은 후 송금이 가능하다.

03

금융감독정책

1 금융규제

1.1. 금융규제의 단계

1.1.1. **금융규제**(financial regulation)

금융규제는 금융기관의 공공성으로부터 그 당위성을 찾을 수 있다. 금융기관은 영리법인이지만 고객의 예수금을 재원으로 여신 및 투자를 함으로써 수익을 발생시킨다. 그런데 여신이나 투자행태가 지나치게 위험을 추구함으로써 큰 손실이 발생하고 그로인한 지급불능 사태가 금융시스템 전체의 지급불능을 초래할 가능성이 있기 때문에 금융당국이 금융기관의 경영에 대해 규제를 하는 당위성을 우리는 앞에서 살펴보았다.

1.1.2. **금융 자유화**(financial liberalization) **및 규제 완화**(deregulation)

금융의 자유화 추세에 따라 금융규제 완화가 세계적 추세가 되었다. 이에 따라 국제금융시장에서의 자본이동이 보다 자유로워졌고 투자기회가 보다 다양해졌다.

1.1.3. **재규제**(reregulation)

금융 자유화가 세계적인 추세가 되고 이로 인한 금융의 세계화가 일반화됨에 따라 국제금융시장에서의 투자기회가 다양해진 장점이 있는 반면 자본이동의 변동성이 커진 부작용도 발생하였다. 자본이

고수익을 좇아서 이동하다가 일부 지역에서 급격히 유출되는 경우 그 지역의 국가들은 금융위기의 가능성에 노출되는 사례가 발생함에 따라 각국의 금융당국은 금융자유화를 실시하되 자본의 급격한 유출로 인한 위기의 가능성을 예방하기 위한 재규제의 필요성을 인식하게 되었다.

1.2. 금융규제 완화 및 자유화 관련 논쟁

선진국을 중심으로 세계 금융시장의 발전을 위해서는 각국이 금융시장을 자유화하고 개방하여야 한다는 주장이 제기된 이후 일부 신흥시장국에서 금융위기가 발생함에 따라 아래와 같은 의문이 제기되었다.

- 신흥시장국 금융위기는 금융의 세계화와 자본자유화로 인해 발생했는가?
- 금융 세계화의 이익을 선진국과 신흥시장국 가운데 누가 더 많이 누리는가?

위와 같은 논쟁은 자본이동의 제한철폐 이후 효율적인 자본조달이 가능해졌으나 자본 유입의 갑작스런 중단 및 유출(sudden stop, capital outflow)로 인해 자본이동의 변동성이 커지고 신흥시장국을 중심으로 일부지역에서 금융위기가 발생함에 따라 부각되었다.

특히 각국의 금융당국이 국제 자본이동의 급격한 변동에 대응할 준비가 되어있지 않은 상태에서의 급격한 자본자유화로 인해 금융위기에 봉착했다는 분석이 제기되었다. 또한 국제적 자본이 한 나라의 외환시장이나 금융시장을 투기적 목적으로 공격할 경우 한 나라 당국 차원에서 이를 방어할 수 있는가에 대한 의문이 제기되었다.

이러한 점을 감안할 때 국제사회의 논의는 금융자유화의 필요성은 인정하지만 각국의 금융시장 여건이나 각국 금융당국의 대응능력을 감안하여 점진적으로 금융자유화를 추진하는 것이 바람직하다는 의견이 지지를 얻고 있다.

1.3. 금융규제의 대상

1.3.1. 가격규제

가격규제는 금융기관이 책정하는 가격의 상한 또는 하한을 금융당국이 규제하는 것으로 여수신 금리나 각종 서비스 제공의 대가인 수수료 등에 대한 규제가 대표적이다.

그러나 이러한 규제는 규제회피 방안 강구 등으로 그 효과가 점차 감소할 뿐 아니라 금융의 자유화 추세로 인해 점차 금융기관이 자율적으로 금리 등 금융서비스의 가격을 정하도록 변하고 있으며 당국은 금융기관의 가격책정이 담합 등 부당한 방법으로 인해 금융시장을 왜곡하는 경우 등에 제한적으로 실시하고 있다.

한 예로 금융기관의 이자율 규제의 경우 중앙은행의 정책금리(또는 기준금리) 발표에 따라 금융기관이 자율적으로 이에 대응하여 여수신 금리를 조절하도록 유도하고 있으며 다만 취약계층인 금융소비자를 보호하기 위해 여신금리의 최고 상한을 법으로 정하고 있다.

1.3.2. 진입 및 퇴출 규제

금융산업에 대한 진입규제는 금융제도의 안정성을 확보하기 위해 금융산업의 설립, 전환, 합병, 영업양수도, 지점의 설립 및 폐쇄 등에 대해 당국의 인가 또는 허가를 받도록 규제하는 것을 말한다.

1.3.3. **건전성 규제**(prudential regulation)

금융기관은 주로 타인자본으로 영업하기 때문에 건전한 재무관리를 통한 자기자본 충실화(capital adequacy)와 자산의 건전성을 유지할 필요가 있다.

(1) 사전적 규제

자산운용 및 자본조달에 대한 규제는 금융기관의 재무건전성을 확보하기 위한 사전적이고 직접적인 규제이다.

(2) 사후적 규제

자기자본 규제와 이를 근거로 한 적기시정조치 제도는 사후적이고 간접적인 건전성 규제이다.

적기시정조치는 감독당국이 금융기관의 경영내용을 상시적으로 분석하여 자본충실도가 일정수준 이하로 저하된 경우 단계적으로 시정 및 제재조치를 실시하는 것을 말한다. 손실이 적은 단계에서의 적절한 조치를 통해 부실경영의 예방효과를 높이고 금융시스템 안정에 필요한 사회적 비용을 최소화하기 위한 것이다.

예를 들면, 금융위원회는 은행의 BIS 자기자본비율의 정상기준이 8%이므로 ① 만일 이 비율이 6%~8% 범위내로 하락하면 1단계로 경영개선 권고를 하고 ② 이 비율이 2%~6% 범위내로 하락하면 2단계로 경영개선 요구를 하며 ③ 이 비율이 2% 미만으로 낮아지면 3단계로 경영개선 명령을 한다.

이와 관련하여 금융위원회는 1개 이상의 금융기관을 지정하여 합병, 영업양도, 계약이전의 명령을 받은 금융기관의 합병을 권고할 수 있고, 예금보험공사는 권고를 받은 금융기관에 대해 권고의 이행을 전제로 증자 등 자금지원의 금액과 조건을 미리 제시할 수 있다.

2 금융감독의 의의

2.1. 거시감독과 미시감독

2.1.1. 거시감독

거시감독은 거시경제, 금융시장, 지급결제시스템 등 금융시스템 전반의 리스크 요인을 감독하는 것이다.

(1) 금융위기의 속성에 대한 내생적(endogeneous) 입장

거시감독의 필요성을 주장하는 견해는 금융위기의 속성을 내생성으로 보는 데서 유래한다. 이러한 견해는 금융위기는 개별 금융기관들의 건전성이 확보된 상황에서도 금융기관들의 상호작용에 의해 금융시스템의 전체적인 내부에서 발생할 수 있기 때문에 금융기관들을 전체적으로 포괄하여 거시적으로 관찰하고 감독할 필요가 있다는 입장에서 기초한다.

(2) 경기대응적 감독기준 운영

거시감독은 경제가 지나치게 과열되거나 침체되는 것을 예방하기 위하여 감독기준을 경기대응적으로 운영한다. 따라서 경기 확장기에는 여신을 감축하고 경기 수축기에는 여신을 확대하도록 감독기준을 운영한다.

(3) 주요 거시건전성 정책

주요 거시건전성 정책으로 다음을 예로 들 수 있다.

1) LTV · DTI · DSR 규제

LTV(Loan to Value)는 주택담보인정비율을 말한다. 금융기관의 대출한도를 대출담보가액의 일정비율 이내로 제한하는 것이며 주택담보가치는 KB부동산시세, 감정가액, 국세청기준시가 등 공신력 있는 평가자료를 사용하여 결정된다.

DTI(Debt to Income)는 총부채상환비율로서 대출이용자의 연소득 대비 대출상환액이 DTI이며 DTI비율은 연간 대출상환 원리금을 연간 소득의 일정비율 이내로 제한하는 것이다. 예를 들어 DTI비율이 40%로 제한된다면 연소득 1억 원인 사람의 연간 대출상환 원리금이 4천만 원을 넘지 못하도록 차입규모를 제한하는 것이다.

DSR(Debt Service Ratio)은 총체적 상환능력비율로서 가계대출 보유자의 모든 가계대출 원리금상환액을 연간 소득으로 나눈 값을 말하며, 금융기관에서 여신을 심사할 때 연간 소득을 감안하여 연간 대출상환액을 고려하게 된다.

2000년대 들어 LTV('02.9월) 및 DTI('05.8월) 비율규제가 도입되었으며 DSR도 은행권('18.10월)과 비은행권('19.6월)의 여신관리지표로 도입되었다.

2) 경기대응완충자본(Countercyclical Capital Buffer, CCyB)

경기대응완충자본이란 호황기에 금융기관이 최저자기자본 외에 경기대응완충자본을 추가 적립토록 하고 불황기에 동 완충자본을 사용토록 함으로써 경기변동에 따른 신용의 과다 팽창 및 수축을 억제하기 위한 제도이다. 2016년부터 국내에 도입 · 시행되고 있으며, 부과수준은 금융위원회가 기획재정부, 한국은행 등 유관기관과 협의하여 결정하고 있다.

3) **동태적 대손충당금**(Dynamic Provisions)

동태적 대손충당금은 부실채권 규모가 작은 호황기에 충당금 적립비율을 높이고 반대로 부실채권이 늘어나는 불황기에 충당금 적립비율을 낮춤으로써 중장기적으로 금융기관의 전반적인 손실 흡수력을 강화하기 위한 제도이다.

4) **지급준비금 제도**(Reserve Requirements)

지급준비금 제도는 중앙은행의 전통적인 통화정책 수단의 하나이나 최근 들어서는 경기확장기에 신용의 과도한 팽창을 억제하려는 거시건전성 정책수단으로서의 유용성도 부각되고 있다.

5) **SIFIs에 대한 추가 자본규제**(Surcharges for SIFIs)

감독당국은 규모 및 연계성 등의 측면에서 금융시스템 전체에서 차지하는 비중이 큰 대형금융기관(Systemically Important Financial Institution, SIFI)이 지급불능에 빠질 경우 한 국가 전체가 시스템리스크에 처할 수 있으므로 이들 금융기관에 대해 추가적인 자본규제를 부과하여 시스템리스크의 예방을 도모하고 있다.

2.1.2. 미시감독

미시감독은 개별 금융회사의 경영 건전성을 유지하기 위해 금융시장 참가자들의 개별적인 거래행태를 규율하는 감독으로 전통적 금융감독이론에 기초한다.

(1) 금융위기의 속성에 대한 외생적(exogeneous) 입장

미시감독의 필요성을 주장하는 견해는 금융위기의 속성을 외생성으로 보는 데에서 출발한다. 금융위기는 각 금융기관들이 외부의 충격에 대비하지 못함에 따라 발생하기 때문에 금융당국은 각 개별 금융기관이 경영 건전성을 통해 외부의 충격에 대응할 수 있도록 중점을 두고 감독정책을 수행해야 한다는 견해이다.

(2) 감독수단

각종 위험요인에 대해 표준화된 감독기준을 제시하며 재무건전성 기준, 각종 한도규제 등이 그 예이다. 금융기관으로부터 차입하는 개별 기업에 대해서는 경영상태를 평가하고 적기시정 조치를 하게 된다.

2.2. 사전감독과 사후감독

2.2.1. 사전감독

사전감독은 금융행위가 발생하기 전에 이에 대해 미리 규제하는 것으로 인가와 규제가 이에 해당한다.

(1) 인가[1](licence)

인가란 금융기관의 진입, 퇴출, 합병, 정관변경 등에 대해 사전에 그 적정성을 평가하는 것이며, 인가 후에는 금융기관이 인가조건을 계속 충족하고 있는지 여부를 평가한다.

---

1) 인가는 타인의 법률행위에 대한 행정기관의 동의이다. 인가 없이 행한 행위는 무효이지만 강제집행 또는 처벌 등 제재를 받지 않는 것이 원칙이다. 한편 허가는 일반적 금지를 특별한 경우에 해제하는 것이다. 허가를 요하는 행위를 허가 없이 행하는 경우는 위법으로서 처벌대상이지만 효력이 부인되는 것은 아니다.

(2) **규제**(regulation)

규제는 감독정책의 수립, 규정의 제정 및 개정을 통해 금융기관의 건전 경영을 유도하는 것이다.

2.2.2. **사후감독**

사후감독은 특정행위가 발생한 후 이에 대해 사후적으로 조치를 취하는 것으로 통제 및 제재가 이에 해당한다.

(1) **통제**(control)

통제는 금융기관에 대한 검사 또는 보고서에 의한 감사활동을 의미한다.

검사는 금융기관에 대한 가장 직접적인 감독수단으로서 주로 감독기관의 임점검사(on-site examination)를 통해 금융기관의 업무활동 및 경영실태를 조사하여 금융기관이 취급한 업무가 관계법령이나 지시 등에 위배되었는지를 확인 · 조사하는 행위이다.

보고서에 의한 감사는 감독기구가 금융기관의 경영상태 및 업무전반에 대한 보고서와 자료 등을 수시로 제출받아 분석 · 평가하는 상시감시(off-site surveillance)를 말한다.

(2) **제재**(sanction)

제재는 금융기관이나 그 임직원이 법령이나 규정을 위반할 경우 불이익을 가하는 조치로서 행정처분에 해당하며 불복할 경우 행정소송을 통해 권리구제가 가능하다.

- 금융기관에 대한 제재에는 비금전적 제재로서 인가취소, 영업정지, 시정명령, 기관경고, 기관주의가 있으며 금전적 제재로는

과징금과 과태료[2)]가 있다.

- 금융기관 임원에 대한 제재로는 해임권고, 직무정지, 문책경고, 주의적 경고, 주의 등이 있다.
- 금융기관 직원에 대한 제재에는 면직요구, 정직요구, 감봉요구, 견책요구, 주의요구 등이 있다.

3 우리나라의 은행감독제도

3.1. 은행업 인가 및 업무영역규제

3.1.1. 은행업 인가

은행업의 경우 그 공공성으로 인하여 민법, 상법상의 법인설립요건을 구비하여야 함은 물론 「은행법」에 의거 금융위원회의 신설인가가 필요하다.

은행의 신설을 인가할 때에는 금융산업에 미치는 영향, 은행간 경쟁관계, 향후 사업전망, 공익성 등에 대한 신중한 검토가 필요하다. 이에 따라 인가여부를 결정함에 있어 자본금 규모, 자금 조달방안, 주주구성계획의 적합성, 대주주의 출자능력과 사회적 신용 유무, 사업계획의 타당성, 발기인과 임원의 적합성 등을 확인하도록 하고 있다. 한편, 외국은행이 대한민국 내에서 은행업을 영위하기 위하여 지점·대리점 또는 사무소를 신설하고자 하는 경우에도 금융위원회의 인가를 받아야

---

2) 벌금, 과징금, 과태료의 차이 : ① 벌금은 법원의 재판에 의해 부과되는 형벌로서 불복시 형사소송절차에 의해 처리가 가능하다. ② 과징금은 당국에 의해 부과되는 행정처분으로서 실체적 의무위반에 대해 부과하며 불복시 행정소송에 의해 처리가 가능하다. ③ 과태료는 형벌적 성질을 갖지 않는 법령위반에 대해 부과하며 불복시 비소송사건절차법에 따른 법원재판에 의해 처리가 가능하다.

하며 본점의 재무상태 · 경영상태 · 국제적 신인도 및 업무능력, 신설 지점의 영업계획의 타당성, 영업기금, 조직 및 인력, 국내지점 대표자의 자질 등에 대하여 심사한다.

3.1.2. 업무영역규제

은행이 운영할 수 있는 업무는 「은행법」 및 「은행법시행령」에 규정되어 있으며 크게 「고유업무」와 「부수업무」 그리고 「겸영업무」로 구분할 수 있다.

한편 금융수요의 다양화, 금융겸업화 추세 등 최근 금융환경의 변화에 대응하여 금융기관이 활발히 추진하고 있는 업무제휴를 용이하게 하기 위하여 금융위원회로부터 인가 등을 받은 업무의 수행방법 또는 절차상 본질적 요소가 아니면서 중대한 의사결정을 요하지 않는 업무에 대하여는 위탁이 허용된다.

(1) 고유업무

고유업무는 은행의 본질적 기능인 자금중개 관련 업무로 수신업무, 여신업무, 환업무가 이에 해당된다. 구체적으로 설명하면 ① 예금 · 적금의 수입 또는 유가증권 기타 채무증서의 발행, ② 자금의 대출 또는 어음의 할인여신, ③ 내 · 외국환 업무를 말한다.

(2) 부수업무

부수업무는 은행이 고유업무를 영위함에 있어 부수적으로 필요하거나 은행의 사회경제적 기능을 충분히 발휘하는 데 도움이 되는 것으로 인정되는 업무를 말한다. 은행이 부수업무를 운영하는 경우에는 사전에 금융위원회에 신고하여야 한다.

(3) 겸영업무

은행은 은행업이 아닌 업무를 금융위원회에 사전 신고하여 직접 운영할 수 있는데 이를 겸영업무라 한다. 이러한 겸영업무는 「은행법」 및 동 「시행령」 등에서 정하고 있으며 대표적인 것으로는 「자본시장과 금융투자업에 관한 법률」에 의한 신탁업, 「여신전문금융업법」에 의한 신용카드업, 그리고 「자본시장과 금융투자업에 관한 법률」에 따른 집합투자업 및 집합투자증권에 대한 투자매매업 또는 투자중개업 등의 업무가 있다.

(4) 업무위탁 가능업무 제한

은행을 비롯한 금융기관은 인가 등을 받은 업무를 영위함에 있어 제3자에게 업무를 위탁하거나 제3자의 업무를 수탁할 수 있다. 그러나 ① 인가 등을 받은 금융업의 본질적인 요소[3]를 포함하는 업무를 위탁하는 경우, ② 관련 법령에서 금융기관이 수행하도록 의무를 부여하고 있는 경우 및 ③ 업무의 위탁 또는 수탁으로 인하여 당해 금융기관의 건전성 또는 신인도를 크게 저해하거나 금융질서의 문란 또는 금융이용자의 피해 발생이 심히 우려되는 경우에는 업무 위탁 또는 수탁이 제한된다.

3.1.3. 은행주식의 보유규제

「은행법」에서 산업자본의 금융지배를 방지하고 대주주의 은행경영에 대한 지나친 간여를 배제하기 위한 제도적 장치로서 「동일인[4] 등의

---

3) 인가 등을 받은 금융업의 본질적 요소의 예로는 예금 · 적금의 수입 또는 유가증권, 그 밖의 채무증서의 발행 업무, 대출 및 어음할인의 심사 · 승인 · 계약체결 · 실행 업무 등이 있다.

4) 동일인이란 본인 및 대통령이 정하는 특수관계인(친·인척, 본인 및 친·인척소유 비영리법

은행주식보유한도에 대한 규제」를 두고 있음에 따라 동일인은 원칙적으로 금융기관의 의결권 있는 발행주식총수의 10%(지방은행의 경우 15%)를 초과하여 보유하거나 사실상 지배[5)]하지 못하게 되어 있다. 다만 '정부' 및 '예금보험공사', '은행지주회사'는 제한 없이 은행주식을 보유할 수 있다.

3.2. 건전성규제

건전성규제(prudential regulation)란 전체 금융제도의 안정성 유지와 개별 금융기관의 건전성 확보를 목적으로 이루어지는 금융규제로서 금융기관의 부실경영으로 야기될 수 있는 사회적 손실을 최소화하기 위한 것이다. 은행법 및 동법 시행령, 은행업감독규정 등에 규정되어 있는 주요 건전성감독관련 규제는 그 목적에 따라 자기자본의 충실화, 자산의 건전성 제고, 유동성 규제, 신용공여한도 규제, 경영실태평가 및 적기시정조치 등으로 분류될 수 있다.

3.2.1. **자기자본의 충실화**

자기자본은 은행의 영구적인 자금조달원으로서 은행의 성장기반이 될 뿐만 아니라 손실발생시 이를 흡수하는 완충자본 및 손실보전자금 역할을 수행하므로 감독당국은 최저자본금규제 등을 통해 은행의 자기자본 충실화를 유도하고 있다.

인, 30% 이상의 지분을 소유하고 있는 회사 및 그 임원 등)을 의미한다.

5) 동일인이 자기 또는 타인의 명의로 소유하거나 담합에 의하여 의결권을 행사하는 것을 포함한다.

(1) 최저자본금제도

은행 자본금은 당해 은행 발행주식의 액면총액을 말하며 자기자본은 자본금, 적립금, 기타 잉여금의 합계액으로 정의된다. 일반적으로 기업의 자본금은 건물, 기계 및 설비의 구입 등 고정자산취득을 위한 재원으로서의 기능이 중요시된다. 그러나 은행의 경우에는 장래에 발생할지도 모르는 예상손실을 흡수하는 완충자본 및 손실보전자금으로서의 역할이 보다 중요하다.

이에 따라 「은행법」에서는 자본금 규모가 일정수준에 미치지 못하는 경우에는 은행업을 영위할 수 없도록 최저자본금제도를 두고 있는데, 시중은행의 경우 1,000억 원, 지방은행의 경우 250억 원으로 각각 규정하고 있다.

(2) 내부유보 및 대손충당금 적립

내부유보란 은행의 영업활동 결과 발생한 이익을 배당을 통하여 은행 외부에 유출시키지 않고 각종 적립금 및 충당금 형태로 내부에 적립시키는 것을 말한다. 이와 같은 영업이익의 내부유보는 자기자본의 충실화를 기함으로써 은행 경영의 안정성을 제고할 수 있음은 물론 무원가성 자금조달로 은행의 수익성도 제고시킬 수 있는 중요한 수단이 된다.

「은행법」은 은행의 적립금이 자본금 총액에 달할 때까지 결산순이익금을 배당할 때마다 그 순이익금의 10% 이상을 적립하도록 규정하고 있다. 「상법」상의 일반주식회사가 자본의 50%에 달할 때까지 매년 결산시 금전에 의한 이익배당액의 10% 이상을 적립하면 되는데 은행에 대해서는 보다 무거운 적립의무를 부과하고 있는 것은 은행이 일반기업에 비해 공공성이 강하게 요청되기 때문이다.

또한 「은행업감독규정」은 은행이 대손충당금을 적립하도록 규정하고 있는데 이는 은행으로 하여금 잠재적 손실예상액을 재무제표에 적절히 반영할 수 있게 하기 위한 것이다. 은행은 보유자산 등에 대하여 한국채택국제회계기준(IFRS)에 따른 예상손실금액을 대손충당금으로 적립하되 동 금액이 자산건전성 분류단계별 적립비율에 따른 적립금액에 미달할 경우 차액을 대손준비금으로 적립하여야 한다.[6] 자산건전성 분류단계별 적립비율은 일반적으로 '정상' 0.85%, '요주의' 7%, '고정' 20%, '회수의문' 50%, '추정손실' 100% 이상이다.

아울러 금융감독원장은 금융사고가 발생하여 은행의 전월말 현재 자기자본의 1%를 초과하는 손실이 발생하거나 손실 발생이 우려되는 경우 해당 은행에 대하여 예상손실액 전액을 해당분기 말까지 특별대손충당금으로 적립토록 요구할 수 있다.

(3) 바젤 자기자본비율

바젤 자기자본비율은 은행이 부담하는 각종 리스크로부터 발생하는 손실을 흡수할 수 있도록 하기 위해 위험자산의 일정비율 이상 자기자본을 보유하도록 규제하는 것을 말한다. 스위스 바젤에 소재한 국제결제은행(Bank for International Settlement, BIS)의 바젤위원회(Basel Committee on Banking Supervision, BCBS)에서 정해진 비율이라서 바젤 자기자본비율로 부른다.

---

6) 예를 들어 A은행의 기업대출 채권의 예상손실액이 40억 원이고 자산건전성 분류단계별 적립비율에 따른 최저 적립금액이 50억 원인 경우, A은행의 대손충당금은 40억 원이나 자산건전성 분류별 최저 적립금과의 차액인 10억 원은 대손준비금이 되므로 실질적으로 A은행은 50억 원을 적립하여야 한다.

1) 바젤 I 규제

1970년대 이후 금융규제 완화 및 국제화가 진전되면서 금융시장의 상호연계성이 증가하고 은행 간 경쟁이 심화되었으나 은행감독은 국별 감독체계에만 의존함에 따라 국제영업영위은행(internationally active bank)[7]을 규제하는 데 한계가 존재하였다. 이에 따라 1988년 7월 바젤 은행감독위원회(Basel Committee on Banking Supervision, BCBS)는 '은행 자기자본비율 규제에 관한 국제적 통일기준'(바젤 자기자본협약, 통칭 "바젤 I")을 제정하여 회원국 소재 국제영업영위은행으로 하여금 1990년 말부터 위험가중자산(risk-weighted asset, RWA) 대비 자기자본비율을 7.25% 이상, 1992년 말부터는 8% 이상 유지토록 의무화하였다.

$$\text{자기자본비율} = \frac{\text{자기자본}}{\text{신용위험 가중자산}} \times 100$$
$$= \frac{\text{기본자산} + \text{보완자산} - \text{공제항목}}{\sum(\text{난내자산} \times \text{위험가중치}) + \sum(\text{난외항목} \times \text{신용환산율} \times \text{위험가중치})} \times 100 \geq 8\%$$

분자인 자기자본은 은행이 예상치 못한 손실을 흡수하기 위해 활용할 수 있는 재원(loss absorbency)을 의미하며 분모인 위험가중자산은 대차대조표 난내 자산항목과 난외 항목으로 구성된다. 자기자본비율은 단순 자기자본비율(규제자본/총자산)과는 달리 난외거래에 대해서도 자본규제를 부과함으로써 방만한 난외거래를 억제하는 한편, 위험이 낮은 자산에 대한 자본적립 부담을 덜어줌으로써 은행들의 우량자산 보유 유인을 높이고 자산건전성을 제고하기 위해 설계되었다.

---

7) 세계 각지에 자회사 · 지점 · 합작회사 등의 형태로 진출하여 영업활동을 영위하는 은행을 말한다.

2) 시장리스크를 반영한 자기자본 규제

금리 및 자본자유화의 진전과 더불어 은행의 시장성 유가증권 투자가 증가함에 따라 1996년 1월 BCBS는 금리, 주가, 환율 등 시장가격 변동으로 발생할 수 있는 시장리스크에 대해서도 일정 수준 이상의 자기자본을 보유토록 하는 '시장리스크를 포함한 자기자본 보유제도'를 도입하여 1997년 말부터 BCBS 회원국이 이를 적용토록 하였다.

$$\text{시장리스크반영 자기자본비율} = \frac{\text{자기자본}}{\text{신용위험가중자산} + \text{시장위험가중자산}} \times 100$$

$$= \frac{\text{기본자산} + \text{보완자산} + \text{단기후순위채무} - \text{공제항목}}{\text{신용위험가중자산} + (\text{시장리스크에 대한 필요자기자본} \times 12.5)} \times 100 \geq 8\%$$

3) 바젤II 규제

바젤 I 의 경우 은행의 실제 리스크가 필요자기자본 산출시 적정하게 반영되지 못하는 문제점이 지적되었다. 예를 들어 바젤 I 에서는 모든 기업 대출에 일률적인 위험가중치를 적용함에 따라 기업별로 상이한 신용리스크를 제대로 반영하지 못하였다. BCBS는 2004년 6월 이러한 문제점을 개선한 新바젤자기자본협약("바젤II")을 발표하였으며, 회원국들은 2007년부터 국가별 상황에 따라 단계적으로 바젤II를 도입하였다.

바젤II의 최저자기자본규제(Pillar 1)는 신용리스크 측정 시 차주 신용도에 따라 위험가중치를 차등 적용하는 등 리스크 민감도를 높이고, 운영리스크를 추가적으로 반영하여 산정된 위험가중자산의 8% 이상을 자기자본으로 적립하도록 하였다. 또한 BCBS가 정한 기준을 충족하는 자체 리스크 측정모형(internal models, 내부모형)을 갖춘 은행이 감독당국의 승인 하에 이를 사용할 수 있도록 하였다.

$$\text{바젤II기준 자기자본비율} = \frac{\text{자기자본}}{\text{신용위험가중자산} + \text{시장위험가중자산} + \text{운영위험가중자산}} \times 100$$

$$= \frac{\text{기본자산} + \text{보완자산} + \text{단기후순위채무} - \text{공제항목}}{\text{신용위험가중자산} + \left[\text{시장리스크에 대한 필요자기자본} \times 12.5\right] + \left[\text{운영리스크에 대한 필요자기자본} \times 12.5\right]} \times 100 \geq 8\%$$

바젤II에서는 감독당국 및 시장참가자들의 은행에 대한 감시와 평가 기능을 강화함으로써 최저자기자본규제(Pillar 1)를 보완하도록 하였다. 감독당국의 점검(Pillar 2)은 은행의 최저자기자본 산정의 적정성 여부를 해당 국가의 감독당국으로 하여금 점검 · 평가하고 필요한 경우 최저자기자본보다 강화된 규제수준을 적용하는 등의 조치를 취할 수 있도록 한 것이다. 시장규율(Pillar 3)은 은행의 리스크 수준 및 자본 적정성에 대한 공시 강화를 통해 해당 금융기관의 리스크가 자본조달 비용 등에 적정히 반영되도록 하는 등 시장규율의 효과를 강화하는 것을 목적으로 한다.

4) 바젤III 규제개혁

바젤 규제가 은행의 영업활동에 광범위한 영향을 미침에 따라 역설적으로 바젤 규제의 한계점이 글로벌 은행시스템의 취약성을 증폭시킬 수 있다는 우려가 제기되었다. 금융위기를 통해 이러한 우려가 현실화됨에 따라 BCBS는 바젤II 자본규제체계의 한계점 보완 작업에 착수하였다. G20 정상회의[8], 금융안정위원회 등 고위급 회의에서 합의된

---

8) 2009년 4월 런던 G20 정상회의에서는 ① 금융안정위원회(Financial Stability Board, FSB) 설립 ② 글로벌 은행의 규제·감독 강화를 위한 국별 감독당국간 협력 ③ 자본의 질적·양적 확충, 레버리지비율, 유동성 규제 등 도입을 통한 건전성 규제 강화 ④ 거시건전성 규제 도입, 헤지펀드·장외파생상품시장·그림자금융(shadow banking) 등으로의 규제 범위 확대 ⑤ 은행 임직원 보상체계 개선 ⑥ 규제 이행에 비협조적인 지역에 대한 관리 강화 ⑦ 회계제도 개선 ⑧ 신용평가사 감독 강화 등 금융규제·감독 강화 관련 8개 시행 과제를 설정했다.

금융규제 개편 논의를 반영하여 「新바젤 자기자본협약 개선안」(Enhancement to the BaselII framework, '09.7월), 「은행부문의 복원력 강화를 위한 글로벌 규제체계」(BaselIII: A global regulatory framework for more resilient banks and banking systems) 및 「유동성리스크 측정, 기준 및 모니터링을 위한 국제 규제체계」(BaselIII: International framework for liquidity risk measurement, standards and monitoring, 이상 '10.12월)를 발표하였다.

바젤III는 규제자본의 질을 제고하기 위해 즉각적으로 손실 흡수가 가능한 보통주자본 중심으로 자본규제를 재편하고, 非보통주 자본 증권의 규제자본 인정 범위를 엄격하게 제한하였다. 또한 최저 자본비율(8%) 충족 시 가장 양질의 자본인 보통주자본과 기본자본을 각각 4.5% 및 6% 이상 유지할 것을 의무화하였다.

규제자본의 양적 확충 측면에서는 모든 국제영업영위은행으로 하여금 최저 자기자본에 더하여 2.5%의 보통주자본을 추가 적립하도록 하는 자본보전완충자본(capital conservation buffer)을 도입하였다. 또한 도산 시 금융시스템 전체에 미칠 수 있는 부정적 영향이 큰 글로벌 금융체계상 중요 은행(global systemically important bank, G-SIB)의 복원력을 강화하기 위해 금융체계상 중요도에 따라 1.0%~2.5%의 보통주자본을 추가 적립하도록 하는 한편, 금융·경제 여건에 대한 국별 감독당국의 판단에 따라 최대 2.5%의 경기대응완충자본(countercyclical buffer)을 보통주자본으로 적립할 수 있도록 하였다. 경기대응완충자본 도입을 통해 호황기에 적립된 자본을 경기 하강기의 손실 흡수에 활용하도록 유도하고 신용공급 축소 등 경기순응성으로 인한 문제점을 완화하고자 하였다.

또한 리스크에 기반한 자본규제체계의 한계를 극복하기 위해 非리

그림 3-1 바젤II와 바젤III 자본규제 체계 비교

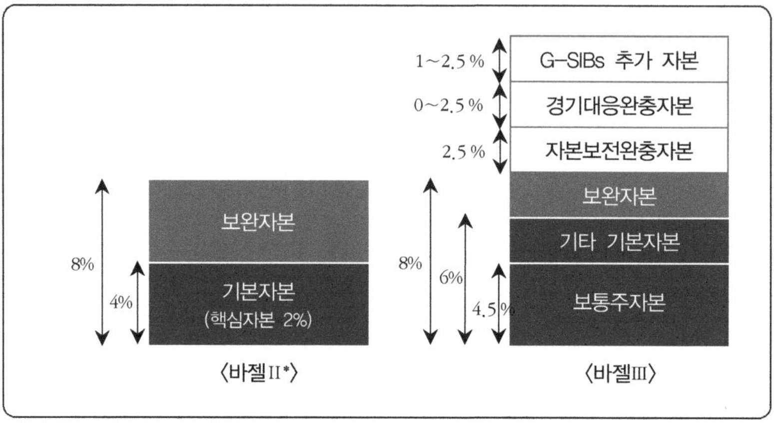

* 바젤II는 기본자본 및 보완자본 외에 만기 2년 이상 5년 미만의 단기후순위채(Tier 3)를 시장리스크에 대응한 규제자본의 일부로 인정하였으나 바젤III는 이를 제외

스크 기반규제인 레버리지비율과 거액익스포저 한도를 도입하였다. 兩 규제는 각각 은행이 보유중인 전체 익스포저의 총량과 특정 차주에 대한 익스포저 총량 제한을 위해 위험가중치를 적용하지 않은 명목가액 기준으로 익스포저를 측정한다.

레버리지비율(leverage ratio)은 총익스포저 대비 기본자본의 비율로 정의되며 모든 은행들이 항상 동 비율을 3% 이상으로 유지하도록 규율함으로써 리스크 과소 측정으로 인한 복원력(손실흡수력) 부족[9] 등의 문제를 일부 보완하는 역할을 한다.

거액익스포저는 단일 차주 또는 경제적으로 연계된 차주들(group of connected counterparties)에 대한 신용리스크 익스포저의 합계가 기본자본의 10% 이상인 경우로 정의된다. 거액익스포저 규제는 은행의

9) 예컨대 총익스포저가 100, 자기자본이 2인 은행이 위험가중자산을 25로 산출하면 최저 자기자본비율(8%=2/25)을 충족할 수 있으나 레버리지비율(3%)을 충족하기 위해서는 1 만큼의 자기자본을 추가로 적립해야 한다.

거액익스포저가 해당 은행 기본자본의 25%를 초과할 수 없도록 하였다. 또한 G-SIB간 상호연계성을 축소하고 위기 시 전염효과를 차단하기 위하여 G-SIB간 거액익스포저에 대해서는 15%를 적용한다.

한편 BCBS는 유동성 위기에 대비한 은행들의 복원력을 강화하기 위해 유동성커버리지비율(Liquidity Coverage Ratio, LCR)과 순안정자금조달비율(Net Stable Funding Ratio, NSFR) 규제를 도입하였다. LCR은 금융시장의 유동성 경색이 30일간 지속될 경우 보유중인 고유동성자산(High Quality Liquid Assets, HQLA)[10)]을 처분하여 필요한 자금을 얼마나 조달할 수 있는지를 나타내는 지표이다. 반면 NSFR은 장기 유동성 기준으로서 은행 보유자산이 안정적 자금(자본 및 부채)으로 얼마나 조달되고 있는지를 나타내는 비율이다. 유동성 규제는 LCR과 NSFR을 모두 100% 이상으로 유지하도록 규정하고 있다.

이와 같은 규제체계 개편이 실효를 거두기 위해서는 규제체계의 설계 못지않게 실제 이행이 중요하다는 인식이 확대되었다. 이에 따라 BCBS는 2012년 4월 바젤III 규제 이행을 평가하기 위하여 「규제 일관성 평가 프로그램」(Regulatory Consistency Assessment Program, RCAP)을 마련(2013년 10월 일부 개정)하였다. RCAP은 전체 회원국을 대상으로 바젤III 규제를 합의된 일정에 맞추어 도입하고 있는지를 정기적으로 점검하는 모니터링 부문과, 특정 회원국의 이행상황을 실사하는 평가 부문으로 구성된다.

---

10) 가치하락이 거의 없이 즉시 현금화할 수 있고 보증·담보·신용보강 등에 사용되지 않아 처분에 제약이 없는(unencumbered) 자산을 의미하며 현금, 정부 및 중앙은행 발행 채권, 은행이 중앙은행에 예치한 지급준비금 등이 대표적인 고유동성자산이다.

특별주제 **바젤Ⅲ 규제개혁 완료**

2017년 12월 BCBS 회원국 중앙은행 총재 및 감독기관장(GHOS)들은 바젤Ⅲ 잔여 규제개혁을 최종 승인하였다. 이로써 글로벌 금융위기 이후 BCBS가 추진해 온 바젤Ⅲ 규제개혁의 큰 틀이 완성되었다.

GHOS가 승인한 잔여 규제개혁은 자본비율 산식의 분모인 위험가중자산 산출 방식을 개선하고 은행들이 산출한 위험가중자산의 과도한 편차[11])를 축소함으로써 자본비율에 대한 신뢰를 높이는 것을 목표로 하였으며, 주요 내용은 다음과 같다.

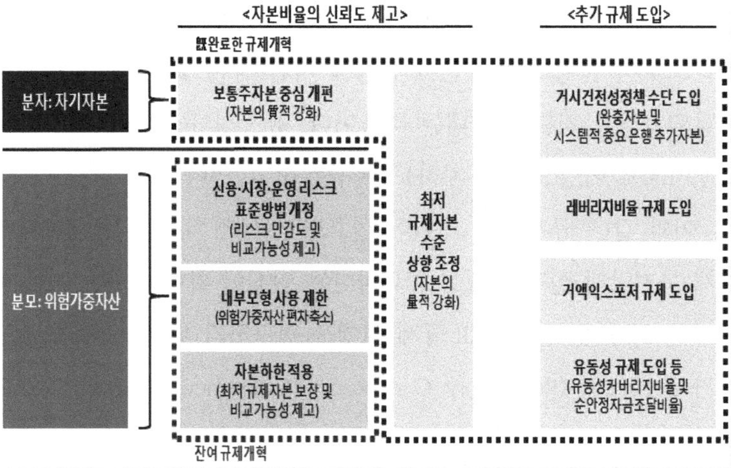

첫째, 신용리스크 및 운영리스크에 대한 위험가중자산 산출 방식을 개선하였다. 표준방법은 위험가중자산 산출 시 리스크를 보다 정교하게 반영하여 리스크 민감도를 높일 수 있는 방향으로 개정되었다. 은행 내부모형법의 경우 모형을 통해 리스크를 객관적으로 측정하기 어려운 운영리스크 일체와 신용리스크 중에서는 주식 익스포저 신용리스크 등에 대한 사용을 불허하였다.

둘째, 은행들이 내부모형을 통해 위험가중자산을 과소 산출하는 경향을 직접적으로 억제하기 위한 자본하한(output floor)을 72.5%로 설정하였다. 이에 따라 모든 은행들은 내부모형법으로 산출한 위험가중자산이 표준방법 위험가중자산 규모의 72.5%를 하회하지 않도록 규제된다.

이외에도 BCBS는 리스크 기반 규제와의 일관성을 도모하기 위하여 레버리지비율의 총익스포저 산출 방식을 일부 개선하는 한편, 글로벌 시스템적 중요 은행에 추가 레버리지비율을 G-SIB 추가자본(보통주자본 기준 1.0 ~ 2.5%)의 50%만큼 부과[12)]하였다. 또한 자본규제 적용대상 리스크를 확대하고 정교화하기 위해 장외파생상품 거래에 수반되는 신용가치조정(Credit Valuation Adjustment, CVA) 리스크 측정[13)]에 내부모형법 사용을 불허하고 규제자본 부과 방식을 개선하였다.

이상과 같이 바젤III 규제체계 설계가 완료됨에 따라 BCBS의 초점은 규제개혁의 효과 평가와 이행으로 전환되었다. 잔여규제 이행 시점은 당초 2022년으로 설정하였으나 코로나19 위기에 따른 은행의 규제준수 부담을 경감하기 위해 2023년으로 1년 연기하였다. 또한 바젤III 시장리스크 규제체계[14)](2019.1월 수정공표)의 이행 시점도 2023년으로 1년 연장되었다.

11) 바젤II부터 위험가중자산 산출 시 재량의 여지가 없는 표준방법 외에도 감독당국으로부터 승인받은 자체 리스크 측정 모형 기반의 내부모형법 사용이 허용됨에 따라 위험가중자산 산출 규모의 국가간·은행간 편차가 과도하게 확대되었으며, 이는 위험가중자산의 비교가능성 및 자본비율의 신뢰를 저하시키는 요인으로 작용하였다.

12) 예컨대 1.0%의 추가자본이 부과된 G-SIB의 경우 최저 레버리지비율 3%에 추가 레버리지비율 0.5%를 더해 3.5%의 레버리지비율을 준수해야 한다.

13) 장외파생상품 거래와 관련하여 거래상대방의 신용도 하락으로 인한 평가손실 확대 리스크로서 이를 평가하여 규제자본을 부과해야 한다.

14) BCBS는 2016.1월 공표된 바젤III 시장리스크 규제체계가 복잡하고 규제수준이 높다는 문제점이 제기됨에 따라 보완작업을 진행하였으며 이행 시점을 당초 2019년에서 바젤III 신용리스크 및 운영리스크 규제체계의 이행 시점인 2022년으로 연기하였다.

3.2.2. 자산의 건전성 제고

(1) 자산건전성 분류제도

「자산건전성 분류제도」는 은행이 보유한 자산에 대해 건전성분석을 실시하여 불건전자산의 발생을 예방하고 이미 발생한 불건전여신에 대하여는 조기정상화를 촉진함으로써 자산운용의 건전화를 도모하기 위한 것이다. 은행은 감독당국의 '자산건전성 분류기준'에 따라 보유자산의 건전성 상태를 정기적(분기 1회)으로 점검하여 "정상", "요주의", "고정", "회수의문", "추정손실"의 5단계로 분류[15)]하여야 한다.

이에 따라 감독당국은 건전성 분류의 최소한의 기준을 제시하고 은행은 차주의 채무상환능력 평가를 위한 신용평가 기준과 자산건전성 분류에 관한 세부기준을 마련하여 운용하고 있다.

(2) 대손상각

대손상각이란 회수가 불가능하다고 판단되는 채권을 대차대조표상의 장부가액에서 제외시켜 손실로 처리하는 것으로 부실자산에 대한 상각을 통하여 은행 자산의 건전화를 도모하기 위한 제도이다. 은행은 "회수의문" 또는 "추정손실"로 분류된 자산(이하 "부실자산"이라 한다)을 조기에 상각하여 자산의 건전성을 확보하여야 한다.

---

15) ① 정상: 채무상환능력이 양호하여 채권회수에 문제가 없는 것으로 판단되는 자산
② 요주의: 채권회수에 즉각적인 위험이 발생하지는 않았으나 향후 채무상환능력의 저하를 초래할 수 있는 잠재적인 요인이 존재하는 것으로 판단되는 자산
③ 고정: 채무상환능력의 저하를 초래할 수 있는 요인이 현재화되어 채권회수에 상당한 위험이 발생한 것으로 판단되는 자산
④ 회수의문: 채무상환능력이 현저히 악화되어 채권회수에 심각한 위험이 발생한 것으로 판단되는 자산 중 회수예상가액 초과부분
⑤ 추정손실: 채무상환능력의 심각한 악화로 회수불능이 확실하여 손실처리가 불가피한 것으로 판단되는 자산 중 회수예상가액 초과부분

한편 대손인정(요구)제도는 은행 부실채권의 조기상각을 유도하기 위하여 마련된 것으로, 은행의 대손인정 신청을 받아 이를 승인(대손인정)하거나 은행의 상각처리 의사와는 무관하게 감독당국의 임점검사시 부실채권에 대한 대손처리를 요구(대손요구)한 경우에는 법인세법상 손비 처리되고 있다.

(3) 유동성규제

금융기관의 유동성규제는 금융기관이 보유자산을 강제적으로 처분하지 않고도 예금자의 예금인출 요구 및 고객의 대출수요를 충족시킬 수 있는 능력을 유지하도록 하는 것을 의미한다. 은행의 업무특성상 영업을 지속하기 위해서는 청산능력 유지와 함께 수시로 고객이 지급을 요구하는 부채를 변제할 수 있는 유동성 자산의 확보가 긴요하다. 따라서 유동성규제는 은행이 유동성 부족으로 예금자 및 고객의 요구를 충족시킬 수 없게 되어 대외공신력 저하와 예금인출사태를 초래하는 것을 방지하는 한편 운전자금의 고정화로 유동성을 상실할 경우 일시 소요자금을 고금리의 은행간 단기차입 등에 의존하게 됨으로써 수지를 악화시키는 요인을 방지하고자 하는 목적을 갖고 있다. 유동성규제의 주요 예는 아래와 같다.

1) 유가증권투자한도

유가증권투자한도는 주식, 채권 등 위험이 높고 만기가 장기인 유가증권에 대한 비중의 규제를 통해 은행의 경영안정성 확보는 물론 대출가능 재원의 축소방지를 통해 자금중개기능을 활성화하기 위한 제도이다. 지분증권 또는 상환기한 3년을 초과하는 채무증권(국채, 통안증권 제외) 등에 대한 투자는 자기자본의 100% 이내로 제한된다.

2) 부동산투자한도

부동산투자한도는 은행의 과다한 부동산투자에 따른 자산의 고정화를 방지하기 위한 제도이다. 은행은 비업무용부동산의 소유가 원칙적으로 금지되며 업무용부동산에 대한 투자도 자기자본의 60% 이내로 제한된다.

3) 유동성비율 규제

유동성비율 규제는 은행으로 하여금 적정한 원화 및 외화 유동성자산을 보유하여 예금인출, 단기차입금 상환 등에 따른 은행의 유동성부족을 사전에 예방하도록 하는 제도이다.

(고유동성자산)/{향후 30일간 순현금유출액(현금유출-현금유입)}인 통합유동성커버리지 비율(Liquidity Coverage Ratio, 통합LCR)이 100% 이상으로 유지되어야 하고, 외화 자산 및 부채에 대한 외화유동성커버리지 비율{(외화 고유동성자산)/(향후 30일간 외화순현금유출액)}은 80% 이상으로 유지되어야 한다.[16)]

안정자금조달필요금액에 대한 안정자금가용금액의 비율인 순안정자금조달비율(Net Stable Funding Ratio, NSFR)도 100% 이상으로 유지되어야 한다.

4) 예대율 규제

예대율 규제는 은행의 대출 확대에 필요한 재원을 은행채 등 시장성 자금 대신에 예금으로 충당하도록 함으로써 은행간 외형경쟁 유인을 최소화하고 건전경영을 유도하기 위한 제도이다.

16) 금융당국은 중소기업 · 소상공인에 대한 대출 만기연장 · 상환유예 등 코로나19 위기 극복과 관련하여 한시적으로 통합LCR과 외화LCR을 각각 100%→85%, 80%→70%로 완화(2022년3월까지)

원화예수금(각각 원화예수금의 1% 한도 내에서 커버드본드 및 양도성예금증서를 포함)에 대한 원화대출금(정책자금대출 등 제외) 비율인 예대율은 100% 이하로 유지되어야 한다.[17] 이 경우 가계부채 관리 및 기업부문으로의 자금흐름 유도를 위하여 원화대출금을 산정할 때 기업자금대출은 15%를 차감하고 가계자금대출은 15%를 가산하여 산출한다.

5) 중장기 외화자금관리[18]

은행업감독규정에서는 상환기간[19] 1년 이상인 외화대출의 100%이상을 상환기간이 1년 초과인 외화자금으로 조달하도록 하고 있는데 이는 은행들의 중장기 외화자금의 안정적 조달을 유도하기 위한 것이다. 외화대출은 일반외화대출금, 외화리스 및 외화상각후원가측정유가증권 등을 포함하며 외화조달은 은행차입금, 외화발행금융채권 등의 외화차입과 외화예금이 해당된다.

6) 유동성리스크 관리 기준

2007~2008년의 글로벌 금융위기를 겪으면서 국제적으로 은행들의 유동성리스크 관리 강화 필요성이 제기됨에 따라 2009년 9월 「은행업감독업무시행세칙」에 「유동성리스크 관리 기준」을 신설하였다. 동 기준에 따라 은행은 유동성리스크 관리목표, 관리정책 및 내부통제체계 등을 포함하는 유동성리스크 관리전략을 수립·운영하여야 하며, 유동성 관련 비용 및 리스크를 측정하여 성과평가 및 신상품 승인절차에 반영하여야 한다. 또한 은행은 정기적으로 위기상황분석(Stress Test)

---

17) 금융당국은 유동성커버리지비율과 같은 사유로 한시적으로 예대율을 100% → 105%로 완화(2022년 3월까지)

18) 외국은행 국내지점과 외화대출잔액 5천만 달러 미만인 경우에는 적용을 배제한다.

19) 조달(또는 대출) 당시의 상환기간을 기준으로 하며 거치기간을 포함한다.

을 실시하고 동 결과를 유동성리스크 관리전략, 리스크 허용한도, 비상조달계획 등에 반영하여야 한다.

아울러 2009년 12월과 2010년 7월에는 은행들의 외화유동성리스크 관리 강화를 위해 「외화유동성리스크 관리기준」과 「외국은행지점의 외화유동성리스크 관리기준」을 각각 신설하여 국내은행 및 외은지점에 대하여 비상자금조달 계획 등 자체적인 외화유동성리스크 관리기준의 설정을 의무화하였다.

7) 외환파생상품거래 리스크 관리기준

2009년 12월에 「외환파생상품거래 리스크 관리기준」을 신설하여 국내은행 및 외은지점이 기업과 외환파생상품 거래시 실물거래 대비 한도를 100% 이내로 제한하도록 하였다. 즉, 기업과의 외환파생상품 거래시 위험헤지비율[20]을 최대 100% 이내에서 운영하도록 제한하였다.

3.2.3. 신용공여한도규제

신용공여한도규제는 은행별로 특정 차주 등에 대한 여신규모를 일정 비율 이내로 제한함으로써 차주의 부실화로 인해 채무불이행액이 거액화되는 것을 미연에 방지하여 은행의 자산건전성을 확보하고 여신포트폴리오의 분산과 금융자금의 공정한 배분을 도모하기 위한 제도이다.

(1) 동일차주 신용공여한도제

은행의 신용공여[21]가 특정기업집단에 편중될 경우 동 기업집단의

20) 기업이 보유하고 있거나 보유하려는 위험회피대상 자산부채·계약 등에서 발생할 수 있는 금액(A) 대비 한도부여 기간 중 당해 금융기관 또는 타 금융기관에서 체결한 신규 외환파생상품 거래액을 합산한 금액(B)의 비율(B/A)을 의미한다.

21) 대출, 지급보증 및 유가증권의 매입, 기타 금융거래상의 신용위험을 수반하는 은행의 직·간접적 거래를 의미한다.

부실화에 따라 은행의 존립자체가 위협받는 위험을 제도적으로 방지하기 위해 은행은 동일한 개인 · 법인 및 그와 신용위험을 공유하는 자("동일차주")에 대하여 은행 자기자본의 25%를 초과하는 신용공여를 할 수 없도록 규제하고 있다.[22]

(2) 동일인 신용공여한도제

은행은 동일한 개인이나 법인 각각에 대하여 당해 은행 자기자본의 20%를 초과하는 신용을 제공할 수 없다.

(3) 거액신용공여 총액한도제

동일한 개인이나 법인 또는 동일 차주에 대한 은행의 신용공여가 당해 은행의 자기자본의 10%를 초과하는 거액 신용공여의 총합계액은 당해 은행의 자기자본의 5배를 초과할 수 없다.

(4) 대주주 신용공여한도제

은행의 대주주에 대한 신용공여액은 은행의 자기자본의 25% 해당금액과 대주주 출자비율에 해당하는 금액 중 작은 금액을 초과할 수 없다.

(5) 자회사 · 모자은행에 대한 신용공여한도제

은행의 자회사[23]에 대한 신용공여액은 개별 자회사에는 은행 자기자본의 10%, 전체 자회사에 대해서는 은행 자기자본의 20%를 초과할 수 없다. 또한 자은행의 모은행에 대한 신용공여는 금지되며, 자은행의

---

22) 다만 국민경제상 또는 은행 채권확보의 실효성 제고를 위하여 필요한 경우 등에는 예외가 인정된다.

23) 은행이 발행주식의 15%를 초과하여 주식을 소유한 회사를 말한다.

다른 자은행에 대한 신용공여는 개별 자은행 10%, 전체 자은행 20%로 제한된다.

3.2.4. 경영실태평가

「은행 경영실태평가」란 개별 은행의 경영부실 위험을 적기에 파악하여 대처함으로써 금융시스템의 안정성을 제고하기 위하여 은행의 경영상태를 체계적이고 객관적으로 평가하는 제도이나 우리나라는 1996년 말 CAMEL 평가제도를 도입하여 1997년도 임점검사시부터 운영하고 있다.

CAMEL 평가제도란 은행의 자본적정성(Capital Adequacy), 자산건전성(Asset Quality), 경영관리의 적정성(Management), 수익성(Earnings), 유동성(Liquidity) 등 5개 부문에 대하여 각각 5단계로 부문별 평가등급을 산출한 후 종합등급을 부여하는 은행에 대한 통일적인 평가제도이다.

한편 1999년부터는 금리 자유화, 자본시장 개방 등에 따라 시장리스크관리의 필요성이 높아짐에 따라 기존 CAMEL 평가제도에 금리, 환율, 주가 등 "시장리스크에 대한 민감도(Sensitivity to Market Risk)"를 6번째 평가부문으로 추가한 CAMELS 평가제도를 시행하였다. 2012.8월에는 은행들이 직면한 다양한 리스크 요인에 대한 평가 및 관리능력을 종합적으로 반영하기 위해 시장리스크에 한정된 "시장리스크에 대한 민감도(S)" 부문 지표를 "리스크관리(R)" 지표로 변경하여 CAMEL-R체제로 개편하였다.

현재 CAMEL-R 경영평가는 은행 본점 및 해외 현지법인에 대해 실시하고 있으며, 외국은행 국내지점이나 은행 해외지점에 대하여는 CAMELS 대신 리스크관리(Risk Management), 경영관리 및 내부통제(Operational Controls), 법규준수(Compliance), 자산건전성(Asset Quality)

부문만을 고려한 ROCA방식으로 경영실태를 평가하고 있다. 감독당국은 경영실태평가결과를 "경영개선권고", "경영개선요구" 또는 "경영개선명령" 등의 조치를 취하는 데 활용하고 있다.

3.2.5. 적기시정조치

「적기시정조치」란 부실화의 소지가 있는 은행에 대하여 부실화가 크게 진전되기 이전에 적절한 경영개선조치를 취함으로써 조기에 경영을 정상화시키고 경영정상화 가능성이 없는 은행은 조기에 퇴출시키고자 하는 제도이다.

구체적으로 BIS 자기자본비율이 최저기준(8%)에 미달하거나 경영실태평가결과가 일정 등급 이하인 은행 등에 대하여 그 미달 정도에 따라 단계별 시정조치인 경영개선권고, 경영개선요구, 경영개선명령이 발동되게 된다.

04

통화정책

1 통화정책 수단

1.1. 전통적인 통화정책 수단(Conventional Tools of Monetary policy)

1.1.1. **공개시장조작**(Open Market Operation, OMO)

공개시장조작은 중앙은행이 시장에서 공개적으로 채권을 매입 또는 매도함으로써 통화량 또는 이자율을 목표수준으로 유도하는 것을 말한다.

중앙은행이 채권을 매입하면 그 대가로 본원통화를 공급하게 되고 이를 통해 금융기관의 예금통화 창출을 통해 시중의 통화량이 본원통화량의 증가보다 더 많이 늘어나게 된다(통화승수 부분 참조). 따라서 중앙은행은 시중의 통화량이 과도하여 이를 줄일 필요가 있다고 판단되면 시장에서 채권을 매도하여 그 대가로 통화량을 흡수하고 반대로 시중의 통화량이 부족하다고 판단되면 채권을 매입함으로써 통화량을 공급하게 된다.

1.1.2. **환매조건부채권매도**(還買條件附債券賣渡, repurchasing, R/P)

환매조건부채권매도는 중앙은행이 상업은행을 상대로 일정기간 후 다시 매입할 것을 전제로 채권을 매도하는 것을 말한다.

이는 중앙은행이 상업은행을 상대로 한 채권의 매도와 일정기간 후 재매입이 결합된 것으로 형식적으로는 채권의 매매(賣買)이지만 실질적으로는 중앙은행이 채권을 매도하여 유동성을 흡수한 다음 일정

그림 4-1 R/P의 거래구조

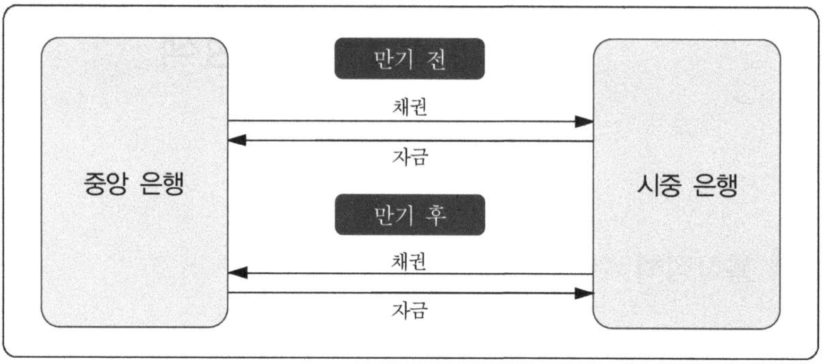

기간 후 채권의 재매입을 통해 유동성을 다시 공급하는 형태이다. 중앙은행이 시중의 유동성을 일정기간 동안만 흡수한 후 다시 공급하는 것이다.

따라서 R/P의 실질적 효과는 채권을 담보로 한 자금의 차입 또는 대여이다. 중앙은행이 R/P를 하면 시중은행은 중앙은행에게 채권을 담보로 수취하고 자금을 대여하는 것과 같은 효과가 있으며 반대로 중앙은행은 채권을 담보로 제시하고 시중은행으로부터 자금을 차입하는 것과 그 실질적 효과가 같다. 따라서 R/P거래에서는 자금을 실질적으로 차입하는 쪽에서 자금차입기간에 대해 이자를 지급하게 된다.

반대방향의 거래도 있으며 이를 역R/P라고 하는데 이는 중앙은행이 상업은행에 대해 일정기간만 유동성을 공급하는 것이다. R/P 및 역R/P는 중앙은행과 상업은행 입장에서 서로 매입과 매도가 반대의 방향이 되므로 어느 기관 입장에서 보느냐에 유의할 필요가 있다.

1.1.3. **지급준비율**(Required Reserve Ratio, *rr*)

지급준비율이란 상업은행이 예금의 일정비율(예 : 5%)을 중앙은행에 개설된 계좌에 예치하도록 중앙은행법과 관련규정으로 강제하는 것을 말한다. 상업은행은 예금중 지급준비금으로 예치된 부분을 대출 재원으로 사용할 수 없다.

중앙은행이 지급준비율을 올리면 상업은행이 대출에 사용할 유동성이 감소하기 때문에 시중의 유동성이 감소한다. 그러나 지급준비율이 변동하면 유동성의 증감효과는 승수효과로 인해 증폭되어 금융시장에 미치는 충격이 크기 때문에 중앙은행이 지급준비율을 유동성 조절 목적으로 변경하는 데에는 매우 신중한 입장이다.

1.1.4. **재할인정책**(再割引 政策, Discount Policy)

재할인정책이란 중앙은행이 상업은행 보유채권을 할인형식으로 매입할 때 적용하는 이자율인 재할인율[24)]을 변경함으로써 시중 유동성을 조절하는 정책을 말한다. 중앙은행이 재할인율을 올리면 상업은행이 보유채권을 중앙은행에서 할인함으로써 얻는 유동성이 감소하기 때문에 상업은행의 재할인 수요가 감소하고 이는 곧 통화량의 감소요인으로 작용한다.

1.2. 비전통적 통화정책 수단(Unconventional Tools of Monetary Policy)

1.2.1. **비전통적 통화정책 수단의 등장 배경**

2008년에 발발한 글로벌 금융위기 이후 전통적인 통화정책 수단들은 두 가지 측면에서 한계를 드러냈다. 첫째, 전통적인 통화정책수단인 공개시장조작이나 재할인정책에 의한 통화공급은 유동성 사정이 특히

---

24) 시중은행이 보유채권을 중앙은행에 할인매각하여 유동성을 확보할 때의 할인율을 재할인율이라 하는 이유는 시중은행이 보유채권을 시장에서 할인방식으로 매입할 때의 할인율과 이미 보유하고 있는 채권을 중앙은행에 다시 할인하여 매각할 경우의 할인율을 구분하기 위한 것이다.

취약한 특정부문을 배려할 수 없어서 경제의 전반적인 부문에 무차별적으로 통화를 공급한다. 따라서 글로벌 금융위기 이후 특히 자금사정이 어려워진 부문에 대한 자금공급의 필요성이 제기되었다. 둘째, 글로벌 금융위기에 대응하기 위해 중앙은행들이 지속적으로 정책금리를 인하함에 따라 정책금리가 이미 0%에 근접하거나 또는 마이너스 범위까지 하락하여 중앙은행이 경기를 진작시키기 위해 이자율을 더욱 낮추는 데에 제약이 있었고 이에 따라 새로운 방안을 강구할 필요성이 커졌다.

1.2.2. **양적완화**(Quantitative Easing)

미 연준(the Fed of the USA, Fed)을 포함한 주요국 중앙은행들은 두 가지 관점에서 전통적인 공개시장조작 대상 증권보다 넓은 범위의 증권들을 대규모로 매입함으로써 본원통화의 공급을 증가시켰다. 첫째, 공개시장조작 대상기관이 아닌 기관이 보유한 채권도 매입대상에 포함하였다. 전통적인 통화정책의 공개시장조작은 중앙은행의 공개시장조작 대상기관으로 선정된 적격기관만을 대상으로 채권을 매매한다. 둘째, 매입대상 증권에 전통적인 공개시장조작의 적격 대상증권보다 넓은 범위의 증권을 포함시켰다. 따라서 채권의 발행기관이나 채권 자체의 신용등급을 보다 넓게 적용함으로서 보다 넓은 범위의 경제분야로 자금이 유입되도록 하였다.

이러한 양적완화로 인해 세계 중앙은행들이 보유하는 자산의 종류가 다양해지고 보유하는 증권의 가액도 증가함에 따라 중앙은행들의 보유자산 규모가 크게 증가하였고 그만큼 통화량의 공급은 크게 증가되었다.

1.2.3. **마이너스 이자율 정책**(Negative Interest Rate Policy, NIRP)

유럽중앙은행과 스위스 중앙은행 등 일부 중앙은행들이 정책금리를 마이너스 수준에서 결정하였다. 정책금리가 이미 0%에 근접한 상황에서도 여전히 부진한 소비를 진작시키기 위해 추가적인 금리인하가 필요했기 때문이다.

예를 들어 유럽중앙은행은 한동안 정책금리를 -0.4%로 유지했는데 이는 시중은행들이 이를 기준으로 예대금리를 역시 마이너스 수준에서 결정할 것이기 때문에 은행예금 및 저축수요가 감소하고 소비증가 효과를 기대할 수 있을 것이라는 판단에 의한 것이었다. 이후 실제로 유럽기업들이 마이너스 이자율로 회사채를 발행하여 모두 판매되는 사례도 발생하였다.

특별주제 **마이너스 이자율 채권**(negative yielding bonds)

채권 매입자는 매기의 이자수입과 만기시 액면금액을 수취하기 위해 채권에 투자한다. 따라서 채권이자율은 양(+)의 값을 갖는 것이 일반적이다. 그런데 2008년 글로벌 금융위기 발발 이후 유럽국가들을 중심으로 중앙은행이 기준금리를 0%보다 낮은 마이너스 금리로 책정하고 실제 채권시장에서 많은 양의 채권들이 마이너스 금리로 거래되고 있다.

2016년 9월 독일의 유명 칼 제조사인 헨켈(Henkel)은 2년 만기 5억 유로의 회사채를 마이너스 0.05%의 이자율로 발행하였으며, 프랑스의 세계적인 제약회사인 사노피(Sanofi)도 3.5년 만기 10억 유로의 회사채를 마이너스 0.05%의 이자율로 발행에 성공하였다. 그렇다면 투자자들이 마이너스 이자율 채권을 사는 이유는 무엇일까?

첫째, 마이너스 이자율 채권의 마이너스 폭(예: −0.05%)이 다른 금융상품의 마이너스 폭보다 작다면 이 마이너스 채권이 상대적으로 매력적일 수 있다. 유로지역의 경우 한 때 은행의 예금금리가 −0.4%까지 내려갔으며 이 경우 −0.05%는 −0.4%보다 이자율면에서 0.35%p 유리하다.

둘째, 비록 소폭의 마이너스 이자율(앞의 예: −0.05%)로 발행된 채권이더라도 앞으로 시장이자율의 추가 하락을 기대할 수 있다면 이 채권에 대한 수요가 합리적일 수 있다. 시장이자율의 마이너스 폭이 더 확대될 경우, 현재 −0.05%의 금리로 발행된 채권은 향후 추가적인 이자율 하락으로 인해 자본이득(capital gain)을 통한 채권가격의 상승을 기대할 수 있기 때문이다. 일부 투자가들은 이와 같이 위에서 언급한 마이너스 이자율 채권의 가격이 시장이자율의 추가 하락으로 인한 자본이득에 의해 추가적으로 상승할 가능성을 기대(speculation of capital gain)하고 이 채권을 매입했을 수 있다.

셋째, 부자들은 자산을 쉽고 간편한 방법으로 후손들에게 물려주고 싶어 한다. 무기명 채권을 통해 거액의 자산을 편리하게 후손들에게 물려줄 수 있다면 이는 부자들이 다소의 비용을 감수하고 마이너스 이자율 채권을 매입하는 동기가 될 수 있다.

1.2.4. Forward Guidance

미 연준을 중심으로 한 중앙은행들은 양적완화를 통한 통화공급의 증가에 더하여 중앙은행의 통화정책 방향에 대한 시장의 불확실성을 완화함으로써 통화에 대한 가수요를 예방하기 위하여 향후 통화정책 방향을 암시하는 선언적인 문구를 사용하게 되었다. 예를 들어 상당기간 제로금리 수준을 유지한다든지 또는 통화정책의 완화기조를 당분간 유지한다든지 하는 내용을 통화정책 발표문에 포함하였다. 이에 따라 시장에서는 미 연준의 정책기조를 믿고 투자와 자금운용 계획을 수립할 수 있게 되었고 통화정책의 불확실성에 따른 불안감이 해소되었다.

그림 4-2 미연준 FOMC의 Foeward Guidance 예시

The Committee seeks to achieve maximum employment and inflation at the rate of 2 percent over the longer run. With inflation having run persistently below this longer-run goal, the Committee will aim to achieve inflation moderately above 2 percent for some time so that inflation averages 2 percent over time and longer-term inflation expectations remain well anchored at 2 percent. The Committee expects to maintain an accommodative stance of monetary policy until these outcomes are achieved. The Committee decided to keep the target range for the federal funds rate at 0 to 1/4 percent and expects it will be appropriate to maintain this target range until labor market conditions have reached levels consistent with the Committee's assessments of maximum employment and inflation has risen to 2 percent and is on track to moderately exceed 2 percent for some time. In light of the substantial further progress the economy has made toward the Committee's goals since last December, the Committee decided to begin reducing the monthly pace of its net asset

자료: FEDERAL RESERVE presse release(November 3, 2021)

2 통화정책(Money Policy) 수행

2.1. 적정 통화량 공급을 통한 통화정책 수행

2.1.1. 적정 인플레이션 유지를 위한 적정 통화량 공급

중앙은행은 물가안정 달성을 가장 중요한 정책목표로 삼고 있는 기관으로서 적정 인플레이션 달성을 위한 적정 통화량 공급을 추구한다. 중앙은행은 통화량과 인플레이션과의 관계를 설명하는 화폐수량설에 기초하여 적정 통화량의 공급을 결정한다.

(1) **화폐수량설**(Quantity Theory of Money)

화폐수량설은 한 나라의 통화량은 총산출이 거래될 수 있도록 총산출 가액만큼 공급되어야 하며 화폐의 유통속도가 커지면 통화의 공급량이 줄어도 되지만 화폐의 유통속도가 감소하면 통화량이 더 증가해야 함을 나타내는 이론이다.

즉, $MV=PT=PY$가 화폐수량설의 식이다. 여기서 PY는 총산출 Y에 물가(P)를 곱한 것으로 한 나라 총산출의 가액을 의미한다. PT는 총거래량(T)에 물가를 곱한 것으로 총거래의 가액이며 한 나라에서 생산되는 총재화는 결국 모두 거래된다고 가정하면 이론적으로 총산출 가액과 총거래 가액은 같아진다. MV는 통화(M)에 유통속도(velocity, V)를 곱한 것으로 $PT=PY$가 일정할 때 유통속도(V)가 증가하면 통화량(M)이 작아도 됨을 의미한다.

이제 중앙은행이 이 화폐수량설에 입각하여 적정 통화증가율을 결정하는 원리를 살펴보자.

$MV=PY$의 양변에 자연로그를 취하면,

$\ln(MV)=\ln(PY)$, $\ln(M)+\ln(V)=\ln(P)+\ln(Y)$가 되고 양변을 미분하면,

$$d\{\ln(M)+\ln(V)\}=d\{\ln(P)+\ln(Y)\}$$

$$(1/M)dM+(1/V)dV=(1/P)dP+(1/Y)dY$$

$$dM/M+dV/V=dP/P+dY/Y$$

$$\dot{M}+\dot{V}=\dot{P}+\dot{Y}$$

$\dot{M}=\dot{P}+\dot{Y}-\dot{V}$가 된다.

여기서 M : 통화 총량, V : 화폐의 유통속도
P : 전반적인 물가 수준, T : 경제의 총 거래량
Y : 경제의 총 산출량, • : 변수 위의 • 는 증가율을 의미

위의 식은 적정통화증가율 = 물가상승률 + 경제성장률 − 화폐의유통속도 증가율임을 의미한다. 예를 들어 내년의 경제성장률이 4%로 예상되고 중앙은행의 목표인플레이션이 3%이며 내년에 화폐의 유통속도가 2% 하락할 것으로 예상된다고 가정하면, 중앙은행입장에서 판단

되는 내년도의 적정통화증가율은 4% + 3% − (−2%) = 9%가 된다는 의미이다.

2.1.2. 통화승수 모형에 의한 적정 본원통화의 공급

앞에서 중앙은행이 적정 통화증가율을 산출하는 방법을 살펴보았다. 그런데 중앙은행이 통화증가율 통계를 작성할 수는 있으나 적정 통화량 자체를 중앙은행이 직접 공급하고 통화량을 중앙은행이 원하는 만큼 직접 통제할 수는 없다. 중앙은행은 본원통화를 공급하지만 시중에 유통되는 통화량은 금융기관의 신용창조에 의해 공급되기 때문에 본원통화와 통화량 간의 관계를 통화승수를 포함하여 이해해야 한다.

(1) 중앙은행의 본원통화 공급

중앙은행이 공급하는 본원통화는 금융기관이 이를 토대로 대출을 함으로서 신용창출을 통해 예금통화를 창출하는 근본이 되기 때문에 본원통화(monetary base, MB)라고 하며 금융기관이 이 본원통화를 토대로 더 많은 양의 통화를 창출할 수 있기 때문에 고성능통화(high-powered money)라고도 부른다.

1) 본원통화

본원통화는 지급준비금(reserve, R)과 현금통화(currency, C)로 구성된다. 중앙은행이 본원통화를 공급하는 대표적인 방식은 금융기관이나 개인을 상대로 채권을 매입하는 것이다. 중앙은행이 금융기관으로부터 채권을 매입하면 그 대가로 본원통화를 금융기관이 중앙은행에 개설한 지급준비금 계정에 지급준비금으로 예치한다. 중앙은행이 개인으로부터 채권을 매입하면 그 대가로 중앙은행발행 수표를 지급하게 되는데 개인이 이 수표를 중앙은행 창구에서 인출하면 현금통화가

증가하고 개인이 이 수표를 거래은행에 예금하면 은행은 이를 중앙은행에 개설된 지급준비금 계정에 예치함으로써 지급준비금이 증가한다. 결국 중앙은행이 은행이나 개인을 상대로 채권을 매입함으로써 본원통화를 공급하게 되면 본원통화는 은행의 현금통화 또는 지급준비금의 형태로 존재하게 된다.

① 현금통화

현금통화는 사람들이 거래 등의 목적으로 보유하고 있는 화폐이다. 따라서 한 나라 경제에서 전체 예금(deposit, D) 중 어느 정도가 현금통화로 보유되는지는 각 나라의 경제상황과 그 나라 사람들의 현금보유 행태에 따라 다를 수 있다. 그러나 각 나라 전체적으로는 예금의 일정비율이 현금통화로 보유되는 것을 관찰할 수 있다. 이 비율, 즉, 예금의 몇 %가 현금통화로 보유되는지의 비율이 현금보유비율(currency holding ratio, c)이다. 여기서 $c = C/D$ 이므로 $C = c \cdot D$가 된다.

② 지급준비금

지급준비금은 상업은행이 예금자의 인출 가능성에 대비하여 중앙은행에 개설된 자기은행 명의의 계좌에 예치한 돈이다. 상업은행은 지급준비금을 예치할 때 중앙은행이 설정하는 지급준비율(required reserve ratio, rr)을 기준으로 하지만, 통상적으로 지급준비율에 요구되는 금액보다 다소 많게 지급준비금을 보유하는 경향이 있다.

만일 지급준비율을 맞추지 못할 경우 급하게 또는 고금리로 은행간 시장에서 차입을 하여야 하며 간혹 필요금액을 차입하지 못할 경우 지급준비금 적립 의무를 다하지 못한 불이익을 당할 수 있기 때문이다.

이처럼 상업은행들이 지급준비율에 요구되는 수준보다 다소 많은 금액을 지급준비금으로 보유함에 따른 차액(실제 보유 지급준비금－필요지급준비금)이 초과지급준비금(excess reserve)이며 이 초과지급준비금이 예금의 몇 %인지가 초과지급준비율(excess reserve ratio, er)이다.

그러니까 지급준비금은 필요지급준비금과 초과지급준비금으로 구성되어 있고 따라서 아래의 관계가 성립한다. 지급준비금(R) = 필요지급준비금 ($RR = rr \cdot D$)+초과지급준비금 $ER = er \cdot D$), $R = (rr + er) \cdot D$이다. 결국 본원통화 $MB = C + R = c \cdot D + (rr + er) \cdot D = (c + rr + er) \cdot D$이다.

2) 통화

통화(money, M)는 예금통화(deposit, D)와 현금통화(currency, C)로 구성된다. 상업은행이 대출을 하면, 대출받은 돈의 일부는 현금으로 보유되고 나머지가 상업은행의 예금으로 돌아온다. 따라서 $M = C + D = c \cdot D + D = (c+1) \cdot D$가 된다.

앞에 설명한 관계식을 이용하여 통화승수(money multiplier, m)를 아래와 같이 유도할 수 있다.

$$M = m \cdot MB$$

$$C + D = m \cdot (C + R)$$

$$c \cdot D + D = m \cdot \{(c \cdot D) + (rr + er) \cdot D\}$$

$$D(c+1) = m \cdot D(c + rr + er)$$

$$m = (c+1)/(c + rr + er)$$

(2) 통화승수가 함축하고 있는 의미

통화승수는 현금보유비율, 요구지급준비율, 초과지급준비율의 3가지 요소로 구성되어 있으며 각각의 요소는 본원통화와 통화가 내생성(endogeneity)과 외생성(exogeneity)[25] 중 어느 성격이 강한지를 보여준다.

1) **현금보유비율**(currency holding ratio, c)

현금보유비율은 사람들이 예금 중 어느 정도(예 : 몇%)를 현금으로 보유하는지를 나타낸다. 사람들의 개별적인 현금보유비율은 각각 다르겠지만 한 나라 경제 전체적으로는 하나의 수치로 나타낼 수 있다.

이 현금보유비율은 주로 사람들의 현금보유 성향 및 거래 행태에 영향을 받는다. 물론 중앙은행이나 정부의 정책이 현금보유비율에 다소 영향을 미칠 수도 있겠으나 개개인의 현금보유 성향이나 거래 행태가 더 큰 영향을 미칠 것이다. 따라서 현금보유비율은 외생성보다는 내생성이 강하다.

2) **요구 지급준비율**(required reserve ratio, rr)

요구 지급준비율은 중앙은행이 경제상황과 통화정책 기조를 감안하여 결정한다. 따라서 요구 지급준비율은 경제 시스템내의 변수들간 상호 영향을 받아 결정되기보다는 중앙은행의 정책적 의지가 더욱 강하게 반영되어 결정된다. 요구 지급준비율은 내생성보다는 외생성이 강하다.

---

25) 내생성이란 어떤 경제변수가 경제 시스템내의 각 변수들간에 상호 영향을 받아서 결정되는 성격이며, 외생성이란 경제 시스템내의 각 변수들에 의해 영향을 받지 않고 외부로부터 영향을 받아 결정되는 성격을 말한다. 예를 들어 생산함수를 $Y = F(K, L)$로 정의할 때 산출량에 영향을 미치는 실물자본(K)과 노동력(L)은 이 관계식에 포함되어 있는 변수이다. 따라서 이들 변수 K와 L은 산출량(Y)에 영향을 미치는 경제 시스템내의 변수이기 때문에 내생변수(endogenous variable)이다. 그러나 기술진보(T)는 위의 관계식에 나타나지 않으며 위의 관계식이 설명하지 못한다. 따라서 기술진보는 산출량에 영향을 미치더라도 이는 경제시스템 외부에서 오는 변수이며 이를 외생변수(exogenous variable)라고 한다.

3) 초과 지급준비율(excess reserve ratio, er)

초과 지급준비율은 상업은행들이 실제 지급준비금을 요구 지급준비율에 비해 어느 정도나 여유 있게 보유하는가의 정도를 나타낸다. 따라서 초과 지급준비율은 상업은행들의 경영 및 투자 전략과 행태에 주로 의존한다.

적극적이고 과감한 투자전략을 추구하는 상업은행들은 가급적 최대한 대출과 투자를 하고 초과 지급준비금을 최소한으로 보유하려 할 것이므로 낮은 초과 지급준비율을 보일 것이다. 반면에 보수적이고 안전한 투자전략을 운용하는 상업은행들은 다소 여유 있는 초과 지급준비금을 보유하려 할 것이므로 초과 지급준비율 수준이 다소 높을 것이다. 따라서 초과 지급준비율은 외생성보다는 내생성이 강하다.

4) 본원통화(monetary base, MB)

본원통화는 중앙은행이 상업은행이나 개인들에게 공급한 통화이다. 중앙은행은 거시경제 상황과 통화정책 기조를 주로 감안하여 본원통화의 양을 결정한다. 따라서 본원통화는 내생적인 면보다 외생적인 면이 강한 것으로 보인다.

그러나 금융위기와 같은 예외적인 경우에는 중앙은행의 당초 의도와 다르게 본원통화가 공급될 수도 있다. 따라서 본원통화를 완전히 외생적이라고 하기는 어렵다.

5) 통화는 현금통화와 예금통화로 구성된다.

현금통화는 개인들의 현금보유 성향에 주로 의존하므로 내생적인 성격이 강하다.

그러나 예금통화는 아래의 요인들을 감안할 때, 외생적인 성격보다는 내생적인 성격이 강하다. 첫째, 상업은행들의 대출 및 투자 전략이 적극적인지 또는 소극적인지가 중요하다. 상업은행의 경영전략이 적극적이면 초과 지급준비율을 최소화하고 대출과 투자를 통한 이윤 극대화를 추구할 것이다. 이 경우 통화승수를 낮추는 방향으로 작용하는 초과 지급준비율이 감소하고 대출을 통한 신용창조가 증가하여 통화량이 증가할 것이다. 둘째, 요구 지급준비율은 근본적으로 중앙은행의 정책적 의지에 의해 주로 결정된다. 셋째, 현금보유비율은 개인들의 현금보유 성향과 사회관습에 주로 영향을 받아 결정된다.

2.2. 적정 이자율 목표 설정을 통한 통화정책 수행

2.2.1. **목표 이자율 수준 또는 범위의 기준금리 선정**(Selecting the benchmark interest rate of a Target Interest Rate Level or Zone)

대부분의 중앙은행들은 금융시장의 유동성 사정을 가장 잘 나타내는 것으로 판단되는 이자율이 일정수준 또는 일정범위 내에서 유지되는 경우 경제가 장기균형에 근접하여 큰 무리 없이 작동하는 것으로 판단하고 그 이자율의 목표수준 또는 목표범위를 통화정책의 목표금리로 발표한다. 이를 미 연준(이하 연준)의 사례를 예로 들어 설명하면 아래와 같다.

2.2.2. **연준의 목표이자율 설정 방식**

연준은 연방자금 목표 이자율(federal funds target rate, FF_{target})을 아래와 같이 설정한다(테일러 룰, Taylor Rule).

FF_{taeget} = 인플레이션율 + 균형수준의 실질 연방자금 이자율(equilibrium real FF rate) + 1/2(인플레이션 갭, inflation gap) + 1/2(산출갭, output gap)

첫째, 연준은 균형수준의 실질 연방자금 이자율에 기초하여 실질 연방자금 목표 이자율(real federal funds target rate, $=FF_{target}-$inflation rate) 수준을 설정한다.

$$FF_{target} - \text{inflation rate} = \text{equilibrium real } FF \text{ rate}$$

여기서, 실질 연방자금 목표 이자율은 사전적인 개념(ex ante concept)이므로 실제 통화정책의 수행을 위해서는 명목 연방자금 목표 이자율의 설정이 필요하다.

$$FF_{target} = \text{inflation rate} + \text{equilibrium real } FF \text{ rate}$$

만일 실제 경제가 장기균형 수준으로부터 괴리된 것으로 판단되면 경제를 다시 균형수준으로 유도하기 위해 연방자금 목표 이자율(이하 FF_{target} rate)의 변경이 필요하다. 만일 인플레이션이 목표수준보다 높아서 인플레이션 갭(인플레이션−목표 인플레이션)이 양(+)의 수치를 보이면 FF_{target} rate의 상향 조정이 필요하고, 만일 인플레이션이 목표수준보다 낮아서 인플레이션 갭(인플레이션−목표 인플레이션)이 음(−)의 수치를 보이면 FF_{target} rate의 하향 조정이 필요하다.

(1) 양(+)의 계수 1/2의 의미

이제 테일러 룰(Taylor Rule)이 갖는 의미를 아래의 가정과 함께 살펴보자.

가정1 : 균형 수준의 실질 연방자금 이자율(quilibrium real FF rate) = 2%,

가정2 : 목표 인플레이션(target inflation) = 2%,

가정3 : 산출 갭(output gap) = 1%

만일 인플레이션이 목표수준인 2%보다 높은 3%로 상승한다면 연준은 목표 이자율(FF_{target} rate)을 어떻게 변경해야 하는가?

$$FF_{target,\pi=2\%} = \text{inflation rate}(2\%) + \text{equilibrium real } FF \text{ rate}(2\%) + 1/2(\text{inflation gap}, 0\%) + 1/2(\text{output gap}, 1\%) = 4.5\%$$

$$FF_{target,\pi=3\%} = \text{inflation rate}(3\%) + \text{equilibrium real } FF \text{ rate}(2\%) + 1/2(\text{inflation gap}, 1\%) + 1/2(\text{output gap}, 1\%) = 6.0\%$$

위의 식에서 두 경우의 연준 목표금리의 차이($FF_{target,\pi=3\%} - FF_{target,\pi=2\%}$)는 6.0−4.5=1.5%p이다. 이는 곧 인플레이션이 목표 수준을 1%p 상회하면 연준은 인플레이션을 목표수준으로 낮추기 위해 목표금리를 1.5%p 올려야 함을 의미한다. 그렇게 하면, 즉, 목표금리를 명목금리 기준으로 1.5%p 올리면 인플레이션 상승효과 1%p(2% → 3%)를 차감하고 실질 목표금리를 0.5%p 올림으로써 물가상승 압력을 억제할 수 있음을 의미한다.

(2) 연준과 테일러 룰

테일러 룰은 통화정책 수행시 매우 중요한 지침이다. 그러나 미 연준이 자동적으로 테일러 룰을 따르면서 통화정책을 수행하는 것은 아니다. 그 이유는 아무리 훌륭한 경제정책 수립 모델이라도 완벽할 수는 없으며 또한 아무리 훌륭한 경제 전문가라 할지라도 테일러 룰에서 사용되는 인플레이션 갭이나 산출 갭에 관한 완벽한 정보(data)를 얻을 수 없기 때문이다. 미 연준은 통화정책을 결정할 때 항상 가능한 모든 정보를 최대한 활용하고 경제지표들이 함축하고 있는 의미를 최대한 신중히 해석하려는 입장을 취하고 있다.

2.3. 통화량 목표 통화정책에서 이자율 목표 통화정책으로 전환하게 된 이유

과거에는 중앙은행들이 통화량을 목표로 하는 통화정책을 채택하였었다. 그러나 현재는 대부분의 중앙은행들이 이자율을 중간 목표로 통화정책을 운용하고 있다. 중앙은행들이 통화정책 운용방식을 통화량 목표제에서 이자율 목표제로 변경한 이유는 무엇일까?

2.3.1. 통화량 목표 통화정책 운용의 한계

(1) **연결고리 약화**(Unclear linkage)

통화량 목표 통화정책이 상정하는 두 단계의 연결고리가 점차 약해지고 있다.

첫째, $MV=PY$로부터 도출되는 $\dot{M}=\dot{P}+\dot{Y}-\dot{V}$의 연결고리가 점점 명확하지 않다. 인플레이션과 GDP 자료를 얻는 데 무시할 수 없는 시차가 있고 또한 시차를 감수하고서도 완벽한 자료를 얻기가 어렵다.

둘째, $MB\cdot m=M$의 관계 역시 점점 약해지고 있다. 통화승수의 구성요소들을 살펴보자. 특히 현금보유비율과 초과 지급준비율은 중앙은행이 의도하는 대로 영향을 미칠 수 없으며 경제 변수들 간의 상호작용에 의해 주로 결정되는 내생변수 성격이 강하다. 따라서 중앙은행이 이 변수들의 값을 정확히 측정하고 이를 바탕으로 경제상황을 판단하는 것이 점점 어려워지고 있다.

(2) **통화정책의 시차**(Time lag of the monetary policy)

중앙은행이 경제상황에 대한 판단을 바탕으로 통화정책을 수행하는 경우, 중앙은행의 통화정책이 효과를 보기까지는 상당한 시차가 있다.

또한 중앙은행이 통화정책의 효과를 느낄 때에는 경제상황이 이미 다른 양상으로 바뀌었을 수도 있다.

(3) 이자율 목표 통화정책이 통화량 목표 통화정책에 비해 상대적으로 우수한 이유

1) 실시각 관찰 가능(Real-time monitoring)

중앙은행은 시장 이자율의 움직임을 실시각으로 관찰할 수 있다. 중앙은행은 여러 종류의 시장 이자율 동향을 실시각으로 점검할 수 있고 이를 바탕으로 이자율 정책 조치가 필요한지 여부를 즉각적으로 판단할 수 있다.

2) 다양한 정책 수단(Various tools)

중앙은행은 여러 다른 금융시장의 상황을 해당 금융시장 관련 이자율 분석을 통해 파악할 수 있다. 따라서 특정 부문이나 특정 체권시장에 특화해서 영향을 미칠 수 있도록 이자율 정책 수단을 정밀하게 강구할 수 있다.

(4) 다양한 이자율 정책수단과 관련하여 두 가지 사례를 예를 들어 살펴보자.

첫 번째 사례는 미 연준의 오퍼레이션 트위스트(operation twist)이다. 2008년의 글로벌 금융위기 이후 연준은 목표 이자율을 낮추고 시장 이자율이 이를 따라 내려가기를 기다렸다. 그러나 장기 이자율이 연준이 기대만큼 하락하지 않았다. 연준은 장기 이자율의 추가적인 하락을 유도하기 위해 장기 채권을 매입하는 한편 이로 인해 증가하는 통화량을 흡수하기 위해 단기 채권을 매도했다. 장기채권을 매입함으로써 증가시킨 본원통화 공급량을 단기 채권 매도를 통해 상쇄시키고 장기 금리의 하락을 얻은 것이다. 여기서 단기 채권의 매도로 인해 단기

금리의 상승이 우려될 수도 있었지만 그 상승 정도가 크지 않았다. 시장은 연준의 목표금리 인하 정책 기조를 이미 알고 있고 또한 연준의 단기 채권 매도의 목적이 장기 채권 매입에 따른 본원통화 증가효과를 중화시키려는 의도라는 점도 알기 때문이다.

두 번째 사례는 일본은행의 수익률 곡선 조정 정책(Yield Curve Control, *YCC*)이다.

소위 아베노믹스(Abenomics) 이후, 일본의 시장 이자율은 전반적으로 낮아져서 거의 0% 수준에 육박하게 되었다. 이에 따라 장단기 이자율 차이인 이자율 스프레드(interest rate spread, $i_{long\ term} - i_{short\ term}$)도 거의 0에 가까워졌다. 이자율 스프레드는 금융부문의 주요 수익원천으

그림 4-3 통화정책 운영체계

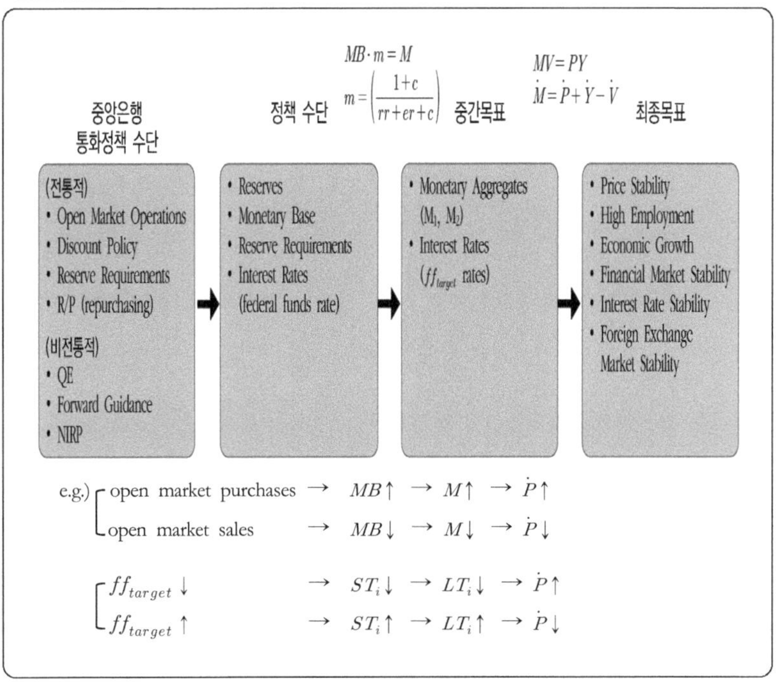

로서 이 스프레드가 0에 가깝다는 것은 일본 은행권의 생존에 위협이 된다는 의미이다. 일본은행은 이 스프레드를 넓히고 싶은데 장기 금리를 높이면 금리 인하를 통해 경기를 진작시키려는 아베노믹스와 배치되기 때문에 단기 금리를 더 낮추어야 했다. 따라서 단기 채권을 집중적으로 매입하여 단기 이자율을 더욱 아래로 끌어내리는 정책을 시도했다. 그러면 장기 이자율은 종전 수준을 유지하는 상황에서 단기 이자율이 더욱 더 내려가니까 수익률 곡선 중 좌측의 단기이자율이 더욱 낮아져 장단기 이자율 차이가 확대되고 수익률 곡선의 모양이 좀 더 가파른 양상으로 변한다. 이것이 수익률 곡선 조정 정책(Yield Curve Control, *YCC*)이다.

05

외환정책

1 외환시장 개요

1.1. 외환시장의 개념

외환시장은 외환, 즉 외국의 통화가 자국의 통화와 거래되는 시장으로서 외환의 매매시장과 외환의 차입시장으로 구분할 수 있다.

외환의 매매시장(賣買市場)은 매매대금의 지급시기를 기준으로 현물환시장과 선물환시장으로 구분된다. 현물환시장은 외환의 매매거래 후 그 대금의 결제가 2영업일 이내에 이루어지는 시장이다. 통상적으로 외환거래를 하면 그 결제는 거래 후 2영업일에 이루어지며 당사자간 특약이 있으면 거래 후 1영업일 또는 거래 당일에도 결제가 가능하다. 선물환시장은 외환의 매매거래 후 그 대금의 결제가 2영업일 경과 이후에 이루어지는 시장이다.

외환의 차입시장(借入市場)은 외환을 일정기간 차입하는 시장인데 그 차입기간이 1년이내인 외환스왑시장과 차입기간이 1년을 초과하는 통화스왑시장으로 구분된다.

외환스왑과 통화스왑의 가장 큰 차이점은 이자지급 방식이 다른 점이다. 외환스왑은 기간이 1년 이내의 단기이기 때문에 현물환율에 이자에 해당하는 스왑포인트를 더하여 선물환율로 거래하며 별도의 원화와 외화이자 지급은 없다. 그러나 통화스왑은 기간이 1년 이상 장기이기 때문에 계약기간 정기적으로 원화이자와 외화이자를 교환한다.

그림 5-1 외환스왑과 통화스왑

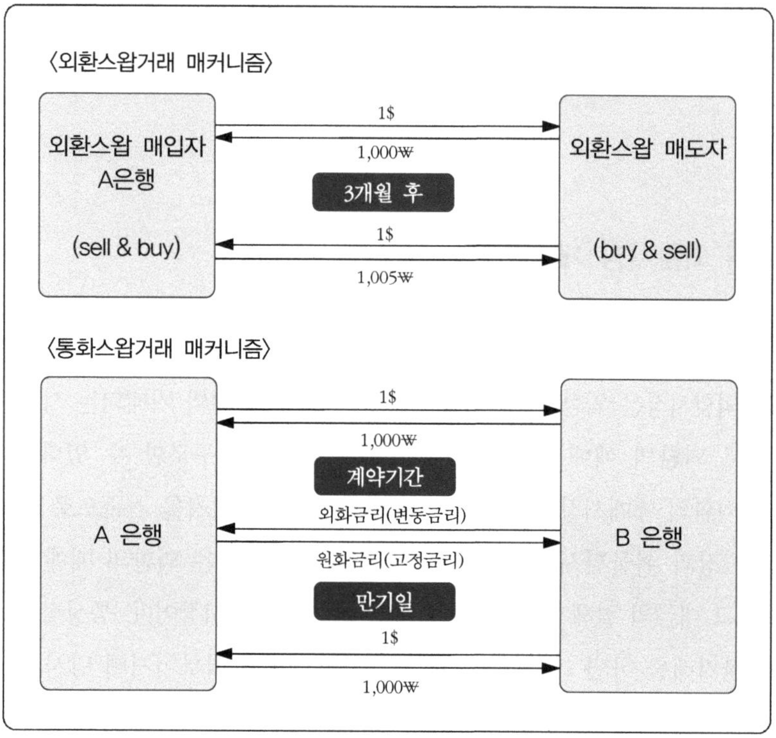

1.2. 한국의 외환시장 개요

1.2.1. 외환시장의 구성

한국의 외환시장은 대고객시장과 은행간시장으로 구분할 수 있다. 대고객시장은 정부, 기업 또는 개인이 하나의 고객으로서 은행과 거래하는 개별적인 소매시장을 의미한다. 은행간시장은 외국환은행들을 중심으로 은행들 상호간 거래하는 도매시장이 대표적이지만 중앙은행인 한국은행도 거래에 참여할 수 있다. 은행간시장은 대부분 외국환중개회사의 거래 중개를 통해 거래가 이루어진다.

그림 5-2 한국 외환시장의 구조

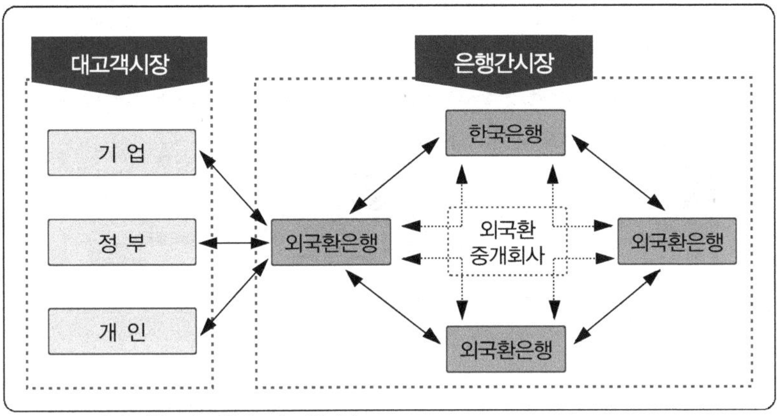

자료: 한국은행, '한국의 외환제도와 외환시장'

1.2.2. 한국 외환시장 구조

한국의 외환시장에는 기업과 개인 및 정부 등의 고객, 외국환은행, 외국환중개회사, 외환당국 등이 참가하고 있다. 2015년 9월말 현재 은행간 현물환시장에 참여하고 있는 외국환은행은 국내은행 17개 기관(시중은행 6개, 특수은행 5개, 지방은행 6개) 및 외국은행 국내지점 30개 기관이 있다. 이 외에도 종금사 1개, 증권사 10개 기관이 은행간 현물환시장에 참여하고 있다.

외국환중개회사의 거래 중개를 통한 외환거래는 아래와 같은 중개회사의 화면을 통해서 이해가 가능하다. 외국환중개회사는 달러와 위안화에 대해 매입하고자 하는 외국환은행의 희망 환율 중 가장 높은 환율을 게시하고 반대로 매도하고자 하는 희망 환율 중 가장 낮은 환율을 게시한다.

그림 5-3 외환중개회사의 거래화면

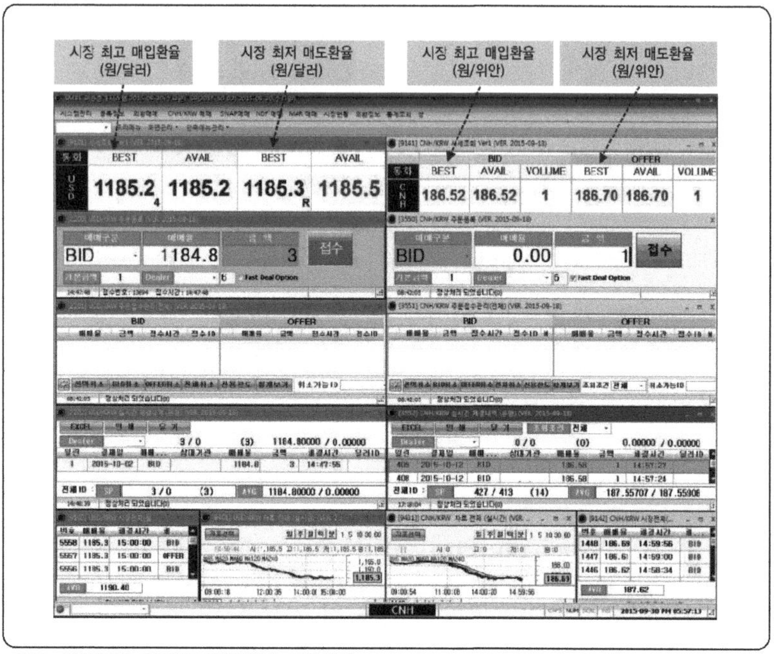

자료: 한국은행, '한국의 외환제도와 외환시장'

은행간시장은 외국환은행 딜러간에 직접 거래하는 시장과 외국환중개회사를 통한 거래시장으로 구분된다. 우리나라의 외국환중개회사는 2015년 9월 말 현재 국내 중개회사 4개, 외국계 중개회사 6개 등 총 10개 기관이 있다.[1)] 중개회사를 통한 은행간시장의 거래 방법 및 절차를 살펴보면 우선 거래시간은 매일 오전 9시부터 오후 3시까지이다. 거래통화[2)]는 미 달러화 및 중국 위안화[3)]이고 거래금액은 각각 최소

---

1) 국내 회사로는 서울외국환중개, 한국자금중개, KIDB 자금중개, IPS 외국환중개가 있고 외국계 회사로는 ICAP, Tullett Prebon, BGC, Nittan Capital, GFI, Tradition이 있다. 2003년까지는 서울외국환중개, 한국자금중개 등 국내 회사 2개 밖에 없었으나 2004~2005년에 2개 외국계 회사, 2007년 상반기에 4개 외국계 회사, 2012년 상반기에는 2개의 국내 회사가 추가로 인가를 받았다.

▌표 5-1 은행간 거래의 주요 내용

	원/달러 거래	원/위안 거래
거래종류	현물환, 선물환, 외환스왑거래	현물환, 선물환, 외환스왑거래
거래단위	100만 달러 단위(100만 달러 이상)	100만 위안 단위(100만 위안 이상)
호가방법	1달러에 대한 원화가격을 10전 단위로 호가	1위안에 대한 원화가격을 1전 단위로 호가
거래체결	전화 및 전자주문방식을 위한 매매주문을 전산으로 자동체결	
거래시간	9:00~15:00	

100만 달러 및 100만 위안이며, 거래단위는 100만 달러 및 100만 위안의 배수이다. 거래주문가격의 단위금액은 원/달러 거래의 경우 10전 단위, 원/위안 거래의 경우에는 1전 단위이고, 결제일은 익익일물결제(value spot)로 되어 있다. 한편 외환시장 거래관행은 은행, 중개회사 등 외환시장 참가기관의 자율운영기구인 서울외환시장운영협의회에서 논의를 거쳐 개선되고 있다.[4)]

외국환중개회사는 2002년 10월부터 기존 방식인 전화주문과 함께 전자중개시스템(Electronic Brokering System, EBS)을 통해서도 거래주문을 접수하고 있다. 전자중개시스템은 외국환은행의 딜러가 전용단

---

2) 한국은 1996년 원화와 엔화간의 거래를 위해 원/엔 시장을 개설하였으나 유동성 부족으로 1997년 1월 이후 거래가 자연적으로 소멸되었다

3) 2014년 12월 1일 원/위안 직거래시장이 개설되었다

4) 서울외환시장운영협의회는 「외환시장 거래관행 개선조치」(2002년 8월)에 따라 원/달러 현물환거래의 최소 거래금액 50만 달러, 거래단위 10만 달러의 배수에서 최소 거래금액 100만 달러, 거래단위 50만 달러의 배수로 상향조정하였으며, 현물환거래의 결제일도 종전의 당일물(value today), 익일물(value tomorrow) 및 익익일물(value spot) 결제로 세분화되어 있던 것을 국제관행에 따라 익익일물결제로 일원화하였다. 이후 「외환시장 선진화를 위한 제도 및 관행 개선」(2013년 11월)에 따라 거래불편, 국제관행 등을 고려하여 현물환 거래단위를 50만 달러에서 100만 달러로 상향조정하였다.

말기를 이용하여 직접 매매주문을 입력하면 중개회사의 전산망을 통해 거래가 자동적으로 체결되는 외환거래 방식이다. 동 방식은 전화주문 폭주시의 주문지연 현상을 해소하고 딜러가 직접 주문을 입력함으로써 전화통화 과정에서 발생할 수 있는 착오를 방지할 수 있는 장점이 있다. 반면 중개회사를 경유하지 않는 은행간 직거래는 주로 로이터(Reuters) 단말기의 딜링 머신 등을 통해 딜러간 가격 및 거래조건이 결정된다.

2 환율의 개념(Concept of Exchange Rate)

환율(exchange rate)은 외환시장(foreign exchange market, FX market)에서 외환이 거래될 때 적용되는 가격으로 여러 다른 관점에서 환율의 개념이 존재한다.

2.1. 현물환환율과 선물환율

현물환율은 현물환시장에서 외환이 거래될 때의 환율이고 선물환율은 선물환시장에서 외환이 거래될 때의 환율이다.

선물환율은 현물환율에 결제가 지연됨에 따른 이자에 해당하는 스왑포인트를 가산하여 결정된다.

2.1.1. 스왑포인트의 의미

스왑포인트는 외환시장에서 현물환을 매입(매도)하고 그 반대방향으로 선물환을 매도(매입)하는 두 개의 거래를 하나로 묶어서 거래하는 외환스왑의 거래가격이다. 현물환율보다 선물환율이 나중에 거래하는 환율이기 때문에 현물환율에 일종의 이자 성격인 스프레드를 더해서

선물환율이 결정되는 구조이다. 즉, 선물환율 = 현물환율 + 스왑포인트이고 따라서 스왑포인트 = 선물환율 – 현물환율이 된다.

스왑포인트는 외화자금 시장의 차입여건을 나타낸다. 우리나라의 외화자금시장에서 외화를 차입할 때 이자인 스왑포인트는 원화이자와 달러화 이자가 함께 반영되어 원화기준 스왑포인트로 호가된다. 예를 들어 원 달러 현물환율이 1달러가 1,000원이고 3개월 원달러 스왑포인트가 1원으로 호가되었다고 가정하자. 이는 곧 3개월간 1달러를 주고 원화를 1,000원 받아 사용한 후 3개월 후에 1달러를 받고 1,001원을 지급한다는 의미이다. 1달러를 담보로 1,000원을 3개월간 차입하여 사용한 후 이자로 1원을 지급하는 것과 같으며 이를 연율 이자율로 환산하면, (1÷1,000)÷3×12=0.4%가 된다. 이것을 스왑레이트라고 부른다. 외화자금시장에서 달러차입 여건이 악화되면 달러화 차입에 따르는 달러표시 이자율이 상승해야 한다. 그런데 우리나라 외환스왑시장에서는 이 이자금액이 원화로 표시되고, 이 원화이자 금액을 연율 이자율로 환산한 것이 스왑레이트이다. 따라서 달러 차입여건의 악화로 달러이자를 더 지급해야 하는데 이자금액이 원화기준으로 표시되기 때문에 원화이자를 덜 지급하면 되고 원화이자금액으로 표시되는 스왑포인트가 감소하며 이에 따라 스왑레이트도 하락한다. 외화자금사정이 악화되어 외화차입여건이 어려워지면 스왑레이트가 하락하는 이유를 이해할 수 있다.

2.1.2. **차액결제 선물환**(non-deliverable forward, NDF)

차액결제 선물환은 선물환 거래대금을 결제하지 않고 선물환 계약환율과 만기시 현물환율과의 차이만을 결제하는 선물환이며 이 경우의 선물환율이 차액결제선물환율이다.

환율이 요동칠 때마다 차액결제선물환(non-deliverable forward, 이하 NDF)이 주목을 받는다. 따라서 환율변화에 민감할 수밖에 없는 재무관리자는 당연히 NDF에 대해 파악하고 있어야 한다.

(1) 개념

NDF는 만기에 계약원금의 교환 없이 계약시 미리 정한 환율과 만기시 시장환율 간의 차액만큼 거래당사자간에 지정통화로 결제하는 선물환을 말한다.

(2) 거래 예시

3개월 후에 달러로 지급을 해야 하는 기업이 환리스크 헤지를 위해 달러를 3개월 NDF 선물환율 1,005원으로 매입하는 경우(현물환율은 1,000원 가정)

- 만일 3개월 후에 현물환율이 1,010원이 되면, NDF 매입자는 시장에서 1달러를 1,010원에 매입하는 대신 NDF 매입계약으로 인해 1,005원으로 매입할 수 있으니 1달러당 5원만큼 유리해진다.
- NDF 매도자는 현물시장에서 1달러를 1,010원으로 매도할 수 있는 것을 1,005원에 매도해야 하므로 달러당 5원이 불리해진다.
- 불리해진 쪽에서 유리해진 쪽으로 계약금액 달러당 5원을 지불하면 되는데, 이 5원을 그 시점의 달러환율로 환산하여 계약금액 달러당 0.00495(=5/1,010)달러를 지급하면 정산이 종료된다.

(3) 도입 배경

NDF는 외국인의 우리나라 자산에 대한 투자를 유도하기 위해 도입되었다. 외국인 투자가 입장에서 NDF는 다음과 같은 점이 유리하다.

- 일반 선물환거래와 달리 차액만 결제하면 되므로 적은 자금으로

환리스크를 헤지할 수 있다.

- 만기시 차액결제를 마치고 난 후의 원화 투자금은 그대로 남아 있다.[5] 외국인 투자가로서는 원화자산 보유포지션에 대한 리스크 헤지 목적은 일반선물환과 동일하게 달성하면서도, 만기시 원화자산 재투자 또는 본국 송금의 선택권이 있는 점이 유리하다.

(4) 순기능과 역기능

NDF는 그 이용목적에 따라 외환시장을 안정시키는 순기능을 하기도 하고 외환시장의 불안정성을 증폭시키는 역기능을 하기도 한다.

1) 순기능 사례 : 헤지 목적의 NDF

외국인 투자가가 원화자산에 투자한 후 나중에 이 자산을 매도하고 받은 달러대금을 본국으로 역송금할 때 원/달러 환율이 상승하면 환차손이 발생한다. 이러한 환차손의 가능성을 피하고자 헤지를 하는 경우 외국인 투자가의 NDF 매입은 외환시장을 안정시키는 기능을 한다.

외국인이 당초 원화자산 투자를 위해 달러를 매도할 때 환율이 하락하지만, 환차손 방지를 위해 NDF를 매수할 때 환율이 상승함으로써 환율의 하락세가 완화되고 외환시장의 변동성은 줄어든다.

2) 역기능 사례 : 투기목적의 NDF

만일 시장참가자들[6]이 원/달러 환율 상승 또는 하락에 따른 환차익을 기대하고 투기목적으로 NDF를 매입 또는 매도하면 외환시장의 불안정성은 증폭된다.

시장참가자가 투기목적으로 NDF를 매입하면 거래상대은행은 NDF

---

5) 일반 선물환 거래는 만기시 결제를 위해 계약금 전액을 달러로 환전하여야 할 것이다.
6) 꼭 외국인투자자일 필요가 없다. 시장참가자라면 누구나 NDF를 거래할 수 있다.

매도포지션 상태가 된다. 거래상대은행은 환포지션 헤지를 위해 현물환을 매입하게 되고 이에 따라 원/달러 환율이 상승한다. 투기자가 달러를 많이 보유하고 있었다면 큰 환차익을 얻을 수 있다.

이 경우의 원/달러 환율 상승은 실물경제 상황의 변화 없이 투기적 목적의 NDF 매입에 의해 일어난 것이다. 1997년 우리나라에서 외환위기가 진행되는 과정에서 이러한 투기적 목적의 NDF 매입으로 원/달러 환율의 상승세가 매우 가팔라졌었다는 분석이 있다.

외국인이 투기목적으로 NDF 매도를 하면 거래상대은행은 NDF 매입포지션 상태가 된다. 거래상대은행은 환포지션 헤지를 위해 현물환을 매도하게 되고 이로 인해 원/달러 환율이 하락한다. 이 역시 실물경제와 상관없이 환율이 하락한 것이며, 국가경제적 측면에서 원/달러 환율의 하락에 의한 수출경쟁력 악화라는 부정적인 효과만 있을 뿐이다.

2.2 재정환율과 교차환율

2.2.1. 개념

우리나라의 경우 원화와 일본 엔화가 직접 교환되는 외환시장이 없다. 그런데 일본과의 교역 등에서 원화와 엔화의 환율은 필요하다. 이런 상황을 해결하기 위해 두 통화에 공통적으로 달러화를 개재시켜, 즉, 〈(원/달러)/(엔/달러)=원/엔〉을 통해 원/엔 환율을 구할 수 있다. 여기서 상호 교차(cross)되어진 원/달러 환율과 엔/달러 환율을 교차환율(cross exchange rate)이라고 하고, 이렇게 구해진 원/엔 환율을 재정환율(arbitrage exchange rate)이라고 한다.

2.2.2. 재정환율의 외환시장 왜곡효과

재정환율은 때에 따라 외환시장을 왜곡하는 효과(distortion effect)를 초래할 수 있음에 유의해야 한다. 〈원/엔=(원/달러)/(엔/달러)〉의 관계식을 이용하여 이 문제를 살펴보자.

만일 엔/달러 환율이 상승하고 원/달러 환율에 변동이 없다면 재정환율로 계산되는 원/엔 환율이 하락한다. 분자는 그대로인데 분모의 상승 (엔/달러)↑으로 재정환율의 값이 하락 $\frac{(\text{원/달러})}{(\text{엔/달러})\uparrow}\downarrow$하기 때문이다. 원화의 가치는 달러화에 대해 변동이 없는 상황에서, 엔화가 예를 들어 소위 아베노믹스[7]에 의해 달러화에 대해 약세가 됨에 따라 원화의 가치가 엔화에 비해 상승하는 결과가 초래되는 것이다. 다시 말해 만일 원화와 엔화가 직접 거래되는 시장이 존재한다면 원화의 가치가 재정환율의 메커니즘에 의해 엔화에 비해 불필요하게 상승하는 현상은 없을 것이다.

2.3. 명목환율과 실질환율

우리가 일상생활에서 말하는 환율은 특별히 다른 조건이 없으면 명목환율(nominal exchange rate)을 의미한다. 명목환율은 아래와 같이 표시한다.

$$E = Won/Dollar \text{ 또는 } Dollar/Euro$$

---

7) 아베노믹스는 일본의 아베내각이 일본경제가 장기 디플레이션에서 벗어나도록 하기 위해 일본의 소비자물가상승률이 2%에 달할 때까지 엔화의 공급을 무제한으로 늘리는 정책을 추진한 것을 말한다. 국제통화인 엔화의 공급을 무제한으로 늘리면 엔화가치의 하락과 일본의 수출경쟁력 개선을 가져올 것이고 이는 곧 주변 수출경쟁국들의 입장에서는 수출경쟁력이 악화되는 결과를 의미한다.

미 달러화(또는 달러)는 세계의 기축통화이다. 따라서 다른 나라 통화의 가치는 기축통화인 1달러를 얻기 위해 그 나라 통화를 몇 단위 줘야 하는 지로 표시된다. 통상 환율을 표시할 때 달러화가 분모에 위치하는 이유이다. 다만, 예외적으로 유로화와 영국의 파운드화는 분모에 위치하며 달러화를 분자에 놓는 것이 시장의 관행이다.

한편 실질환율(real exchange rate)은 명목환율을 물가로 나누어 구하기 때문에 아래와 같이 표시할 수 있다.

$$RE = (Won/P_{Won})/(Dollar/P_{Dollar})$$

여기서, P_{Won}: 한국물가, P_{Dollar} : 미국물가

2.4. 실효환율과 실효환율지수

환율은 한 나라의 순수출(=수출−수입)에 중요한 영향을 미친다. 이러한 관점에서 우리나라 원화와 우리나라 주요 교역상대국 통화들과의 환율을 종합적으로 감안한 수치를 산출하여 우리나라 교역여건을 분석할 수 있다. 먼저 명목실효환율(nominal effective exchange rate)은 원화와 우리나라 주요 교역상대국들 통화와의 명목환율을 기준으로 산출되며, 실질실효환율(real effective exchange rate)은 원화와 우리나라 주요 교역상대국들 통화와의 실질환율을 기준으로 산출된다.

환율을 나타낼 때, 일반적으로 달러화를 분모에 그리고 다른 통화들을 분자에 표시한다는 사실은 앞서 말한 바 있다. 그래서 원/달러 환율이 상승하면 달러화의 가치는 상승을, 원화의 가치는 하락을 의미하는 것이다. 따라서 달러화와 원화의 가치 변화 추이를 하나의 그래프 안에서 같은 방향으로 분석하기 위해서는 원화의 실효환율수치를 계산할 때 원화를 분모에, 다른 통화를 분자에 위치시키면 된다. 이렇게 하면

달러지수의 상승이 달러화의 가치 상승을 보여주듯이 원화의 실효환율 수치 상승도 원화의 가치 상승을 보여주기 때문에 달러화와 원화의 가치변동을 같은 방향으로 분석할 수 있다. 원화를 분모에 위치시킨 실효환율수치의 출발점을 100으로 놓으면 그 수치가 100보다 높을 때 원화의 가치가 기준시점보다 상승한 것이고, 그 수치가 100보다 낮을 때 원화의 가치가 기준시점보다 하락한 것이다. 이를 실효환율지수(effective exchange rate index)라고 한다. 수시로 변동하는 이 지수의 상승은 원화가치의 상승을, 이 지수의 하락은 원화가치의 하락을 의미한다. 여기서 원화와 우리나라 주요 교역상대국들 통화와의 명목환율에 이들 국가와의 교역가중치를 주어 산출한 것을 명목실효환율지수(nominal effective exchange rate index, $NEERI$), 명목실효환율지수를 구매력평가지수(purchasing power parity index, PPI)로 나누어 산출한 것을 실질실효환율지수(real effective exchange rate index, $REERI$)라고 한다.

$$NEERI = \frac{\Pi(ER_{it}/ER_{io})^{W_{it}}}{(KER_t/KER_o)} \times 100$$

$$= \Pi(WER_{it}/WER_{io})^{W_{it}} \times 100$$

$$REERI = \frac{NEERI}{PPI} \times 100$$

여기서, W_i : i 국가의 교역가중치,
ER_i: i 국가 통화의 대미달러 환율,
KER : 원화의 대미달러 환율,
WER : i 국가 통화의 원화 대비 환율,
PPI : 구매력평가지수,
아래첨자 t : 비교시점,
아래첨자 o : 기준시점

그림 5-4 달러지수

2.5. 달러지수

현실적으로 세상의 중심 화폐인 달러의 가치에 대해서는 전세계적으로 관심이 높을 수밖에 없다. 외환시장에서는 달러화의 가치가 얼마나 변동하는지를 매일 매시간 관측하고 있는데, 여기에 이용되는 것이 달러지수(dollar index)이다. 구체적으로 달러지수 값은 주요 교역상대국 통화에 대한 달러의 가치를 각각의 가중치[8]로 기하평균하여 구한다. 달러지수는 1973년 3월수치를 100으로 하여 이 지수가 상승하면 달러화 가치가 기준시점 대비 상승하였음을, 즉 기준시점보다 달러가 강세임을 의미한다.

---

8) 달러지수 산출에 사용되는 통화들의 가중치는 유로화 57.6%, 엔화 13.6%, 파운드화 11.9%, 캐나다 달러화 9.1% 등이다.

3 환율 변동에 따른 통화가치 평가

3.1. 명목환율 변동

만일 원/달러 환율이 1,000원에서 1,001원으로 1원 상승하였다면 1달러를 얻기 위해 종전에 비해 1원이 더 필요하므로 원화가치가 1원만큼 하락(depreciation)하였다는 의미이다. 이렇게 우리가 평소에 사용하는 환율이 변동하는 것은 경제학의 기본원리인 수요와 공급의 법칙에 따른 당연한 결과이다.

3.2. 실질환율 변동

3.2.1. 실질환율 변동의 의미

평소에 우리가 사용하고 있는 원/달러 환율이 상승하면 1달러를 매입하기 위해 더 많은 원화를 지불해야 한다는 의미라는 것은 앞서 설명한 바 있다. 그런데 이러한 환율을 각국의 물가수준으로 나누어 구하는 실질환율이 변동한 경우는 어떤 의미를 갖는 것일까?

만일 원/달러 실질환율 $\langle (Won/P_{Won})/(Dollar/P_{Dollar}) \rangle$이 상승하였다면, 이는 달러화의 실질가치가 상승한 것이고 동시에 원화의 실질가치가 하락한 것이다. 이의 의미는 한국에서 제조된 동일품질 제품의 가격이 미국 달러화 기준으로 더욱 저렴해졌다는 것이다. 이는 곧 그 제품을 미국에서 더 싸게 팔 수 있다는 것이고, 결과적으로 그 제품의 수출경쟁력이 개선되었음을 의미한다. 이렇게 실질환율의 변동은 제품의 수출경쟁력을 측정하는 중요한 요인이 되기 때문에 기업경영에 자주 이용되고 있다.[9)]

이렇게 실질환율이 중요하지만 명목환율과는 달리 손쉽게 접할 수 없다는 단점이 있다. 이를 보완하기 위해 실질환율을 명목환율과 물가를 이용하여 간단히 나타내고자 한다.

원화의 미 달러화에 대한 실질환율(real exchange rate, *RE*)은 다음과 같이 표시된다.

$$RE = \frac{(Won/P_{Won})}{(Dollar/P_{Dollar})} = \frac{(Won/Dollar)}{(P_{Won}/P_{Dollar})}$$

여기서 $won/dollar$는 명목환율(*E*)이므로 실질환율은 다음과 같이 나타낼 수 있다.

$$RE = \frac{E}{(P_{Won}/P_{Dollar})} = E \cdot (P_{Dollar}/P_{Won})$$

이를 시간에 대해 미분하여 실질환율의 변동율을 구하면, 아래와 같이 명목환율 변동율에 외국(미국)물가상승률을 더하고 우리나라의 물가상승률을 빼는 간단한 형태로 나타낼 수 있다.

$$\dot{RE} = \dot{E} + \dot{P}_{Dollar} - \dot{P}_{Won}$$

3.2.2. 실질환율 변동의 사례분석

예제 5-1

만일 원/달러의 명목환율이 2% 상승하고 미국의 인플레이션이 3%이며 한국의 인플레이션이 5%이면, 즉, 한국의 인플레이션이 미국의 인플레이션에 비해 2%p 높을 때 원/달러의 명목환율이 2% 상승하면 어떤 결과가 초래되는가?

---

9) 실질환율은 해당 한 제품에만 적용되는 것이 아니라 한 국가의 모든 수출입에 동일하게 적용되기 때문에 국가경제 분석시에 자주 이용된다.

풀이

한국의 인플레이션이 미국의 인플레이션에 비해 2%p 높았지만, 원화의 명목가치가 달러화에 비해 그만큼 하락하였으므로 (원/달러 명목환율 2% 상승) 원/달러 실질환율은 변동이 없다. 따라서 양국의 통화는 서로 다른 인플레이션 발생 후에도 동일한 구매력을 유지하게 된다.

위의 예제와 같이 물가차이를 반영하여 구매력이 동일해진 경우를 상대적 구매력평가가 성립한다(The relative purchasing power parity holds)고 한다.[10] 한국과 미국이 동질의 제품A를 생산한다고 가정하고, 수치를 사용하여 구체적인 예를 들어 보자.

t년도 원/달러의 명목환율 $E(=Won/Dollar)$가 1,000이다. 재화A의 한국가격이 1,000Won($P_{A,Korea}=$ 1,000Won), 재화A의 미국가격이 1 Dollar($P_{A,USA}=$ 1Dollar)라고 하자.

$$E=1,000$$
$$P_{A,Korea}=1,000\text{Won}$$
$$P_{A,USA}=1\text{Dollar}$$

10) 구매력평가(purchasing power parity)는 절대적 구매력평가와 상대적 구매력평가가 있다. 절대적 구매력평가(absolute purchasing power parity)는 한 시점에서 양국 통화의 구매력이 같으려면 일물일가의 법칙에 따라 물가가 높은 국가 통화의 환율이 그만큼 높아야 한다는 것이다. 예를 들어 동일재화A의 한국가격이 1,000원이고 미국 가격이 1달러이면, 동일재화의 가격을 나타내는 1000원과 1달러는 같은 가치를 나타낸다. 따라서 양국 통화의 교환비율인 명목환율은 1,000원일 때 절대적 구매력평가가 성립하는 것이다.
상대적 구매력평가(relative purchasing power parity)는 일정기간 양국의 인플레이션이 서로 다를 때, 양국 통화의 구매력이 같으려면 일물일가의 법칙에 의해 물가가 많이 상승한 국가 통화의 명목환율이 그만큼 높아져야 한다는 것이다.

$t+1$년도에 원/달러의 명목환율(E)이 1,020(E=1,020), 재화A의 한국가격이 1,050Won($P_{A,Korea}$=1,050Won), 재화A의 미국가격이 1.03 Dollar($P_{A,USA}$ = 1.03Dollar)라고 하자.

$$E = 1{,}020$$
$$P_{A,Korea} = 1{,}050\text{Won}$$
$$P_{A,USA} = 1.03\text{Dollar}$$

재화A의 한국가격을 미 달러 기준으로 전환하면 $P_{A,Korea}$=1,050Won =1,050/1,020=1.03Dollar로서 미국의 가격과 일치한다. 따라서 상대적 구매력평가가 성립하고 재화A의 한국 가격은 미국 가격과 동일하다.

예제 5-2

만일 원/달러 명목환율이 5% 상승하고 미국의 인플레이션이 3%이며 한국의 인플레이션이 5%이면, 즉 한국의 인플레이션이 미국에 비해 2%p 높을 때 원/달러 명목환율이 5% 상승하면 어떻게 되는가?

풀이

이 경우는 원/달러 명목환율의 상승폭 5%가 한국과 미국의 인플레이션 차이 2%p보다 3%p 크다. 상대적 구매력평가가 성립하는 조건은 원/달러 명목환율이 양국의 인플레이션 차이 2%만큼 상승하는 것이다. 그런데 실제로 원/달러 명목환율은 양국의 인플레이션 차이 2%p보다 3%p 더 큰 5%로 상승한 것이다. 따라서 원/달러 실질환율이 3% 상승하게 된다.($\dot{RE} = \dot{E} + \dot{P}_{Dollar} - \dot{P}_{Won}$ = 5%−2%=3%) 달러화의 실질가치가 3% 높아졌고 원화의 실질가치가 3% 낮아진 것이다. 이는 곧 한국 재화의 가격경쟁력이 3% 높아진 것을 의미한다.

한국과 미국이 동질의 제품 A를 생산한다고 가정하고, 수치를 사용하여 구체적인 예를 들어 보자.

t년도(Y_t)에 원/달러의 명목환율($Won/Dollar$)이 1,000이다. 재화 A의 한국가격이 1,000Won($P_{A,Korea}$=1,000 Won), 재화 A의 미국가격이 1Dollar($P_{A,USA}$=1Dollar)이다.

$$E=1,000$$
$$P_{A,Korea}=1,000\text{Won}$$
$$P_{A,USA}=1\text{Dollar}$$

$t+1$년도(Y_{t+1})에 원/달러의 명목환율($Won/Dollar$)이 1,050(E=1,050), 재화 A의 한국가격이 1,050Won($P_{A,Korea}$=1,050Won), 재화 A의 미국가격이 1.03Dollar($P_{A,USA}$=1.03Dollar)이다.

$$E=1,050$$
$$P_{A,Korea}=1,050\text{Won}$$
$$P_{A,USA}=1.03\text{Dollar}$$

재화 A의 한국가격을 미 달러 기준으로 전환하면 $P_{A,Korea}$=1,050Won =1,050/1,050=1.00Dollar이다. 재화 A의 한국가격 1.00달러가 재화 A의 미국가격 1.03달러에 비해 3% 저렴해졌다. 원/달러의 실질환율이 3% 상승함으로써 원화의 실질가치가 3% 하락하고, 이는 곧 달러화의 실질가치가 3% 상승한 것을 의미하며 한국 재화의 가격경쟁력이 3% 높아진 것을 의미한다.

예제 5-3

만일 원/달러 명목환율이 1% 상승하고 미국의 인플레이션이 3%이며 한국의 인플레이션이 5%이면, 즉 한국의 인플레이션이 미국에 비해 2%p 높은데 원/달러 명목환율이 1% 상승하는 데 그친다면 어떤 결과가 초래될까?

풀이

이 경우는 원/달러 명목환율의 상승폭 1%가 한국과 미국의 인플레이션 차이 2%p보다 1%p 작다. 상대적 구매력평가가 성립하는 조건은 원/달러 명목환율이 양국의 인플레이션 차이 2%p만큼 상승하는 것이다. 그런데 실제로 원/달러 명목환율은 양국의 인플레이션 차이 2%p보다 1%p 더 작게 1% 상승하였다. 따라서 원/달러 실질환율이 1% 하락했다. 달러화의 실질가치가 1% 낮아졌고 원화의 실질가치가 1% 높아진 것이다.

한국과 미국이 동질의 제품 A를 생산한다고 가정하고, 수치를 사용하여 구체적인 예를 들어 보자.

t년도(Y_t)에 원/달러의 명목환율($Won/Dollar$)이 1,000이다. 재화 A의 한국가격이 1,000Won($P_{A,Korea}$ =1,000 Won), 재화 A의 미국가격이 1Dollar($P_{A,USA}$ =1Dollar)이다.

$$E=1,000$$
$$P_{A,Korea}=1,000\text{Won}$$
$$P_{A,USA}=1\text{Dollar}$$

$t+1$년도(Y_{t+1})에 원/달러의 명목환율($Won/Dollar$)이 1,010(E=1,010), 재화 A의 한국가격이 1,050Won($P_{A,Korea}$=1,050Won), 재화 A의 미국가격이 1.03Dollar($P_{A,USA}$=1.03Dollar)이다.

$E = 1{,}010$

$P_{A,Korea} = 1{,}050\text{Won}$

$P_{A,USA} = 1.03\text{Dollar}$

재화 A의 한국가격을 미 달러 기준으로 전환하면 $P_{A,Korea} = 1{,}050\text{Won} = 1{,}050/1{,}010 = 1.04\text{Dollar}$이다. 재화 A의 한국가격 1.04달러가 재화 A의 미국가격 1.03달러에 비해 1% 비싸졌다. 원/달러의 실질환율이 1% 하락함으로써 원화의 실질가치가 1% 상승하고 이는 곧 달러화의 실질가치가 1% 하락한 것을 의미하며 한국 재화의 가격경쟁력이 1% 낮아진 것을 의미한다.

이상에서 우리는 명목환율과 실질환율의 변동에 대해 다음과 같은 시사점을 얻을 수 있다.

첫째, 원/달러 명목환율이 상승(depreciation)하더라도 양국의 물가수준을 감안한 원/달러 실질환율은 하락(apreciation)할 수 있다. 따라서 환율자료를 이용해서 한 나라 경제의 수출경쟁력 등을 분석할 경우 명목환율이 상승하였다고 해서 항상 그 나라의 수출경쟁력이 개선되는 것은 아니라는 점을 유의해야 한다. 데이터의 습득[11]이 가능한 한 실질환율을 이용한 분석을 함께 할 필요가 있다.

둘째, 원/달러 명목환율의 상승과 실질환율의 상승은 그 의미하는 바가 다르다. 명목환율의 상승은 원화의 가치가 하락하는 것을 의미한

11) 명목환율은 실시간 관찰이 가능하지만 실질환율은 명목환율을 물가상승률로 조정해야 산출이 가능하다. 이 경우 어떤 물가를 지표로 삼느냐에 따라 학자들 간에 차이가 있다. 또한 물가지표를 습득하는 데에도 상당한 시차가 있다. 따라서 과거의 데이터를 가지고 환율을 분석할 때에는 실질환율에 의해 분석이 가능하지만, 그때그때의 적시성 있는 외환시장 분석을 할 때에는 실질환율을 실시간으로 산출할 수 없는 한계가 있어서 명목환율을 이용한다. 따라서 이 경우에 해석에 신중을 기할 필요가 있다.

다. 한편 실질환율의 상승은 한국과 미국에서 제조되는 동일한 품질의 제품 중 한국에서 제조되는 제품의 달러표시 가격이 하락하여 수출경쟁력이 높아지는 것을 의미하는 것이다.

4 환율 결정요인

환율이 앞으로 어떻게 변동할지는 귀신도 모른다고 한다. 아무리 뛰어난 전문가도 환율을 자신 있게 전망하지 못하며, 부득이 환율을 전망할 때면 여러 전제조건을 다는 것을 종종 볼 수 있다. 그만큼 환율을 전망하기가 어렵다는 것이고, 환율변동을 초래하는 요인이 많다는 뜻이기도 하다. 그렇지만 학계에서는 대체로 통화량 인플레이션 경제성장률 내외금리차 국제수지 등을 환율의 주요 결정요인으로 보고 있다.

4.1. 통화량과 인플레이션

한 나라의 통화량이 생산량에 비해 더 빠르게 증가하면 이 나라의 물가수준이 상승한다. 그리고 이로 인한 인플레이션만큼 이 나라 통화의 구매력이 하락한다. 이는 곧 이 나라 통화의 명목환율이 상승하는 가치 하락(depreciation)을 의미한다.

만일 명목환율의 상승(가치하락, depreciation) 폭이 인플레이션 폭보다 작으면 이 나라 통화가치는 실질환율 기준으로 상승(appreciation)함을 앞에서 살펴본 바 있다.

4.2. 경제성장률

GDP는 가장 중요한 거시경제 변수이다. 따라서 GDP 통계가 발표되면 환율이 즉각적으로 반응한다. GDP 데이터의 발표에 따른 환율의 반응은 3단계로 분석하고 이해할 필요가 있는데, 여기서 3단계란 긍정적인 데이터, 새로운 정보, 위험선호 또는 위험회피(RO–RO, risk on – risk off)의 단계를 말한다. 미국의 GDP 데이터 발표 이후 달러화 가치의 반응을 예로 들어서 설명하겠다.

〈1단계〉 긍정적 데이터

양호한 미국의 GDP 데이터는 미 달러화의 강세를 유발할 것으로 생각할 수 있다. 미국의 GDP 데이터가 좋으면 미국 자산의 가치상승이 기대되고, 이에 따른 미국자산에 대한 수요증가로 미 달러화에 대한 수요증가가 예상되기 때문이다.

그러나 이러한 추론이 항상 성립하는 것은 아니다. 그 이유는 시장변수들은 현시점의 경제 데이터 자체에 반응하는 것이 아니라, 그 데이터가 함축하고 있는 향후의 기대에 반응하기 때문이다. 다시 말하면 시장변수들은 새로운 정보(news)에 반응하지 기존의 이미 알려진 정보에는 반응하지 않는다는 것이다.

〈2단계〉 새로운 정보

시장변수들은 새로운 정보에 반응한다. 이미 공개된 정보(public information)는 시장변수들에 이미 반영되어 있기 때문이다.

만일 미국의 GDP 데이터가 양호하고 동시에 기존의 기대치를 상회한 것으로 발표된다면, 시장참가자들은 미국 경제에 대해 보다 낙관적인 평가를 하게 되고, 이에 따라 미국자산에 대한 매입 수요는 더욱 늘어날 것이다. 미국 자산의 매입에 필요한 미 달러화의 수요증가로 인해 미 달러화 가치는 상승하게 된다.

만일 미국의 GDP 데이터가 양호한 수준이기는 하지만 기존의 기대치보다 낮은 경우에는 시장참가자들이 향후 미국 경제에 대해 비관적인 태도를 보이면서 미국 자산을 매도하게 될 것이다. 이 경우 달러화에 대한 수요의 상대적인 감소에 따라 미 달러화 가치는 하락하게 된다.

〈3단계〉 시장의 전반적인 위험선호 또는 위험회피(risk-on & risk-off)

2008년에 발발한 글로벌 금융위기 이후 시장참가자들은 경제변수들에 대해 새로운 행태의 반응을 보이게 되었는데, 금융시장에서는 이를 〈risk-on & risk-off〉로 부르게 되었다.

글로벌 금융위기 이후 시장참가자들은 세계경제가 언제쯤 회복을 시작할지에 대해 관심을 집중하였다. 이러한 상황에서 세계 주요국들의 경제지표가 호전되고, 이어서 미국의 경제지표도 호전되는 양상을 보였다. 이에 시장참가자들은 세계경제가 위기에서 벗어나기 시작하는 것으로 기대하면서 안전통화인 미 달러화를 팔고 상대적으로 고수익이 기대되는 호주달러화 등을 샀다. 즉, 미국 GDP 성장률이 예상보다 양호한 경우인데도 미 달러화를 팔아서 미 달러화가 약세를 보인 것이다.

전통적인 경제학 이론과는 반대되는 이러한 현상이 수차례 나타나면서 시장에서는 이를 시장참가자들이 개별국가의 경제지표보다는 시장 전체적인 리스크에 우선 반응하여 리스크 자산을 취하는 행태인 risk-on으로 이해하게 되었다. 물론 반대의 경우는 risk-off로 이해되었다.[12)]

12) 최근에는 risk-on과 risk-off와 함께 great rotation도 시장용어(market jargon)로 자주 사용되는데, great rotation이란 risk-off에서 risk-on로 변하는 경우를 뜻하며, 이와 반대방향으로의 변화는 reverse great rotation이라고 한다.

4.3. 이자율 차이

한 나라의 이자율이 상승할 때 다른 나라들의 이자율이 종전 수준을 유지하면, 이자율 차이(국내이자율i－해외이자율i^*)가 확대된다. 이러한 이자율 차이의 확대 효과는 채권시장 경로와 주식시장 경로의 양면으로 살펴야 한다.

4.3.1. 채권시장 경로

채권시장에서 이자율의 상승은 두 가지 다른 효과를 가져 온다. 첫째는 채권이 새로 발행될 때 상승한 이자율을 반영할 것이므로 기존의 채권에 비해 이자수입(coupon interest income)이 증가한다. 둘째는 기존에 발행된 채권의 경우 발행금리보다 앞으로의 시장금리가 높아질 것이므로 이들 채권 보유자들은 잠재적으로 자본손실의 가능성(potential capital loss possibility)을 갖게 된다. 따라서 채권투자 전략은 향후 이자율의 상승 가능성이 1회에 그칠 것으로 예상되는 경우와 수차례 인상이 예상되는 경우 달라야 할 것이다.

이자율이 당분간 1회 상승에 그칠 것으로 예상되는 경우에는 새로 발행되는 채권이 이자율 상승을 반영하여 기존의 채권보다 높은 이자를 지급할 것이다. 또한 당분간 추가적인 금리 상승이 예상되지 않으므로 이 채권을 매입할 경우 자본손실의 가능성을 우려할 필요가 없다. 따라서 이 채권에 대한 수요 증가로 인해 채권시장으로의 자본유입이 예상된다. 이는 곧 우리나라 채권의 매입을 위한 외화유입의 증가를 의미하고, 이에 따른 외화 공급의 증가는 원화가치의 상승, 즉 원/달러 환율의 하락요인으로 작용하게 된다.

이자율이 일정 기간 동안 수차례 상승할 것으로 예상되는 경우에는 다음의 두 가지를 함께 고려해야 한다. 첫째는 새로이 발행되는 채권의 이자수입이 종전의 채권에 비해 커진다는 긍정적인 측면이다. 둘째는 향후 이자율이 추가적으로 상승할 경우 이 채권들이 자본손실의 가능성을 가지고 있다는 부정적인 측면이다. 따라서 채권투자가들은 이러한 긍정적인 측면과 부정적인 측면을 모두 고려하여 어느 효과가 클 것인지를 잘 살펴야 할 것이다.

4.3.2. 주식시장 경로

주식시장에서는 이자율의 상승이 두 가지 다른 신호로 해석될 수 있다. 첫째는 이자율의 상승으로 기업의 향후 자금조달 비용이 상승하는 부정적인 효과이다. 둘째는 이자율의 상승이 이 나라 경제에 대한 긍정적인 신호로 해석될 수 있다.

먼저 이자율 상승으로 기업들의 향후 차입비용이 증가할 경우에는 기업 투자가 감소할 가능성이 크고 따라서 경제성장이 둔화될 수 있다. 이에 따라 외국인이 우리나라 주식투자를 줄이면 그 회수자금을 달러화로 바꾸어 나갈 것이고(역송금, repatriation), 결과적으로 원/달러 환율은 상승할 것이다.

그러나 외국인들이 우리나라 이자율의 상승을 우리 경제에 대한 긍정적인 신호로 해석할 경우에는 오히려 우리나라 주식을 더욱 매입할 것이고 이에 따른 외화 유입으로 원/달러 환율은 하락할 수 있다.

이러한 상황은 특히 우리나라 중앙은행인 한국은행이 통화긴축을 위해 기준금리를 인상하는 경우, 외국인들이 이를 한국은행이 우리 경제의 회복에 대한 확신을 기초로 통화긴축 조치를 했다고 판단할 때 가능하다. 이 경우 외국인들은 우리나라 경제가 회복할 것이라는 기대를 더욱 확신하게 되고 이를 바탕으로 우리나라 주식을 매입할 것이다. 이에 따른 외화유입으로 원화의 가치는 상승하게 된다.

이자율의 하락이 주가에 미치는 영향도 역시 시장참가자의 반응에 따라 달라질 수 있다. 우선, 이자율의 하락이 기업들의 향후 차입비용 감소요인임을 중시하면 이는 곧 기업 투자의 증가요인이고 경제성장의 촉진요인이다. 예를 들어 외국인이 국내 주식투자를 늘리면 국내 외환시장에 달러화의 유입이 증가하고 원/달러 환율은 하락하게 된다.

그러나 외국인들이 우리나라 이자율의 하락을 경제부진이 심각한 신호로 받아들이면 오히려 우리나라 주식을 매도하고 그 대금을 역송금함에 따라 원/달러 환율이 상승할 수 있다. 이러한 상황은 특히 한 나라의 중앙은행이 경제성장을 촉진하거나 또는 금융시장의 불안정성을 완화하기 위해 금리를 전격적으로 인하하는 경우[13]에 시장참가자가 어느 쪽으로 반응을 보일지를 신중히 살펴보아야 함을 의미한다.

4.3.3. 이자율 차이와 자본유입 관련 통계검증의 한계

내외금리차의 확대는 자국통화 가치의 상승, 즉 원화절상을 초래하는 것으로 알려져 있지만, 실제로 통계검증을 해보면 인과관계를 설명할 수 없는 경우도 있다. 이는 주로 채권시장과 주식시장에서 반대방향으로 자본유출입이 발생하여 효과가 상쇄되기 때문이다. 내외금리차가 확대될 경우 우리나라 채권의 이자수익이 높아질 것을 기대하고

---

13) 2020.3.3. 미국의 중앙은행인 연방준비은행(연준)이 코로나19 사태로 인한 금융시장의 불안정성을 완화하고 경제에 활력을 불어넣기 위해 임시회의를 통해 정책금리를 0.5%p 인하하였다. 그런데 달러화는 예상과는 달리 약세를 보였는데(Dollar index가 그 전날 97.36에서 97.18로 하락), 그 주된 요인은 다음과 같다.
① 연준의 긴급 금리인하 및 추가 인하 기대 등으로 인한 통화량 증가 예상은 달러화 약세요인이다. ② 연준이 2008년 10월 이후 처음으로 임시회의를 통해 정책금리를 대폭 인하한 것은 그만큼 코로나19 사태가 심각한 상황이라는 것으로 인식되었다. 이에 따라 연준이 진정시키려던 시장의 불안심리가 오히려 부각됨으로써 위험자산인 미국주식에 대한 수요감소가 예상되었고, 이는 달러화의 약세요인으로 작용하였다.

채권시장에 외화자본이 유입될 수 있다. 물론 자본손실의 기대가 크지 않은 경우이다. 이러한 자본유입은 원화가치의 상승요인이다. 그러나 내외금리차의 확대가 기업의 차입비용 증가로 우리나라 주식시장에 부정적으로 영향을 미칠 수도 있다. 이 경우에는 우리나라 주식시장으로부터 자본유출이 발생하고 원화가치는 하락(원/달러 환율 상승)할 것이다.

만일 우리나라 채권시장과 주식시장에서 이와 같이 상반되는 현상이 발생하는 경우에는 두 상반되는 힘이 상쇄된 후의 환율 움직임이 통계적으로 의미 있는 결과를 보여주지 못할 수도 있다. 이와 같은 현상은 우리가 환율을 분석할 때 내외금리차가 각각 채권시장과 주식시장에 서로 반대 방향으로 미치는 영향을 분리해낼 수 없기 때문에 발생한다.

4.4. 국제수지

경상수지와 자본수지를 통해 외화유입이 증가하면 우리나라 외환시장에서 외화의 공급이 늘어남과 동시에 원화 수요가 증가하여 원화가치의 상승, 즉 원/달러 환율의 하락이 초래된다.

4.4.1. 경상수지

경상수지는 주로 수출과 수입의 차이인 순수출(=수출−수입)에 의해 발생한다. 한 나라의 순수출이 증가하면 경상수지 흑자가 확대되고 달러의 유입이 증가한다. 유입된 달러는 상당부분 원화로 환전되는 과정에서 달러의 매도와 원화의 매수가 발생하여 달러화 약세와 원화 강세가 유발된다.

4.4.2. 자본수지

자본수지는 외국인의 자본투자(foreign capital investment)에 따른 외화유입에 주로 기인하는데, 외국인 자본투자는 외국인 직접투자와 증권투자의 두 가지로 나뉠 수 있다.

(1) **외국인 직접투자**(foreign direct investment, FDI)

외국인이 우리나라 기업에 투자해서 제품을 생산하고 이들 기업의 경영에 참여하기 위한 투자가 FDI이다. FDI는 기업에 대한 투자이고 또한 장기적 투자이므로 단기적으로 변동성이 크지 않다.

(2) **증권투자**(portfolio investment)

외국인이 우리나라 채권이나 주식을 매입하는 증권투자는 투자한 채권이나 주식에서 목표수익을 얻으면 투자를 회수하고 돌아갈 수 있다. 따라서 증권투자는 FDI에 비해 단기적인 변동성이 크다.

어쨌든 FDI나 증권투자를 통한 외화자본의 유입은 원화의 가치를 상승시키고, 이에 따라 원/달러 환율이 하락한다. 반면에 외국인이 증권투자자금을 회수하여 본국으로 다시 보내는 역송금(逆送金, repatriation)이 발생하는 경우에는 역송금을 위한 달러화 매입 수요 증가로 달러화 가치가 상승하고 원/달러 환율은 상승한다.

4.4.3. 경상수지 적자는 자동적으로 자본수지 흑자로 보전되는가?

만일 한 나라의 경상수지 적자규모가 심각하지 않으면, 이 나라의 대외 지급능력이 의심받지 않을 것이기 때문에 국제 자본시장에서 외화를 조달하여 경상수지 적자를 메울 수 있다.

그러나 한 나라의 경상수지 적자가 지속적으로 누적되면 이 나라의 대외 지급능력이 의심받게 되고 이 나라는 외화를 쉽게 차입할 수 없다. 이 나라의 신뢰도가 떨어질 것이고 해외차입은 점점 어려워질 것이다. 이 경우 경상수지 적자를 지급하기 위해 최종적으로는 이 나라의 외환보유액이 사용되어야 한다. 만일 외환보유액이 충분하지 않으면 경상수지 적자를 지급할 수 없는 상황에 처하게 된다. 이때는 국가의 지급불능 사태를 막기 위해 국제통화기금(International Monetary Fund, IMF) 등 국제기구에 긴급 유동성 지원을 요청하게 된다. IMF로부터 유동성을 지원받게 되면 유동성을 지원해 준 대출자로서의 IMF 정책권고를 받아들여야 한다. 결국 이 나라는 경제정책을 IMF의 감독 하에 수행해야 하고 사실상 경제주권을 상실하는 것과 마찬가지의 상황이 된다.

4.5. 정치적 요인

4.5.1. **지정학적 긴장**(geopolitical tension)

지정학적 긴장이 고조되면 시장참가자들은 보다 보수적인 투자 자세를 보이며 안전자산을 선호하게 된다. 외환시장에서는 달러화가 기축통화로서 대표적인 안전자산이므로 안전통화인 달러화에 대한 수요가 증가하고 달러화는 강세를 보인다.

그런데 대표적인 캐리트레이드 대상인 엔화와 달러화 가운데 어느 통화가 더 안전통화인가의 논쟁이 발생할 수 있다. 엔화의 안전통화로서의 성격은 캐리 통화(carry trade currency) 특성으로부터 나온다. 즉, 일본은 디플레이션 상황 하에서 저금리가 오래 지속됨으로써, 투자가들은 일본에서 저금리로 엔화를 차입하고 이를 성장 가능성이 높은 나라의 자산, 예를 들어 호주 국채 등에 투자하였다. 이 경우 호주에서의 운용금리가 일본에서의 차입금리보다 높기 때문에 이자차익을 얻고, 또한 호주 달러화가 강세를 보일 경우 환차익까지 얻게 된다. 이것을 캐리 트레이드(carry trade)라고 한다.

그런데 만일 세계경제 성장세가 부진하고 글로벌 금융시장의 위험이 증가하면, 호주 같은 국가들의 성장 기대가 약화된다. 이 경우 앞에 설명한 캐리 트레이드의 반대 방향으로 거래가 일어나서 호주자산을 팔고 엔화 차입금을 상환하게 된다. 따라서 외환시장에서는 호주 달러를 매도하고 일본 엔화를 매입하게 되므로 엔화가 강세를 보인다.

이와 같은 현상을 시장에서는 엔캐리 청산(unwinding of Yen carry)이라 한다.

글로벌 금융시장의 위험회피 성향이 증가할 때, 엔캐리 청산이 대량으로 발생하면 엔화의 강세가 일시적으로 큰 폭으로 일어나고 경우에 따라서는 달러화 강세폭보다 클 때도 있다.

엔화의 강세폭이 달러화보다 클 경우가 종종 발생하곤 하는데, 이것만으로 엔화가 달러화보다 더 안전통화라고 말할 수 있는가? 물론 엔화의 강세폭이 큰 것이 딜러들의 달러화 매도와 엔화 매입에 기인한다면 엔화가 달러화보다 더 안전자산이라고 말할 수 있을 것이다. 그러나 달러화보다 큰 엔화의 강세폭이 주로 엔캐리 청산에 의한 것이라면 엔화가 달러화보다 더 안전한 자산이라고 말하기 어렵다.

4.5.2. **국제정치적 합의**(international political accord)

1985년 주요 5개국(G5: 미국, 영국, 독일, 프랑스, 일본) 재무장관들이 미국 뉴욕의 플라자 호텔에 모여 독일 마르크화와 일본 엔화의 가치를 절상시키기로 합의하였다. 이것이 바로 소위 〈플라자 합의〉이다. 다음 그림에서 보는 바와 같이 이로 인해 엔/달러 환율이 급격히 하락하였고 엔화의 가치는 급등하였다.

그림 5-5 엔/달러 환율

만일 앞으로 이와 유사한 국제정치적 합의가 있다면, 외환시장에서 해당 통화 환율의 중장기적 추세에 중대한 영향을 미칠 것이다.

5 환율제도(exchange rate regime)

5.1. 환율제도의 종류

환율제도란 환율의 관리유형을 말한다. 즉, 환율이 외환당국에 의해 결정되는 고정환율제도와 환율이 외환시장의 수요와 공급에 의해 변동하면서 결정되는 변동환율제도가 대표적이다.

먼저 고정환율제도(fixed exchange rate regime)는 자국통화의 가치를 다른 통화에 고정(peg)하여 운영하는 환율제도이다. 따라서 그 나라의 환율은 고정된 다른 나라의 통화기준으로 표시된다. 예를 들면 홍콩달러(Hong Kong dollar, HK$) 가치는 미 달러화에 고정되어 있고, 거래

▍표 5-2 환율 제도별 채택 국가

구분		채택 국가
Hard pegs	No separate legal tenders, Currency boards	25 (홍콩, 에쿠아도르 등)
Soft pegs	Conventional pegs, Crawling pegs, Bands	76 (중국, 베트남, 체코 등)
Floating	Free-floating, Floating	71 (EU, 호주, 한국, 인도네시아 등)

도 1달러당 HK$7.75~HK$7.85의 좁은 범위 안에서 이루어진다.[14)]

자유변동환율제도(free-floating exchange rate regime)에서는 자국통화의 가치가 시장에서의 수요와 공급에 의해 자유롭게 변동하는 제도이다.[15)] 따라서 이 환율제도 하에서는 환율이 계속 변동한다.

관리변동환율제도(managed floating exchange rate regime, dirty floating exchange rate regime)는 한 나라가 변동환율제도를 채택한 상황에서 외환당국이 외환시장에서 외화를 매수 또는 매도하는 개입(intervention)을 함으로써 자국통화의 환율에 영향을 미치는 방식을 채택하는 환율제도를 말한다.

5.2. 적정 환율제도 논쟁

국제적으로 적정 환율제도의 선택과 관련하여 각국의 경제현실을 감안할 때 고정환율제도, 변동환율제도, 또는 중간단계의 환율제도(관

---

14) 고정환율제도 하에서의 환율변동은 국가가 의도적이고 인위적으로 결정하는 것이므로 통화가치의 평가절하(devaluation) 또는 평가절상(revaluation)이라고 부른다.

15) 이와 같이 변동환율제도 하에서 환율이 시장에서 수요와 공급에 따라 결정되어 변동하는 것을 통화가치의 하락(depreciation) 또는 상승(appreciation)이라고 한다.

리변동환율제도) 중 어느 환율제도를 채택하는 것이 외환위기의 가능성을 최소화할 수 있는지에 대해 논의되어 왔다.

1980년대에 신흥시장국에서는 중간단계의 환율제도가 널리 채택되었다. 그러나 1990년대 들어 세계자본시장의 통합화가 크게 진전됨에 따라 중간단계의 환율제도를 유지하기가 어려워졌다. 자국통화 가치의 급격한 절하 가능성이 높아지는 경우 자본이 급속히 유출됨으로써 외환시장의 불안정성이 증가하는 경우가 발생하였기 때문이다. 이에 따라 자본시장이 개방된 국가들은 변동환율제도와 고정환율제도 중 하나를 선택하는 것이 바람직하다는 주장(two-corner solution)이 대두되었다. 그러나 모든 국가에 적합한 유일한 환율제도는 존재하지 않으며 개발도상국들의 경우 경제규모, 대외개방도, 산업구조, 노동시장의 유연성 등 금융경제여건이 상이하므로 중간단계의 환율제도도 인정할 수 있다는 견해도 제기되었다.

중요한 것은 각국이 어떠한 형태의 환율제도를 선택하더라도 환율정책은 일관성과 신뢰성 있는 국내정책에 의해 뒷받침되어야 하며 유지 불가능한 환율수준을 방어하려고 해서는 안 된다는 것이다.

5.3. 환율제도별 특징

5.3.1. 변동환율제도

변동환율제도는 대체로 다음과 같은 장점이 있는 것으로 알려져 있다.

(1) 국제수지가 자동적으로 균형을 회복한다. 국제수지 적자는 외화의 초과수요를 유발하여 자국통화 가치의 절하와 가격경쟁력 향상을 가져오며, 이는 수출촉진 및 수입수요 감소를 통해 국제수

지 회복에 기여한다는 것이다. 국제수지 흑자의 경우에는 반대의 추론이 가능하다.

(2) 변동환율제도에서의 투기가 고정환율제도에서보다 어렵다. 만일 어떤 나라가 고정환율제도를 채택하였다면, 그 나라 통화의 가치가 좁은 범위 내에서 유지되어야 한다. 따라서 만일 이 통화의 가치를 떨어뜨리려는 투기적 공격이 있으면, 외환당국이 달러를 팔고 자국통화를 매입함으로써 자국통화의 환율을 공표된 고정 환율수준에서 유지해야 한다. 그런데 만일 투기적 공격이 계속된다면 이에 대응하여 자국통화의 가치를 방어하기 위해 외환보유액의 달러를 계속 매도해야 하는데, 외환보유액의 규모가 무한하지 않기 때문에 이는 불가능하다. 어느 순간 외환보유액은 소진될 것이고 외환당국은 더 이상 자국통화 가치의 방어를 위해 외환보유액의 달러를 팔 수 없게 된다. 따라서 고정환율제도는 제한적인 외환보유액 규모를 감안할 때 투기적 공격에 취약하다는 결론에 도달한다.

반면, 변동환율제도에서는 한 나라 통화의 가치가 다른 나라 통화에 대해 자유롭게 변동하기 때문에, 만일 이 나라 통화의 가치를 떨어뜨리려는 투기적 공격이 있을 때 외환당국은 자국통화의 가치를 유지하기 위해 외환시장에서 달러를 팔고 자국통화를 사들일 필요가 없다. 환율이 시장에서 수요와 공급에 의해 오르고 내리도록 내버려 두고 관찰만 하면 된다. 왜냐하면 변동환율제도에서는 투기자 자신도 환리스크를 부담하기 때문이다. 이 나라 통화의 가치가 투기공격에 의해 투기자들이 원하는 방향으로 하락했다고 가정하자. 그 순간 이 나라 통화가치는 다시 상승할 수도 있고 또한 다시 하락할 수도 있다. 양 방향의 가능성에 항상 열려 있는 것이다. 만일 이 나라 통화의 가치가 투기적 공격에 의해 10% 하락한 후 예기치 못한 요인으로 인해 반전되어 15% 상승한다면 투기자들은 투기적 공격에 의해 5%의 환차손을 입게 된다. 변동환율제도는 환율의 변동을 수용하기 때문에 투기적 공격에 취약한 듯 보이지만, 반면에 그렇기 때문에 투기자들이 투기적 공격에 따른 환차손의 가능성으로 인해 환투기를 함부로 하지 못하는 환율제도이다.

(3) 보다 독립적인 경제정책의 수행이 가능하다. 환율을 일정수준에서 유지해야 하는 제약이 없기 때문에 경제정책을 국내경제의 균형에 집중함으로써 그 효과를 극대화할 수 있기 때문이다.

(4) 중앙은행이 외환시장 개입에 대비하여 무리하게 외환보유고를 유지할 필요가 없다.

그러나 위와 같은 주장들이 현실적으로 입증되지는 않았다. 각 통화의 평가(平價, parity)는 균형수준에서 괴리되어 있다는 연구들이 발표된 바 있고, 국제수지의 불균형은 변동환율제도 도입 이후에도 확대되었다. 또한 투기활동은 계속해서 이루어지고 있어서 투기적 요인에 의해 특정통화 가치의 변동성이 확대되는 사례도 목격되고 있다. 이에 따라 변동환율제도하에서 단기 또는 중기적인 통화의 불안정성 증대로 성장에 대한 부정적인 영향이 무시할 수 없는 것으로 인식되고 있으며 독립적인 경제정책의 수행이 곤란한 경우도 발생하고 있다.

5.3.2. 고정환율제도

일부 학자들은 개발도상국의 경우 고정환율제도를 채택하는 것이 보다 바람직하다는 주장을 한다. 그 이유는 개발도상국의 경우 금융시장의 발달이 미흡하고 무역대금의 달러화 결제비중이 높으며 기업 및 금융기관의 환위험 회피 능력이 부족하고 정부의 신뢰성이 부족하기 때문이라고 지적하였다.

그러나 고정환율제도는 금융자유화로 자본의 이동성이 크게 증대된 국제금융 환경에 맞지 않은 측면이 있다. 고정환율제도하에서 대외불균형이 지속될 경우 통화당국이 환율을 적정수준으로 유지할 수 없을 것이라고 보는 환투기 공격에 노출될 수 있다는 점은 이미 살펴보았다.

5.3.3. 관리변동환율제도

관리변동환율제도는 환율의 변동폭을 일정 범위내로 제한하는 것이다. 이 제도는 개발도상국처럼 경제규모 대외개방도 산업구조 경제통합도 등 금융경제 여건이 상이하여 양극단의 환율제도를 일률적으로 적용하기 곤란한 경우 각국의 여건에 맞도록 채택할 수 있다는 것이다. 이러한 주장은 고정환율제도와 변동환율제도중 어느 하나를 채택하는 방식(two-corner solution)에 의해서는 환율의 불안정성을 예방할 수 없다는 분석에 기초한다. 실제로 변동환율제도가 지지자들이 주장하는 것처럼 환율의 안정에 기여하지 못하는 측면이 있고, 고정환율제도는 금융의 세계화가 급속히 진전되고 있는 현재와 같은 상황에서는 유지가 어려울 수 있기 때문이다.

또한 대부분의 외환당국은 필요시 명시적 또는 묵시적으로 환율을 일정 수준으로 유지하기 위해 외환시장에 개입을 하고 있는 것이 사실이다. 실제로 많은 국가들이 자국통화의 환율을 달러화에 연계시킴으로써 사실상 관리변동환율제도를 채택하고 있다.

그러나 중간단계의 환율제도를 채택한다고 해서 환율의 불안정성을 예방할 수 있는 것은 아니다. 환율의 페그가 엄격해서 환율의 변동폭이 매우 좁은 범위로 제한되는 경우는 명목환율이 고정되어 있는 경우와 사실상 큰 차이가 없다. 국내 인플레이션이 경쟁국보다 높은 데도 명목환율이 좁은 범위에서 유지되면 실질환율의 절상으로 인해 수출경쟁력이 하락함을 이미 살펴본 바 있다.

특별주제 **삼위일체 불가능성**, impossible trinity

- 삼위일체 불가능성(impossible trinity)이란 한 나라가 ① 자유로운 자본 이동(free capital mobility), ② 고정환율제도(fixed exchange rate), ③ 독립적인 통화정책(independent monetary policy)의 세 가지 정책을 동시에 할 수 없다는 것이다.
- 이를 case별로 예를 들어 설명하면 다음과 같다.

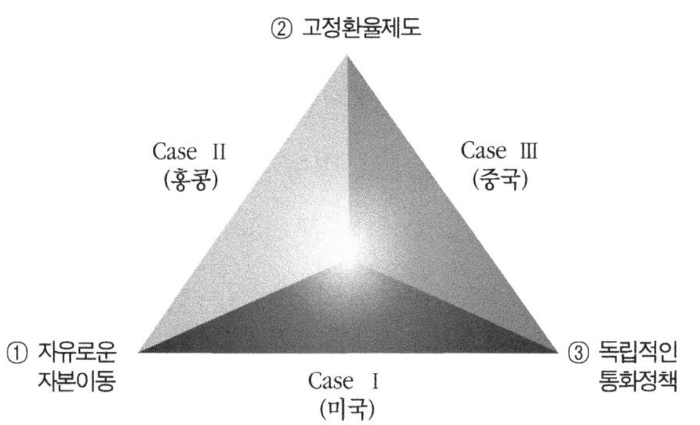

[case I] 미국은 ① 자유로운 자본이동과 ③ 독립적인 통화정책을 선택하고, ② 고정환율제도를 포기하였다. 만일 미국이 고정환율제도를 원한다면, 미국 외환당국이 해외로부터의 자본유출입의 영향을 없애기 위해 외환시장에 개입해야 한다. 그렇게 되면 통화량이 변동할 수밖에 없는데, 이는 곧 ③ 독립적인 통화정책을 포기한다는 의미이다.

[case II] 홍콩은 ① 자유로운 자본이동과 ② 고정환율제도를 선택하고, ③ 독립적인 통화정책을 포기하였다. 홍콩 외환당국은 홍콩달러화의 가치 변동을 막기 위해 외환시장에 개입하고 있다. 이에 따라 통화량은 변동하고 독립적인 통화정책은 하지 못하고 있다.

[case III] 중국은 ② 고정환율제도[16]와 ③ 독립적인 통화정책을 채택하는 대신 ① 자유로운 자본이동을 금지시켰다. 중국정부는 해외로부터의 자본유출입이 환율이나 통화량에 영향을 미치지 못하도록 하기 위해 외부로부터 자본유출입을 통제하고 있다.

6 이자율 평가(利子率 平價, interest rate parity, IRP)

6.1. 이자율평가의 개념

경제학에서 평가(平價, parity)는 명목적인 수치가 다르더라도 그 실질적인 가치가 같은 경우를 말한다. 예를 들어 2년 만기 미국 국채의 이자율이 연 3%이고, 같은 만기의 한국 국채의 이자율이 연 5%라면 한국 국채의 이자율이 미 국채에 비해 2%p 더 높다.[17] 2%p의 내외금리차는 한국 채권시장으로 외화자본이 유입되는 원인이 된다. 한국 채권

16) 중국은 완전한 고정환율제도를 채택하고 있지 않지만 환율의 변동폭을 일정범위(예: 전일 대비 ±2.25%)로 제한하기 때문에 고정환율제도에 가까운 것으로 판단하고 설명한다.

17) 이것을 이자율 차이 또는 내외금리차(interest rate differential, $i_{Korea} - i_{USA}$)라고 한다.

을 매입하면 미국 채권에 비해 더 높은 이자율로 이자를 받을 수 있기 때문이다. 이러한 외화자본의 유입은 한국 외환시장에서 달러의 공급을 늘리고, 이 늘어난 달러화가 한국자산에 투자되기 위해 한국의 외환시장에서 원화로 바뀌는 과정에서 달러화는 약세가 되고 원화는 강세가 된다. 원화의 강세는 한국 제품이 수출될 때 가격경쟁력을 떨어뜨리고 한국의 순수출(=수출−수입)은 감소한다. 순수출의 감소는 GDP를 감소시키고 이에 따른 경제성장의 둔화는 결국 원화가치의 하락을 초래할 것이다. 이처럼 향후 예상되는 원화가치의 하락으로 인해 외국인들은 원화 자산에 투자한 후 이를 달러화로 환전하여 본국으로 다시 송금(逆送金, repatriation)할 때 환차손을 예상할 수 있다.

결국 내외금리차로 인한 이자차익이 향후 환차손으로 인해 상쇄될 수 있는 가능성을 감안하면, 연 5%의 이자를 지급하는 한국 국채와 연 3%의 이자를 지급하는 미 국채는 국제금융시장에서 이론적으로 그 실질적인 가치가 동등하다는 것이다. 이것이 바로 이자율 평가이론의 개념이다. 요약하면 (+)의 내외금리차〈$(i_{Korea} - i_{USA}) > 0$〉와 환차손 예상(−)이 장기적으로 상쇄되어 결국 장기적으로는 이자 차이를 얻기 위한 재정거래의 이익이 소멸하고 두 나라의 국채가 주는 이자의 효과는 같아진다는 것이 이자율 평가이론의 요지이다.

6.2. 헤지 이자율 평가(covered IRP)와 非헤지 이자율 평가(uncovered IRP)

6.2.1. 헤지의 개념

경제학에서 헤지(hedge)란 가치의 변동 가능성을 없애는 것을 말한다. 가치의 변동 가능성이란 가격의 미래 불확실성(uncertainty)으로부터 나온다. 우리가 어느 재화의 미래가격을 알 수 없으면 그 재화의 미래가치를 결정할 수 없다. 그러나 어느 재화의 미래가격을 계약에 의해 지금 결정할 수 있다면, 미래의 시점에 그 재화의 가격이 오르거나 내리더라도 상관없이 지금 정해진 가격으로 미래에 그 재화를 사거나 팔 수 있다.

예를 들어, 3개월 후에 1달러를 1,000원에 매입하기로 지금 계약을 하면(달러화 선물환 매수 계약), 실제로 3개월 후에 환율이 1달러에 1,000원이든 900원이든 상관없이 1달러를 1,000원에 살 수 있다. 여기서 중요한 것은 3개월 후 미래시점의 환율을 모르더라도 걱정할 필요가 없다는 것이다. 왜냐하면 3개월 후의 환율이 1,100원으로 오르거나 900원으로 내리더라도 상관없이 1달러를 1,000원에 매입하기로 이미 계약이 되어 있기 때문이다. 따라서 헤지(hedge)의 의미는 계약에 의해 미래의 거래가격이 이미 정해져 있기 때문에 미래 가격의 불확실성을 우려할 필요가 없는 상태를 말한다.

6.2.2. **헤지 이자율 평가**

헤지 이자율 평가(covered IRP, CIRP)는 두 나라의 이자율에 차이가 발생할 때, 현재의 내외금리차가 선물환율에 의해 불확실성 없이 정해진 환율 변화율과 그 크기가 같아서 서로 상쇄되고 결국 두 나라의 이자율은 실질적으로 같은 효과를 가진다는 것이다. 헤지 이자율 평가가 성립하는 경우 다음의 등식이 성립한다.

$$i_{Korea} - i_{USA} = \frac{F - S}{S} = \frac{E_{t+1} - E_t}{E_t}$$

여기서, $i_{Korea} - i_{USA}$: 한국과 미국의 현재 이자율 차이,
F, E_{t+1} : 선물환율(F: forward exchange rate, E_{t+1}: exchange rate at $t+1$),
S, E_t : 현물환율(S: spot exchange rate, E_t: exchange rate at t)

6.2.3. 非헤지 이자율 평가

비(非)헤지란 어느 재화의 가치가 미래가격의 변동 가능성에 노출되어 있는 상태를 말한다. 미래가치의 변동 가능성은 미래가치를 알 수 없는 불확실성으로부터 나온다. 우리가 어느 재화의 미래가격을 현시점에서 계약으로 정하지 않으면 미래시점에 얼마에 그 재화를 매입 또는 매도해야 하는지를 알 수 없다. 만일 미래시점에 이 재화의 가격이 오르면 이 재화를 매입하기 위해 현재가격보다 더 높은 가격을 지불해야 하고, 만일 미래시점에 이 재화의 가격이 내리면 더 낮은 가격을 지불하게 된다. 예를 들어 1달러를 3개월 후에 1,000원으로 살 수 있는 계약(달러 선물환 매입 계약)을 현시점에서 체결하지 않으면, 3개월 후에 현물시장에서 달러를 매입할 때 그 때의 시장환율로 달러를 매입해야 한다. 물론 3개월 후의 현물환율이 얼마가 될지는 아무도 모른다.

비헤지 이자율 평가(uncovered IRP, UCIRP)는 두 나라의 이자율에 차이가 발생할 때, 현재의 내외금리차가 미래환율의 예상치를 사용해 불확실성에 노출된 환율 변화율과 그 크기가 같아서 서로 상쇄되고 결국 두 나라의 이자율은 실질적으로 같은 효과를 가질 것으로 예상된다는 것이다. 비헤지 이자율 평가가 성립하는 경우 다음의 등식이 성립한다.

$$i_{Korea} - i_{USA} = \frac{E_{t+1}^{a} - E_t}{E_t}$$

여기서, $i_{Korea} - i_{USA}$: 한국과 미국의 현재 이자율 차이,

E_t : 현물환율(E_t: exchange rate at t, t는 현재시점),

E_{t+1}^{a} : 미래환율의 예상치(a: anticipation, 예상치)

6.2.4. 재정거래 메커니즘(arbitrage mechanism)

재정거래는 동일한 상품이 두 시장에서 서로 다른 가격으로 거래되고 있을 경우 가격이 싸게 거래되는 시장에서 그 상품을 사서 가격이 비싼 시장에 그 상품을 팔아서 이익을 얻는 거래를 말한다. 특히 외환재정거래는 외환이 서로 다른 나라에서 거래될 수밖에 없는데, 이 나라와 저 나라에서의 거래가격(환율)이 다를 경우 그 차익을 얻기 위한 외환거래를 말한다. 그런데 그것이 외환만 거래되는 것이 아니라 국가간 이자율 차이도 끼어 있기 때문에 복잡한 측면이 있다. 즉 재정차익이 발생한다는 것은 CIRP(헤지 이자율 평가)에 따라 내외금리차와 환율변동률이 같아야 함에도 불구하고 현실적으로 차이가 발생한다는 것을 의미한다.

이를 좀 더 쉽게 살펴보기 위해 다음과 같이 몇 가지 가정을 두고 예를 들어 설명해 보겠다.

① 미국에서 1달러를 차입하는 비용 : 3개월 Libor[18] 금리가 연율 1%

② 1달러를 외환스왑 시장에서 원화로 바꾸어 한국 양도성예금증서 (CD)를 매입할 때의 수익 : 3개월 CD 수익률이 연율 4.0%

③ Won/Dollar 현물환율 : 1,000

④ Won/Dollar 3개월 선물환율 : 1,005

여기서 재정차익(arbitrage benefit)은 CIRP(헤지 이자율 평가)에 따라 내외금리차와 환율변화율 차이로 계산될 수 있을 것이다. 환율변화율을 차감하는 이유는 외국인 투자가들이 달러를 우리나라에 들여와 외환스왑시장에서 원화로 바꾸어(예: 1달러당 1,000원) 우리나라 금융자산에 투자한 후 만기 때 원화를 다시 달러로 바꿀 때(예: 1,005원), 이 환율 변화율만큼 원화를 더 지급함으로써 비용이 되기 때문이다.

---

18) London Interbank Offered Rate, 런던 은행간 차입금리

먼저 내외금리차는 한국의 3개월물 CD금리가 4%이고, 미국 금리[19]로 인용할 수 있는 3개월물 Libor 금리가 1%이므로 간단하게 3.0%p임을 알 수 있다. 그리고 환율변화는 현물환율이 1,000, 3개월 선물환율이 1,005이므로 $\frac{F-S}{S}=0.005$가 된다. 그러나 이 환율변화는 3개월 기간 중 발생한 것이기 때문에 연율기준 이자율(%)과 비교하기 위해서는 이를 1년 기준 % 단위로 변환하여야 한다. 3개월에 0.005이므로 그의 4배 기간인 1년에는 0.02가 되고 이를 백분율로 변환하면 연 2.0%가 됨을 알 수 있다. 따라서 재정차익은 내외금리차(3.0%p)에서 환율변동률(2.0%)을 뺀 1.0%p가 된다.

그림 5-6 재정거래 매커니즘

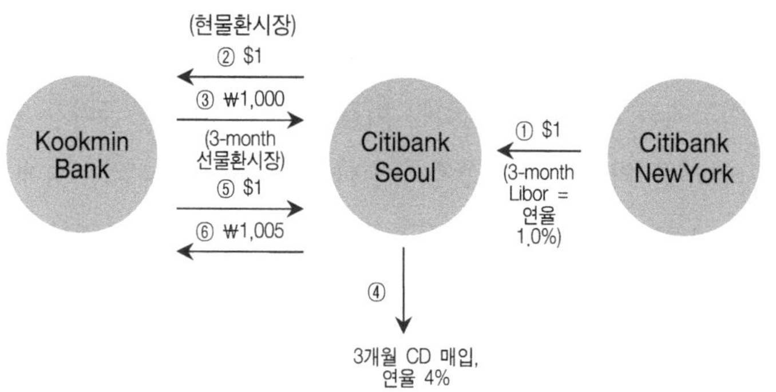

① 내외금리차: 4%−1%=3%p
② 환율변동(연율, %)
$$\frac{1005-1000}{1000}\times\frac{12}{3}\times 100 = 2.0\%$$
③ 차익거래 유인
=3%− 2%= 1%p

① Citibank N.Y.으로부터 $1 차입
② $1를 현물환시장에서 매도
③ ₩1,000을 현물환시장에서 매입
④ CD 매입
⑤ $1를 3개월 선물환시장에서 매입
⑥ ₩1,005을 3개월 선물환시장에서 매도

19) 여기서 미국 금리를 언급하는 이유는 당연히 원/달러 환율이 미국 달러화와 한국 원화를 비교하기 때문이고, 미국 금리로 Libor라고 하는 런던 은행간 차입금리를 이용하는 이유는 Libor는 국제적인 기준금리이기 때문이다. 즉, 미국 시장금리의 대용변수로 Libor가 얼마든지 이용될 수 있다.

헤지 이자율 평가 이론은 다음과 같은 두 가지 가정 하에 내외금리차가 장기적으로 같은 크기의 환율변화율에 의해 상쇄되기 때문에 재정차익이 소멸한다는 것이다. 두 가지 가정은 ① 국제적 자본이동에 아무런 제약과 비용이 없고, ② 두 통화의 quality가 같다는 것이다.

그러나 한국의 외환시장 데이터를 관찰해 보면, 재정차익이 거의 항상 양(+)의 값을 보이고 있어서 헤지 이자율 평가(CIRP)가 성립하지 않음을 알 수 있는데, 그 이유는 위에 언급된 두 가지 가정은 현실성이 없기 때문이다. 즉, 국제적인 자본 이동에는 사실상 여러 가지 제약이 있고 거래비용이 수반될 수밖에 없다. 또한 달러는 기축통화이고 원화는 아무래도 위험성이 더 큰 통화이기 때문에 두 통화의 quality가 다르다.

한국에 달러가 충분하다면 국제 자본시장에서 달러를 조달하는 것보다 편리하고 조달비용도 절감할 수 있을 것이다. 그런데 재정차익이 이론대로 0이 되면 달러가 한국의 외환시장으로 새로이 유입될 유인이 없다. 자본이동의 제약과 이동에 따른 비용을 감안하고 나면 한국으로의 자본유입으로 양(+)의 순이익을 얻을 수 없기 때문이다. 따라서 투자자 측면에서 보면, 한국 외환시장에서 거의 항상 나타나는 양(+)의 재정차익은 위험통화로 간주되는 한국 원화표시 자산을 취득하면서 부담하는 위험에 대한 보상(risk premium)이다. 이 양(+)의 리스크 프리미엄이 거의 항상 존재하기 때문에 한국 원화표시 자산을 매입하고 그 투자상황(포지션, position)을 유지할 수 있는 것이다. 반면에 한국 등 신흥시장국의 입장에서 이 양(+)의 재정차익은 달러가 자국내 외환시장에서 머물도록 하기 위한 비용이라고 할 수 있다.

7 자국통화 약세정책의 효과

최근 들어 뉴스에서 환율전쟁이라는 용어를 자주 접하고 있다. 이 말은 각국이 자국통화의 가치 하락을 위한 조치[20]를 앞다투어 취하는 것을 의미한다. 도대체 자국통화의 가치가 하락한다면, 그 나라의 경제가 어떻게 변하길래 〈전쟁〉이라는 말을 사용할 정도로 절실한 지 검토해 볼 필요가 있다.

7.1. 환율 조작 논쟁(debate over currency manipulation)

7.1.1. 환율 조작의 개념

환율 조작이란 한 나라의 외환당국이 자국 통화의 가치에 영향을 미치기 위해 의도적으로 외환시장에 개입하여 자국통화를 대가로 외화(주로 달러)를 매입 또는 매도하는 인위적인 조치를 말한다. 당국이 외환시장에 개입하여 인위적으로 자국통화를 대가로 외화(달러)를 매입 또는 매도하면 그 나라 통화와 달러화의 환율이 시장의 균형수준으로부터 괴리된다.

한 나라 외환당국의 외환시장 개입은 두 방향으로 가능하다. 첫째는 한 나라의 통화가치가 너무 높아져 수출경쟁력이 약화되는 경우이다. 이 경우 외환당국은 자국통화의 가치를 낮추기 위해 외환시장에서 자국통화를 팔고 달러화를 매입한다. 이에 따라 자국 통화가치의 하락을 유도할 수 있다. 둘째는 한 나라의 통화가치가 너무 낮아져 이 나라 통화표시 자산의 환차손이 예상되고 이에 따른 자본유출 및 외환

---

20) 변동환율제도 하에서는 외환당국이 인위적으로 자국통화의 가치 하락을 유도하는 것을 말하는데, 곧 자세히 살펴보겠지만 외환당국이 외환시장에 개입하여 자국통화를 대가로 외화(주로 미달러화)를 매입하는 것이 여기에 해당된다.

위기의 가능성이 우려되는 경우이다. 이 경우 외환당국은 자국통화의 가치를 방어하기 위해 외환시장에서 자국통화를 매수하고 달러화를 매도한다. 이에 따라 외환보유액이 감소한다.

그러나 현실적으로 환율 조작이란 위에 언급한 첫째의 경우, 즉 자국통화의 가치를 낮추어 수출경쟁력을 높이고 이를 통해 경제성장을 촉진하려는 경우를 말한다. 둘째의 경우는 주로 자국통화의 가치가 투기적 공격 등으로 인해 지나치게 약화될 경우 자국통화의 가치를 방어하고 외환위기를 방지하기 위한 조치이다. 따라서 이러한 조치는 국제사회에서 일반적으로 용인되고 있으며 환율조작으로 비난받을 사안이 아니다.

7.1.2. **환율 조작 여부 평가**

한 나라가 외환시장 개입에 의한 환율 조작으로 자국통화의 가치를 하락시키면, 이 나라 제품의 외국통화 표시 수출가격이 저렴해진다. 이렇게 환율 조작으로 한 나라 제품의 수출 가격경쟁력은 개선될 수 있지만 반대로 교역상대국들의 수출경쟁력은 약화된다. 국제사회가 환율조작을 불공정한 조치로 판단하는 이유이다. 따라서 한 나라가 불공정한 방법에 의해 수출경쟁력의 개선을 시도할 경우 교역상대국들은 시장보호를 이유로 보복관세 등 대응조치를 취하게 되고, 이는 당사국의 수출에 악영향을 미칠 수밖에 없게 된다. 그래서 비록 환율조작을 실시하였다고 하더라도 당사국은 이를 부인하면서 오히려 교역상대국의 조치를 비난하기도 한다.

이런 상황 하에서 관건은 과연 어떤 통화의 약세가 환율조작에 의한 것인지 여부를 가리는 일이 될 것이다. 학계에서는 대체로 아래 요인들을 그 판단 기준으로 삼고 있다.

(1) 경상수지 흑자

경상수지는 주로 수출과 수입의 차이인 순수출로 구성된다. 수출이 수입에 비해 증가하면 경상수지 흑자가 늘어나고 이에 따라 외화의 유입이 증가한다. 외화의 유입은 일부분 외화예금으로 남아 있겠지만 대부분 원화로 환전된다. 결국 경상수지 흑자의 일부는 외환시장에서 달러의 공급을 증가시키고 이에 따른 달러 가치의 하락으로 원/달러 환율이 하락하게 된다.

그런데 경상수지 흑자가 지속되는 상황에서 원화 가치가 이에 상응하여 상승하지 않는다면, 외환당국의 시장개입이 의심받을 수 있다. 외환당국이 외환시장에서 자국통화를 대가로 달러화를 매수하여 원/달러 환율의 빠른 하락세를 저지하였을 것이라는 추측이 가능하다. 이 경우 환율조작으로 비난받을 수 있다.

(2) 외환보유액 증가

대부분의 국가들은 외환당국[21]이 비상사태에 대비하여 외화표시 자산인 외환보유액을 보유하고 있으며, 이를 적절한 방식으로 운용하고 있다. 그런데 이 외환보유액이 통상적으로 가능한 수익률 수준, 즉 이자율이나 환율 동향으로 추산 가능한 수준보다 더 많이 증가하였을 경우에는 외환당국의 시장개입에 의해 외화의 보유규모가 증가한 것으로 의심받을 수 있다. 외환당국이 자국통화 가치의 상승속도를 완화시키기 위해 외환시장에서 달러화를 사들인 것이라는 추측을 피하기 어렵다.

---

21) 우리나라의 외환당국은 정부(기획재정부)와 한국은행이다.

(3) 실질실효환율지수(*REERI*)

앞에서 소개하였던 실질실효환율지수는 한 국가 통화의 가치가 기준시점 대비 상승 또는 하락했는지를 나타낸다. 기준시점의 실질실효환율지수가 100이므로 이 지수가 100보다 높으면 한 국가의 통화가치가 기준시점 보다 상승했음을 나타내고 이 지수가 100보다 낮으면 한 국가의 통화가치가 기준시점 보다 하락했음을 나타낸다. 만일 한 국가의 경상수지가 상당폭 흑자를 지속하는 상황에서 실질실효환율지수가 이에 상응하여 상승하지 않는다면 이 나라의 외환당국이 외환시장에서 달러를 매수하여 자국통화 가치의 상승 속도를 인위적으로 완화시켰을 가능성을 의심받을 수 있다. 만일 외환당국의 개입이 없었다면 실질실효환율지수가 더 높아졌을 것이기 때문이다.

이상의 상황을 종합해 보면, 한 나라가 환율조작을 했을 수 있다는 추론은 경상수지 흑자와 외환보유액의 증가 또는 경상수지 흑자와 실질실효환율지수를 함께 관찰할 때 가능하다. 경상수지 흑자가 크게 증가하고 그로 인한 달러화의 국내 외환시장 유입은 자국통화 가치의 상승요인이고, 이로 인해 실질실효환율지수는 상승해야 한다. 만일 이 나라가 자국통화 가치의 급격한 상승을 억제하기 위해 외환시장에 개입하는 경우에는 그로 인해 외환당국 계정의 보유 달러, 즉 외환보유액이 증가하고 또한 자국통화 가치의 절상 속도가 줄어들어 실질실효환율지수가 시장개입이 없었을 경우에 비해 낮은 수준에 머무르게 될 것이다.

8 외환당국의 외환정책

8.1. 외환제도 관련 정책

외환당국은 외환시장의 안정을 위해 필요한 경우 외환제도 관련 새로운 정책을 시행하거나 기존의 제도를 개선하는 정책을 시행한다.

8.1.1. 외환파생상품 포지션 비율 규제

외환당국은 일부 기업들의 원/달러 하락을 기대한 선물환매도로 인해 원/달러 현물환율이 하락하고 단기외채가 증가하는 등의 부정적 효과를 예방하기 위해 선물, 외환스왑, 통화스왑, 차액결제선물환(NDF) 등 외환파생상품 포지션 한도 규제를 2010.10월부터 시행하였다.

투기적 선물환매도에 따른 원/달러 환율의 하락은 경상수지 흑자에 따른 달러화의 유입 없이 환율이 하락하여 우리나라의 수출경쟁력이 악화됨을 의미하므로 외환당국으로서 이를 용인할 수 없기 때문이다.

제도 도입시 외환파생상품 포지션 한도는 국내은행의 경우 전월 말 자기자본의 50%, 외은지점은 전월 말 자기자본의 250%로 각각 설정하였다. 또한 증권 · 종금사에 대해서는 국내은행과 동일하게 50%를 적용하였다. 이후 선진국의 양적완화 시행에 따른 글로벌 유동성 공급 확대, 우리나라의 양호한 기초경제 여건 등으로 외화자금의 유입세가 확대됨에 따라 2011년 7월 및 2013년 1월 두 차례에 걸쳐 국내은행은 30%, 외은지점은 150%까지 포지션한도를 축소하였다.

그러나 미 연준의 금리 인상 본격화, 브렉시트 등에 따른 정치적 리스크 확산 등으로 우리나라로부터의 자금유출 압력이 점차 증대됨에 따라 2016년 7월부터 선물환포지션 한도를 국내은행은 40%, 외은지점은 200%로 상향 조정하였다. 이후 코로나19 확산에 따른 글로벌 경기둔화 우려, 위험회피 심화 등으로 국제금융시장 불안이 지속됨에 따라 국내 외화유동성 악화 가능성에 대비하여 2020년 3월부터 선물환포지션 한도를 국내은행은 50%, 외은지점은 250%로 추가 상향 조정하였다.

특별주제 선물환포지션 규제 해설

- 선물환포지션 규제는 외환당국이 금융기관들의 선물환포지션을 일정한도 이내로 제한한 것을 말하는데, 이는 투기적 선물환매도에 따른 환율하락 및 단기외채 증가를 방지하기 위해 도입되었다. 외환거래와 밀접한 관련이 있는 재무관리자는 선물환 매도 메카니즘과 이와 관련한 선물환포지션 규제를 이해할 필요가 있다.

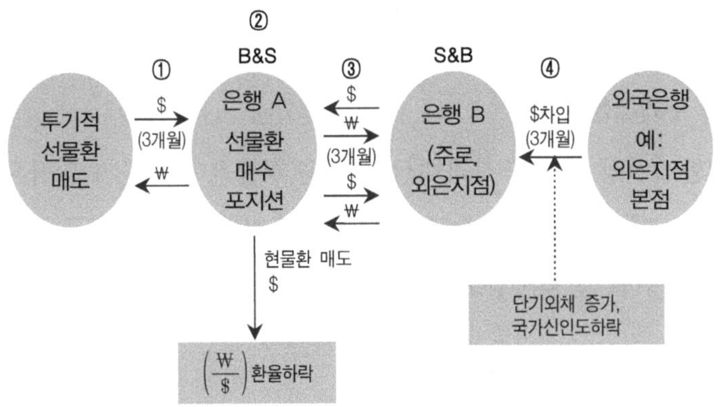

① 투기적 목적의 선물환 매도는 거래 상대은행의 선물환 매수를 유발

② 거래 상대은행은 선물환 매수에 따른 환리스크 헤지를 위해 현물환 매도(⇒ 환율 하락)+현물환 매도용 달러 조달을 위해 스왑

③ 거래상대은행의 스왑 거래상대은행(주로 외은지점)은 반대방향 스왑을 위해 외은본점으로부터 달러 차입(⇒ 단기외채 증가)

• 외환당국이 투기적 목적의 선물환 매도 자체를 제한하면 가장 간단하겠지만 기업이나 외국인투자가 등은 당국이 직접 제한하기 어렵다. 이에 따라 당국이 영향력을 행사할 수 있는 금융기관에 대해 선물환 포지션(② 과정)을 제한함으로써 기업이나 외국인 투자가 등의 선물환매도 자체를 원천적으로 제한하는 효과를 행사하는 것이다.

8.1.2. 외환건전성 부담금

외환당국은 금융기관들의 외화차입 자금이 일시에 유출되는 경우 금융시장의 불안정성이 커질 수 있으므로 이를 예방하기 위하여 금융기관들을 대상으로 은행이 국외에서 빌린 외화에 세금(은행세)를 매기는 외환건전성부담금제를 2011년 8월에 도입하였다.

(1) 부과대상 은행

외환건전성 부담금 부과대상 은행은 시중은행 13곳과 외국은행 국내지점 37곳, 산업은행, 수출입은행, 중소기업은행, 정책금융공사, 농협은행, 수협 신용사업부문 등이다.

(2) 부과대상 외화부채

부과대상 외화부채는 은행의 전체 외화부채에서 외화예수금을 제외한 비예금성외화부채의 잔액(하루 평균 기준)이다.

(3) 부과요율

제도 도입 당시 외환건전성부담금은 은행의 비예금성 외화부채(전체 외화부채－외화예수금－경과성 자금 등)를 대상으로 만기별로 0.02%~0.20%의 부과요율을 차등 적용하였으며, 적립된 부담금은 외국환평형기금에 귀속된다.

이후 2015년 7월 금융업권간 형평성을 제고하고 부과체계를 단순화하기 위해 부담금 부과대상 및 요율 체계를 일부 개편하였다. 은행 이외에 증권사, 여신전문금융기관 및 보험사 등 비은행금융기관을 부과대상에 포함[22)]시키는 한편, 잔존만기 1년 이하의 비예금성 외화부채에 대해 단일요율(0.10%)을 적용하였다. 한편 코로나19 확산에 따른 외환건전성 제도 조정의 일환으로 2020년 4월부터 6월까지 기간을 외환건전성부담금 부과대상에서 제외하였으며, 2020년 중 징수 예정인 부담금(2019년분)은 분할납부를 확대하도록 조치하였다.

(4) 사용

부담금은 미 달러화로 징수되며 적립된 부담금은 위기시 금융기관에 예치 및 대여 등의 방식을 통해 외화유동성 지원 목적으로 사용된다.

8.1.3. 외국인 채권투자 과세 환원

정부는 글로벌 금융위기 이후 국내 외화유동성 감소 우려 등에 대응하여 2009년 5월 외국인의 국내 채권투자시 이자 및 양도 소득에 대한 과세(각각 14% 및 20%)를 면제해주는 조치를 실시하였다. 그러나 이후 주요 선진국의 양적완화 정책 실시에 따른 풍부한 글로벌 유동성, 우리 경제의 빠른 회복세 및 양호한 기초경제여건, 원화절상 및 내외금리차 확대 등으로 외국인 채권투자자금의 유입세가 글로벌 금융위기 직전과 같이 큰 폭으로 확대되었다.

이렇게 외국인 채권투자자금이 과도하게 유입되면서 국내 금융·외

22) 해당 사업연도의 비예금성 외화부채(2015년 7월 이후 발생한 부채로 한정)의 월말 잔액 평균이 1천만 달러를 초과하는 기관으로 한정하였다.

환시장의 변동성이 높아짐에 따라 경제 전체의 시스템 리스크 발생 가능성에 대한 우려가 높아지게 되었다. 이에 2011년 1월부터 외국인 채권투자에 대해 종전과 같이 내국인과 동일하게 이자 및 양도 소득세를 과세토록 함으로써 외국인 우대조치를 폐지하였다.

8.1.4. 외화대출 관리 강화

한국은행은 2006년 이후 국내 외화대출이 크게 증가하면서 외채 급증, 자본유출입의 변동성 증가 등에 대한 우려가 높아짐에 따라 2007년 8월 외화대출 용도를 해외 사용자금 및 제조업체의 국내 시설자금으로 제한한 바 있다. 동 조치 등의 영향으로 외화대출 증가세가 둔화되고 2009년에는 글로벌 금융위기 여파로 대출잔액도 감소함에 따라 비제조업체의 국내 시설자금에 대해서는 외화대출을 허용하는 등 외화대출 용도제한을 일부 완화하였다.

그러나 2010년 들어 국내 경기회복 등의 영향으로 외화대출이 증가세로 전환되면서 국내 자본유출입의 변동성 확대 및 외채증가 우려가 다시 제기되었다. 이에 따라 한국은행은 2010년 7월부터 국내 시설자금 허용대상을 중소 제조업체로 한정하고 은행별 대출한도를 설정하였다.

현재 외화대출 용도제한은 외국환은행, 보험사, 종금사, 여신전문금융기관 등 외국환업무취급기관에 적용되고 있다. 특히 정부가 2015년 3월부터 자기자본 1조원 이상 대형 증권사의 외화신용공여 관련 외환업무를 은행과 같은 수준으로 확대함에 따라 대형 증권사 또한 외화대출 용도제한 규정이 적용되고 있다.

8.1.5. 외화유동성 규제

글로벌 금융위기 이후 외환부문의 취약성이 드러남에 따라 정부는 금융회사의 외환건전성 감독강화 방안을 2010년 1월부터 시행하였다. 외화자금조달의 장기화를 유도하기 위해 중장기외화자금조달비율 산정시 조달기준을 1년 이상에서 1년 초과로 변경(2010년 1월)하고 산정대상을 외화대출뿐만 아니라 외화 만기보유증권도 포함(2010년 8월)하는 등 규제를 강화하였다. 규제비율도 기존 80% 이상에서 90% 및 100% 이상(각각 2010년 1월, 8월)으로 점차 상향조정하였다.

아울러 실수요 이상의 선물환거래를 제한하기 위해 선물환거래한도를 실물거래의 일정수준(현재 100%) 이내에서 거래토록 하는 외환파생상품거래 리스크 관리기준도 마련하였다. 국내은행으로 하여금 비상자금 조달계획 등 외화유동성 리스크 관리기준을 마련토록 의무화하는 동시에 2010년 7월부터는 '외화유동성비율' 산정시 자산별로 유동성 가중치[23]를 적용하도록 개선하였다. 또한 국내은행에게 외화안전자산의 최저한도(총 외화자산의 2% 또는 2개월 이내 최대 유출 가능액) 이상 보유를 의무화하는 외화안전자산 보유기준을 신설하였다.

한편 외은지점이 단기 외화로 조달한 자금을 장기원화자산으로 운용함으로써 만기 및 통화 불일치로 인한 리스크에 노출되었다. 이에 외환건전성 관리의 일환으로 외은지점에게 외화유동성 리스크 관리기준에 따라 외화자금조달을 장기화하고 안정적 유동성 관리계획을 수립토록 하였다.

또한 정부는 글로벌 유동성 악화에 대비한 은행 스스로의 방어벽

---

23) 기존에는 모든 외화자산에 대해 100%의 가중치를 적용하였으나 2010년 7월부터는 외화자산의 회수가능성을 고려하여 35~100%까지 차등 적용하였다.

▌표 5-3 외화유동성 관련 주요 규제 내용(2015년 9월 말 현재)

만기불일치 비율	7일갭	(잔존만기 7일 이내 외화자산－잔존만기 7일 이내 외화부채)/외화자산 ≥ －3%
	1개월갭	(잔존만기 1개월 이내 외화자산－잔존만기 1개월 이내 외화부채)/외화자산 ≥ －10%
외화유동성비율	3개월	잔존만기 3개월 이내 외화자산 / 잔존만기 3개월 이내 외화부채 ≥ 85%
중장기 외화자금조달비율		만기 1년 초과 외화자금조달액 잔액 / (만기 1년 이상 외화대출 잔액＋만기보유 유가증권 잔액) ≥ 100%
외화안전자산 보유비율		외화안전자산(미국 국공채 등 A등급 이상)을 총 외화자산의 2% 이상 보유 등
선물환거래 한도		수출입기업의 경우 선물환거래를 실물거래의 100% 이내에서 계약
외화여유자금비율		외화 여유자금용으로 3개월 이내 외화차입금의 50% 이상 보유
스트레스테스트		유동성 완충자산 － 순현금유출* > 0

* : 스트레스 시나리오 가정에 따라 순현금유출액 산출
자료 : 한국은행

구축과 외화유동성 규제에 있어 국제적인 정합성 제고를 위해 외화유동성커버리지비율(Liquidity Coverage Ratio, LCR) 모니터링 제도를 도입할 예정이다.

8.2. 시장개입에 의한 외환시장 안정화 조치

외환당국은 외환시장의 안정을 위해 필요한 경우 외환시장에 개입하여 외환시장의 가격변수를 안정시킨다. 외환당국이 외환시장에 개입하여 안정시키는 가격변수에는 원/달러 현물환율, 스왑레이트, CRS의 3가지가 대표적이다.

8.2.1. 원/달러 현물환율의 안정화 조치

원/달러 환율은 외환시장의 가장 대표적인 가격변수로서 외환시장의 안정성을 가장 직접적으로 나타낸다. 원/달러 현물환율이 급격히

변동하는 경우 외환당국이 이를 방치할 수 없는 데에는 아래와 같은 이유를 생각할 수 있다.

첫째, 원/달러 환율의 급격한 상승은 우리나라 원화자산에 투자한 외국인투자자들이 투자금을 달러화로 환전하여 본금에 역송금할 때 큰 폭의 환차손이 발생함을 의미한다. 이로 인해 외국인 투자자금의 유출 가능성이 커진다.

둘째, 원/달러 환율의 급격한 상승은 외국인투자자들이 우리나라가 위기상황에 근접하고 있는 것으로 인식하고 투자금을 회수할 수 있는 요인이 될 수 있다.

셋째, 원/달러 환율의 급격한 상승은 기업들과 같은 경제주체들이 이 환율의 상승세가 얼마나 지속될지 또는 언제 급격히 하락세로 반전될지를 알 수 없기 때문에 자금계획을 적기에 수립할 수 없고 경제활동에 부정적인 영향을 미칠 수 있다. 경제주체들이 환율의 변동에 적응할 수 있는 속도의 한계를 넘어서는 급격한 환율의 변동은 경제활동에 부정적인 영향을 미칠 수 있다.

한편, 원/달러 환율이 급격히 하락하는 경우에는 기업들의 수출경쟁력이 급격히 악화되고 또한 이러한 하락세가 언제까지 지속될지 등에 대한 불확실성 등으로 경제주체들에게 큰 부담으로 작용한다.

8.2.2. **스왑레이트와** CRS

스왑레이트와 CRS는 우리나라 외환시장에서 원화를 대가로 달러화를 일정기간 차입한 후 상환하는 스왑시장의 원화표시 이자율에 해당한다. 스왑레이트는 만기 1년 이내 외환스왑시장에서 달러화를 차입할 때의 원화기준 이자율이고 CRS는 만기 1년 이상 CRS시장에서 달러화를 차입할 때의 원화기준 이자율이다.

달러화가 귀해지면 원화기준 지급받는 이자금액이 줄어들기 때문에 이 이자율이 하락한다. 만일 스왑레이트나 CRS가 급격하게 하락하면 이는 곧 우리나라 외환시장에서 달러화를 차입하는 여건이 급격하게 악화되었음을 의미한다.

8.2.3. 외환시장 안정화조치의 제약요인

외환당국이 외환시장에 개입하여 시장을 안정시키는 데에는 여러 가지 제약요인이 있다.

(1) 외환보유액의 제약

일국의 외환시장이 투기적 공격 등에 의하여 일시적으로 급격하게 불안정해지는 경우에는 외환당국의 개입이 국제적으로 용인된다. 예를 들어 투기적 공격에 의해 자국통화의 가치가 급격히 하락하는 경우 이론상으로는 보유달러를 매도함으로써 이를 방어할 수 있다. 그러나 이 경우에는 외환보유액이 제한적이기 때문에 달러화의 매도를 통해 자국통화를 방어하는 조치는 신중을 기해야 한다. 달러화의 매도를 통해 자국통화의 가치를 방어하는 경우 일시적으로는 자국통화의 가치가 회복될 수 있다. 그러나 투기적 공격이 계속되면 외환보유액 달러를 계속 매도해야 하고 점점 감소하는 외환보유액은 이 나라 외환당국의 시장 방어능력이 점점 약해지고 있음을 의미하기 때문이다.

(2) 불공정 시장개입의 비난 가능성

일국의 통화가치가 지속적인 경상수지 흑자 또는 자본유입 등으로 계속 상승하면 수출경쟁력이 악화된다. 이 경우 외환당국으로서는 시장에서 자국통화를 대가로 달러화를 매입해서 자국통화 가치의 상승속도를 완화시키고 싶은 유혹을 받게 된다. 외환당국의 이러한 외환시장

개입은 국제사회에서 용인되기 어렵다. 미국 재무부는 연 2회 환율보고서를 의회에 제출하는데 이 보고서에서 만일 환율조작국으로 언급되면 미 의회에서 불공정거래에 대한 보복관세의 부과가 결정될 수 있다.

미 재무부는 환율보고서에서 환율조작국의 언급을 가급적 피하고, 많은 경우 면밀히 관찰할 필요가 있는 국가로 언급한다. 이 경우에도 사실상 이 나라의 외환당국이 외환시장에 개입하여 통화가치의 절상속도를 완화시키고 있을 가능성이 매우 높다는 의미의 표현이다. 중국과 우리나라가 이렇게 분류되는 경우가 많다. 이렇게 판단할 수 있는 근거로는 경상수지 흑자폭에 비해 이 나라 통화가치의 절상속도가 상대적으로 미흡한 점 또는 외환보유액의 증가세가 정상적인 투자수익에 비해 과도한 점 등을 예로 들 수 있다.

(3) 시장개입 효과의 불확실성

자국통화 약세정책으로 성장과 고용을 촉진하려는 정책은 그 효과가 확실하지 않다. 그 내용을 다음의 세 가지 측면에서 살펴볼 수 있을 것이다. 먼저 환율 하락(통화 약세)이 수출 증가를 가져오는가를 확인할 필요가 있다. 다음으로 만일 수출이 증가하면 정말로 경제가 성장하는가 하는 측면이고, 마지막으로 실물경제의 최종목표라고 할 수 있는 고용에 대한 영향이다. 즉 수출이 늘면, 생산이 늘고, 고용이 늘어나는가 하는 문제이다.

1) 통화 약세 → 수출 증가?

환율 조작 등 자국통화의 약세정책으로 통화가치가 하락할 때 다른 변수에 변동이 없다면, 수출의 가격경쟁력이 개선되는 것은 사실이다. 따라서 순수출(=수출−수입)은 당연히 증가할 것이다. 그러나 일국의 순수출이 늘어난 것은 상대방 국가의 순수출이 줄어든다는 것을 의미하므로 교역 상대국들도 통화가치 약세정책을 펼칠 가능성이 높은데, 이로 인해 한 나라의 통화가치 약세로 인한 수출 가격경쟁력 개선 효과는 결국 소멸한다. 그래도 혹자는 교역 상대국의 대응조치가 나올 때까지는 실제적인 효과가 있는 것으로 주장할 수 있다. 그러나 학계에서는 J커브 효과[24]를 들어 단기적으로 역효과가 날 수 있다고 경고하고 있는 점에 비추어 확실한 효과를 기대하기는 어렵다고 하겠다.

2) 수출 증가 → 산출 증가?

한 나라의 수출이 증가하면 경제의 총수요가 증가하고 이에 따라 산출도 증가할 수밖에 없다. GDP 항등식 $\langle Y \equiv C(Y-T)+I(Y,i)+G+NX(X-M)\rangle$에 따라 순수출 $\langle NX(X-M)\rangle$이 증가하면 생산(Y)이 늘게 된다.

3) 산출 증가 → 고용 증가?

한 나라의 산출이 증가하면 고용도 함께 증가할 것인가? 이에 대한 답은 간단하지 않다. 왜냐하면 첫째, 산출 증가는 고용 증가를 초래할 수 있다. 그러나 과연 얼마나 많은 고용이 증가할 것인지가 관건이다. 만일 산출 증가가 주로 자본과 장비를 집중적으로 사용하는 제조업 부문에서 일어난다면, 고용 증가 효과는 크지 않을 것이다. 산업화가 진전될수록 제조업 생산 증가가 주로 자본과 장비의 투입 증가에 기인하기 때문이다. 둘째, 통화가치 하락은 수입재화의 가격 상승을 통해 인플레이션의 원인이 된다. 또한 산출 증가도 경제의 총수요 증가를

24) 정부가 무역수지 개선을 위해 환율 상승을 유도하지만 초기에는 무역수지가 오히려 악화되다가 상당한 기간이 지난 다음에야 개선이 된다는 것이다.(이 기간 동안 무역수지의 변화양상을 그래프로 그려놓으면 그 모습이 J자를 닮았다고 해서 J커브 이론이라고 명명되었다.) 이러한 현상이 발생하는 것은 환율 상승 초기에는 수출입 물량은 큰 변동이 없는 반면 수출품 가격은 하락하고 수입품 가격은 상승하여 무역수지가 악화되기 때문이다.

통해 인플레이션의 원인이 된다. 따라서 통화가치의 약세 정책은 인플레이션을 초래할 가능성이 큰데, 인플레이션은 가계의 실질 가처분소득을 감소시킨다. 가계는 실질 가처분 소득의 감소에 따라 소비 지출을 줄여야 하는데 주로 서비스 분야에서 이러한 지출 감소가 발생할 것이다. 생활의 유지에 필수적인 소비지출은 줄이기 어렵기 때문이다. 서비스 분야의 지출 감축은 이 분야의 매출 감소를 초래할 것이고 결국 서비스 분야에서 고용 감소가 초래될 것이다.

이러한 점을 감안할 때 어느 효과가 클지는 경제상황에 따라 다를 것이기 때문에 이에 대한 신중한 판단이 필요한 것은 분명하다.

06

금융기관의 리스크 관리

1 리스크 개관

1.1. 금융기관 관련 리스크의 개념

1.1.1. 불확실성으로서의 리스크

금융 또는 재무이론에서 리스크란 예상하지 못한 사건(event)에 의해 보유 자산이나 부채의 가치가 미래에 변동할 가능성, 불확실성(uncertainty)을 의미한다. 여기서 불확실성이란 미래에 손실이 발생할 수도 있고 발생하지 않을 수도 있는 상태를 말한다. 미래에 손실 발생이 확실하고 그 손실의 크기도 확실한 경우 이는 리스크가 아니며 회계학에서도 손실의 인식 시점에 비용으로 계상한다.[1] 즉, 미래의 불확실성이 현시점에서 나의 의사결정에 영향을 미치는 경우에만 리스크로 인식한다.[2]

그런데 미래의 불확실성이 현시점에서 나의 의사결정에 영향을 미치는 것 중 나에게 이익을 주는 경우는 리스크로 인식하지 않고 손실을 초래하는 경우인 하방 리스크(downside risk)만 리스크로 인식하는 접근법이 현실적일 수 있다. 이 경우 리스크의 개념은 장래 예상하지 못한 손실을 발생시킬 수 있는 불확실성의 정도를 의미하는 것으로

---

1) 예를 들어 벌금이 여기에 해당된다.

2) 예를 들어 만일 내가 주식과 아무 관련이 없는 경우에는 주가의 하락은 나에게 리스크가 아니다.

정의할 수 있을 것이다. 따라서 리스크의 크기는 미래의 불확실성으로 인해 발생할 수 있는 불리한 영향의 크기로, 수학적으로는 특정사건의 결과가 확률적 기댓값(expected value)에서 벗어나는 정도, 즉 기댓값과 실제 결과간 차이의 변동성(volatility)으로 측정된다.[3)]

금융기관은 예금자의 예수금을 단기, 저금리로 받아서 대출 등에 장기, 고금리로 운용하여 수익을 창출하며 여유자금이 발생하면 단기로 투자하여 수익을 추구한다. 따라서 금융기관의 자산은 예금 및 대출을 중심으로 한 은행계정 자산과 단기 수익추구를 목적으로 하는 트레이딩 자산으로 구분하여 리스크를 파악할 필요가 있다. 은행계정 자산에서 발생하는 리스크는 금리변동으로 예금과 대출의 가치가 변하여 순자산가치가 변하는 금리리스크를 중심으로 살펴본다. 트레이딩 자산의 리스크는 시장변수들의 변동에 의해 초래되는 자산가치의 손실가능성을 주로 살펴본다.

1.1.2. 절대적 리스크와 상대적 리스크

절대적 리스크(absolute risk)는 투자의 초기가치에 대비된 가치하락(ΔP)에 의해 측정된다. 리스크 척도로서 표준편차를 이용하면 금액으로 표시된 절대적 리스크는 (ΔP)의 표준편차 $\sigma(\Delta P)$로 나타낼 수 있다.

$$\sigma(\Delta P) = \sigma\left(\frac{\Delta P}{P} \times P\right) = \sigma(R_P) \times P$$

여기서, P : 포트폴리오의 초기 투자가치,
ΔP : 포트폴리오의 이익 또는 손실,
R_P : 포트폴리오의 미래수익률(확률변수, 확률밀도함수로 표현)

3) 이것이 바로 분산과 표준편차이다.

상대적 리스크(relative risk)는 투자수익의 벤치마크(benchmark, B) 대비 편차에 의해 측정된다. 수익률의 편차(error) $e = R_P - R_B$이며 이를 추적오차(tracking error)로도 부른다. 금액기준 편차는 $e \times P$이므로 $(R_P - R_B) \times P$이다. 따라서 금액기준 리스크 $\sigma(e \cdot P) = \sigma\{(R_P - R_B) \cdot P\} = \sigma(R_P - R_B) \cdot P$ 이다. 여기서 $\sigma(R_P - R_B)$를 벤치마크 대비 상대수익률의 표준편차로서 추적오차 변동성(tracking error volatility, TEV)으로 부른다.

1.1.3. 위험조정성과의 측정

(1) **샤프비율**(Sharpe ratio, SR)

샤프비율은 포트폴리오 P의 평균수익률 $\mu(R_P)$이 무위험수익률 R_F를 초과하는 수치를 포트폴리오 수익률의 변동성인 $\sigma(R_P)$로 나눈 비율이다. 이는 곧 포트폴리오의 위험 1단위를 부담하는 대가로 얻을 수 있는 무위험자산대비 초과수익을 의미한다. 분모에 $\sigma(R_P)$ 대신 포트폴리오의 VaR를 이용할 수도 있다.

$$SR = \frac{\{\mu(R_P) - R_F\}}{\sigma(R_P)}$$

샤프비율은 무위험자산(R_F)으로부터 개별자산을 연결하는 직선의 기울기로 이해할 수도 있다. 따라서 어느 자산의 샤프비율이 다른 자산에 비해 크다는 것은 같은 크기의 리스크를 부담할 때 더 큰 초과수익을 얻을 수 있음을 의미한다.

(2) **정보비율**(Information ratio, IR)

정보비율은 포트폴리오 P의 평균수익률 $\mu(R_P)$이 벤치마크수익률 $\mu(R_B)$을 초과하는 수치인 초과수익률을 그 초과수익률의 표준편차인

추적오차 변동성(tracking error volatility, TEV)으로 나눈 값이다. 이는 곧 포트폴리오의 초과수익을 얻기 위해 부담하는 위험 1단위당 초과수익을 의미한다.

$$IR = \frac{\{\mu(R_P) - \mu(R_B)\}}{\sigma(R_P - R_B)}$$

(3) **성과측정 사례 예시**

예를 들어 어느 포트폴리오의 $\mu(R_P) = -6\%$, $\mu(R_B) = -10\%$, $R_F = 3\%$, $\sigma(R_P) = 25\%$, $\sigma(R_P - R_B) = 8\%$일 때 성과측정을 해보면 다음과 같다.

① 절대수익률은 −6%로서 수익률이 부진하다고 판단할 수 있다.

② 샤프비율은 $SR = \frac{\{\mu(R_P) - R_F\}}{\sigma(R_P)} = \frac{\{(-6\%) - (3\%)\}}{25\%} = -0.36$

③ 정보비율은 $IR = \frac{\{\mu(R_P) - \mu(R_B)\}}{\sigma(R_P - R_B)} = \frac{\{(-6\%) - (-10\%)\}}{8\%} = 0.50$

위의 결과에서 절대적 수익률이 마이너스로 부진하고 따라서 절대적 수익률을 무위험자산 수익률과 비교하는 샤프비율도 −0.36으로 마이너스이지만, 수익률을 벤치마크 수익률과 비교한 상대적 수익률 기준 정보비율은 양의 값(0.50)으로 벤치마크 대비 상대적으로 양호함을 알 수 있다.

다른 예를 들어보자. 포트폴리오 매니저는 20%의 위험을 부담하고 10%의 수익률을 올리며, 벤치마크는 14%의 위험을 부담하고 8%의 수익을 올린다. 포트폴리오와 벤치마크간의 상관계수는 0.98이고 무위험이자율은 3%라고 가정하자.

① 포트폴리오와 벤치마크의 샤프비율 비교

$$SR_P = \frac{\{\mu(R_P) - R_F\}}{\sigma(R_P)} = \frac{\{(10\%) - (3\%)\}}{20\%} = 0.35$$

$$SR_B = \frac{\{\mu(R_B) - R_F\}}{\sigma(R_B)} = \frac{\{(8\%) - (3\%)\}}{14\%} = 0.357$$

포트폴리오의 샤프비율이 벤치마크의 샤프비율보다 낮다. 따라서 이 포트폴리오는 절대수익률 기준으로는 벤치마크보다 위험조정성과가 부진하다.

② 정보비율은 $IR_P = \frac{\{\mu(R_P) - \mu(R_B)\}}{\sigma(R_P - R_B)*} = \frac{\{(10\%) - (8\%)\}}{6.87\%} = 0.29$ 이다.

$$* \ \sigma(R_P - R_B) = \sqrt{(\sigma_P^2 - 2\rho \cdot \sigma_P \cdot \sigma_B + \sigma_B^2)}$$
$$= \sqrt{\{(20\%)^2 - 2 \cdot 0.98 \cdot 20\% \cdot 14\% + (14\%)^2\}}$$
$$= \sqrt{47.2\%^2} = \sqrt{(6.87\%)^2}$$
$$= 6.87\%$$

(4) 트레이너 비율(Treynor ratio, TR)

트레이너 비율은 포트폴리오 P의 평균수익률 $\mu(R_P)$이 무위험수익률 R_F를 초과하는 수치인 초과수익률을 포트폴리오의 베타값 β_p로 나눈 값이다. 여기서 β_p는 포트폴리오 P의 리스크가 시장리스크 전체에서 차지하는 비율로서 포트폴리오 P의 시장리스크에 대한 기여도를 의미한다.

$$TR = \frac{\{\mu(R_P) - R_F\}}{\beta_p}$$

트레이너 비율은 포트폴리오 P가 체계적위험 β_p를 1단위 부담하면서 얻는 무위험수익 대비 초과수익을 의미한다. 물론 β_p는 분산투자에 의해서도 감축되지 않는 체계적 위험이므로 β값이 큰 포트폴리오는 분산투자가 잘 되지 않은 포트폴리오임을 의미하며 이 경우 트레이너 비율이 작아진다. 따라서 여러 포트폴리오의 트레이너 비율을 비교하면 트리이너 비율이 클수록 분산투자가 잘 되어 있음을 의미한다.

(5) **젠센의 알파**(Jensen's alpha, α)

젠센 알파(α)는 투자매니저가 높인 포트폴리오 P의 가치를 측정할 수 있다.

$$\alpha_p = \{\mu(R_P) - R_F\} - \beta_p \cdot \{\mu(R_M) - R_F\}$$

α_p는 투자매니저가 운용하는 포트폴리오 P의 무위험자산 대비 초과수익률인 $\{\mu(R_P) - R_F\}$에서 시장전체의 초과수익 가운데 해당 포트폴리오 해당분인 $\beta_p \cdot \{\mu(R_M) - R_F\}$를 차감한 것으로서 투자매니저의 개인적인 노력과 능력으로 얻은 초과수익을 의미한다.

예를 들어 보자. 포트폴리오 A의 기대수익률이 8%, 변동성이 20%, 베타는 0.5, 시장의 기대수익률은 10%, 변동성은 25%, 무위험이자율이 5%라고 가정하고 젠센의 알파를 구해보자.

$$\begin{aligned} \alpha_p &= \{\mu(R_P) - R_F\} - \beta_p \cdot \{\mu(R_M) - R_F\} \\ &= \{8\% - 5\%\} - 0.5 \cdot \{10\% - 5\%\} \\ &= 3\% - 0.5 \cdot 5\% \\ &= 0.5\% \end{aligned}$$

(6) **위험조정 자본수익률**(risk-adjusted return on capital, $RAROC$)

금융기관이 자본수익률을 기준으로 사업을 추진할 때 총자산이익률이나 자기자본이익률 같은 리스크가 감안되지 않은 척도에 의해 의사결정을 할 경우 기대수익률은 높지만 위험 또한 매우 큰 시장이나 사업부문에서 영업을 확대함으로써 금융기관의 리스크 노출을 위험한 수준까지 키울 수 있다.

이러한 단점을 완화하기 위해 금융기관이 신용, 시장, 운영리스크 등 모든 범주의 리스크를 지원하는 데 필요한 경제적자본(economic capital, *EC*)을 기준으로 영업의 전체적 리스크를 평가하고 사업부문의 선정시 특정사업이 수반된 리스크를 보상하기에 충분한 이윤을 보상하는지 여부를 기준으로는 의사결정을 할 수 있다.

$$RAROC = \frac{\text{순이윤}}{\text{경제적자본}(EC)} = \frac{\text{기대이윤} - \text{비용} + k(EC)}{\text{경제적자본}(EC)}$$

여기서, $k(EC)$: 업무를 지원하는 데 필요하여 보유하는 경제적자본(또는 필요자본)에 대해 수익률 k로 발생하는 수익

예시를 통해 *RAROC*의 개념을 이해해보자.

예시 1

원금 10억 달러, 연 이자율 9%의 대출 포트폴리오를 가정하자. 경제적자본이 75백만 달러로 추정되고 이를 연 6,5%의 단기국채에 투자하여 연 4.9백만 달러의 수입이 가능하다. 원금과 경제적자본과의 차액인 925백만 달러는 6%의 예금에 의해 조달되며 은행의 영업비용은 15백만 달러이다. 대출의 기대부도율은 1%이다. 이 경우의 *RAROC*는 얼마인가?

풀이

① 기대이윤=10억 달러×9%=90백만 달러
② 비용=이자비용(925백만 달러×6%=55.5백만 달러)+영업비용 15백만 달러+부도시 손실비용(10억 달러×1%=10백만 달러)
③ $k(EC)$ =75백만 달러×6.5%=4.875백만 달러
따라서,

$$RAROC = \frac{\text{기대이윤} - \text{비용} + k(EC)}{\text{경제적 자본}(EC)} = \frac{90-(55.5+15+10)+4.9}{75} = 19.25\%$$

자료 : 위점범, p486

예시 2

원금 5억 달러, 연 이자율 10%의 대출 포트폴리오를 가정하자. 대출의 부도확률은 2%, 부도시손실률은 50%, 영업비용은 10백만 달러, 자금조달비용은 30백만 달러, 신용VaR는 7.5%, 투자된 경제적자본의 수익률은 6%라고 가정하자. 이 경우의 *RAROC*는 얼마인가?

풀이

① 기대이윤=5억 달러×10%=50백만 달러

② 비용=영업비용 10백만 달러+자금조달비용 30백만 달러+부도시 손실비용(5억 달러×부도율 2%×부도시손실률 50%=5백만 달러)=45백만 달러

③ (경제적자본, *EC* 또는 필요자본)=5억달러×신용VaR 7.5%=37.5백만 달러, $k(EC)$ = 37.5백만 달러×6% = 2.25백만 달러

따라서,

$$RAROC = \frac{\text{기대이윤} - \text{비용} + k(EC)}{\text{경제적 자본}(EC)} = \frac{50-(10+30+5)+2.25}{37.5} = 19.33\%$$

자료 : 위점범, p488

예시 3

두 펀드매니저의 정보가 아래와 같을 때 이들의 위험조정성과를 평가해 보자.

	펀드매니저A	펀드매니저B
투자규모	10억 원	20억 원
수　　익	1억 원	2억 원
수 익 률	10%	10%
수익률의 변동성	10%	4%
VaR(99% 신뢰수준, 연간)	2.3억 원	1.8억 원
리스크조정성과(RAROC)	1/2.3=43.4%	2/1.8= 111%

풀이

절대수익률은 두 펀드매니저 모두 10%로 동일하지만 내재된 리스크 VaR를 기준으로 측정한 위험조정성과는 펀드매니저B가 펀드매니저A에 비해 훨씬 높다. 펀드매니저B의 VaR가 펀드매니저A에 비해 작기 때문에 펀드매니저B가 펀드매니저A 만큼 VaR를 부담하는 경우 수익률은 10%×(2.3/1.8)=12.8%까지 높아질 수 있다.

예시 4

두 자산의 정보가 아래와 같을 때 이들의 위험조정성과를 평가해 보자.

	자산 A	자산 B
투자규모(대출)	10억 원	10억 원
수　　익	1억 원	2억 원
수 익 률	10%	10%
위험(신용리스크)	2억 원	5억 원
필요자기자본	2억 원	5억 원
리스크조정성과(RAROC)	1억/2억=50%	2억/5억=40%

풀이

절대수익률은 자산B가 자산A에 비해 두배 수준으로 높지만 자산B의 신용리스크가 자산A에 비해 2.5배 수준으로 높기 때문에 이를 커버하기 위한 필요자기자본 기준으로 평가한 리스크조정성과는 자산B가 40%로 자산A의 50%보다 오히려 낮다.

1.1.4. 리스크 측정의 어려움

리스크 측정은 미래 이익과 손실의 분포를 측정할 수 있어야 하지만 이를 위해 미래 수익률 분포를 만드는 것이 쉽지 않다. 과거의 수익률 분포를 이용하여 미래의 수익률 분포를 만드는데 만일 미래의 수익률이 과거의 수익률 분포와 전혀 다른 패턴을 보인다면 이를 통해 마련한 리스크 측정방식과 리스크 관리방안은 한계에 봉착한다. 리스크 관리 모형에 측정불가능한 리스크가 포함되어 있기 때문이다. 측정불가능한 리스크가 발생하는 요인으로는 다음과 같은 예를 들 수 있다.

① 리스크 관리 담당자가 중요한 리스크 요인을 감지하지 못했을 가능성
② 리스크 요인의 변동성 또는 상관관계 등이 부정확하게 측정되었을 가능성
③ 포지션을 리스크요인에 대한 노출로 파악하여 측정하는 과정에 오류가 있을 가능성 등

측정불가능한 리스크의 사례로서 유동성 리스크를 예를 들어 보자. 미국 단기국채는 고금리 장기채권에 비해 훨씬 더 유동적이고 따라서 유동성 리스크가 작은 것으로 이해되고 있다. 그러나 미국 단기국채가 정상적인 거래활동에 비해 일시에 매우 큰 규모로 매도될 경우에는 큰 폭의 가격하락이 발생될 수 있으며 이러한 사례는 과거의 거래패턴

에 기초하여 작성된 확률밀도함수가 보여주는 리스크 예상치와는 큰 차이를 보일 수 있다.

1.2. 금융기관 트레이딩 자산의 시장리스크

1.2.1. 시장리스크의 개념

시장리스크란 보유자산의 가치가 시장상황에 따라 변동할 가능성을 말하며 아래와 같이 발생요인별로 세분화할 수 있다.

(1) 시장변수(market variable)에 의한 리스크

이는 금리(interest rate), 주가(equity price), 환율(exchange rate), 상품가격(commodity price) 등과 같은 시장변수의 변동에 의해 보유 자산이나 부채의 가치가 변동할 가능성을 말한다.

(2) 시장변수 외의 요인들에 의한 리스크

거래상대방의 부도 등에 따른 신용위험 뿐만 아니라 결제위험, 유동성위험, 운영위험, 법적위험 등 금융기관이 정상적으로 영업하는 과정에서 부수적으로 발생하는 위험도 넓은 의미에서 시장리스크로 고려할 필요가 있다.

시장리스크는 짧은 기간(금융기관의 경우, 통상 10영업일 이내)의 매매를 통해 이익 획득을 목적으로 하는 자산(은행의 경우 트레이딩 자산이라 하므로 이하 트레이딩 자산으로 하겠음)을 대상으로 관리하며, 채권을 만기까지 이자수익을 목적으로 보유하는 경우[4]는 시장리스

4) 이 경우 이자율 상승으로 채권의 가치가 하락하더라도 결산시점에서 채권의 평가손이 발생할 뿐 실제 손실이 실현된 것은 아니며, 만기에 채권의 원금을 전부 회수하기 때문에 리스크로 간주하지 않을 수도 있다.

크 관리대상에서 제외할 수 있다.

한편 시장리스크에는 금리, 주가, 환율, 상품(commodity)의 시가 등 시장가격의 일반적 수준 변화에 따른 손실 리스크로서 분산투자에 의해 감축이 불가능한 체계적위험과 일반적인 시장가격의 변화 외에 개별 채권 또는 주식발행자 등의 신용리스크 변동 등에 의한 손실 리스크인 개별리스크로서 분산투자에 의해 감축할 수 있는 비체계적 위험이 혼재되어 있다. 트레이딩 자산의 시장리스크는 투자한 자산의 가격변동으로 인해 발생하므로 그 자산의 가격을 결정하는 요소가 리스크 요소이며, 이를 통해 리스크를 측정할 수 있다. 투자한 금융자산별로 시장리스크 측정요소를 살펴보자.

1.2.2. **주식시장의 리스크 요소**

주식의 리스크 요소는 주가 자체이다. 주가의 변동으로 투자한 주식에 손실이 발생할 수 있기 때문이다. 주식 리스크의 측정수단은 베타(β)이다. 베타는 주식시장의 체계적 위험을 나타내며 이는 분산투자를 통해 감축될 수 없는 리스크이다.

체계적위험(systematic risk)은 증권시장 전체[5)]를 의미하는 시스템(system)에 관한 위험(risk)이란 뜻에서 유래되었다. 예를 들어 오일쇼크로 인해 전세계적으로 유가가 급등하거나 글로벌 금융위기의 여파로 세계경제가 전반적으로 후퇴하는 경우 등의 포트폴리오의 가치 하락은 증권시장 전체(system)가 영향을 받는 것으로 systematic risk[6)]의 일종이

---

5) 체계적 위험은 증권시장 전체에 걸친 위험이라는 뜻에서 시장위험(market risk)이라고도 한다.

6) 거시경제학에서도 시스템 리스크(system risk)라는 용어를 사용하지만 재무관리에서 사용하는 체계적 위험(systematic risk)과는 그 의미가 다르다. 거시경제학에서 다루는 시스템 리스크란 개별 금융기관의 부도가 연쇄적으로 다른 금융기관의 부도로 이어짐으로써 금융시스템(financial system) 전체가 부도 위기(default risk)에 직면하고 그 결제기

다. 여기서 이 system이 체계로 번역되면서 systematic risk가 체계적 위험으로 이해되고 있다.

체계적 위험은 시장 전체에 관련된 위험으로서 분산투자에 의해서도 감축할 수 없는 위험이다. 그런데 증권시장이란 증권들의 총체적 집합을 의미하므로 시장 전체의 체계적 위험도 결국 개별증권의 체계적 위험이 모여서 이루어진 것이며 각 증권이 증권시장에서 차지하는 중요도가 클수록 이 증권의 체계적 위험이 시장 전체의 체계적 위험에서 차지하는 중요도도 커진다. 이러한 관점에서 개별증권의 수익률이 시장 전체의 수익률에 얼마나 민감하게 반응하는지를 나타내는 민감도(sensitivity) 지수를 개발하게 되었으며 이 지수는 개별증권의 수익률과 시장수익률간의 공분산이 시장전체 수익률의 분산에서 차지하는 비중으로 산출하고 이를 베타(β)로 부른다.

$$\beta_i = \frac{Cov(R_i,\ R_M)}{\sigma_M^2} = \frac{\rho(i,\ M)\cdot\sigma_i\cdot\sigma_M}{\sigma_M^2} = \rho(i,\ M)\cdot\frac{\sigma_i}{\sigma_M}$$

위의 식에서 보듯이 개별주식의 예상수익률과 시장 예상수익률간의 상관계수가 클수록, 또한 개별주식 예상수익률의 위험이 시장 예상수익률의 위험에서 차지하는 중요도가 클수록 개별주식의 베타는 커진다.

개별주식의 베타가 크다는 것은 또한 시장 수익률이 변동할 때 이 주식 수익률의 변동성이 크다는 것을 의미한다. 만일 어느 주식의 $\beta=1$이면, 증권시장 전체(예; KOSPI)의 평균수익률이 1% 상승하면 이 주식의 수익률도 1% 상승한다는 의미이다. 만일 어느 주식의 $\beta=2$이면,

---

능이 와해될 가능성을 의미한다. 이 경우 중앙은행이 발권력을 동원하여 부도위기에 직면한 금융기관을 지원함으로써 금융시스템 전체의 와해 위기(system risk)를 예방할 수 있으며 이러한 중앙은행의 기능을 최종대부자(the lender of the last resort) 기능으로 부른다.

증권시장 전체(예; KOSPI)의 평균수익률이 1% 상승하면 이 주식의 수익률도 2% 상승한다는 의미이다. 만일 어느 주식의 $\beta = -1$이면, 증권시장 전체(예; KOSPI)의 평균수익률이 1% 상승하면 이 주식의 수익률은 1% 하락한다는 의미이다.

포트폴리오 베타는 포트폴리오를 구성하는 각 주식의 베타를 가중평균하여 산출한다. 예를 들어 증권 갑과 증권 을에 각각 50%씩 분산투자한 경우 갑의 베타($\beta_{갑}$)가 0.8이고 을의 베타($\beta_{을}$)가 1.8이라고 가정하면, 포트폴리오의 베타(β_p)는 아래와 같이 산출한다.

$$\beta_p = 0.5 \times \beta_{갑} + 0.5 \times \beta_{을} = 0.5 \times 0.8 + 0.5 \times 1.8 = 1.3$$

1.2.3. 채권시장의 리스크 요소

(1) 채권시장의 리스크 요소 : 금리

채권의 리스크 요소로는 금리가 가장 중요하다. 금리의 변화는 채권의 현재가치, 듀레이션(duration), 컨벡시티(convexity) 등에 영향을 미치며 이러한 변수들이 모두 채권의 가치와 연관이 되어 있기 때문이다. 채권발행자의 신용등급 하락 등으로 채권의 가치가 하락하는 경우에도 이러한 변수들이 그 채권의 유통수익률 상승으로 나타나므로 금리가 가장 중요한 리크스 측정요소가 된다고 하겠다.

(2) 채권의 가치평가 및 리스크 관련 이론

1) 이자율 상승에 따른 채권의 가치 하락

① 이표채의 개념

이자율이 상승하면 보유채권의 가치가 하락한다. 이 원리를 대표적인 채권인 이표채(利票債)를 기준으로 설명한다. 이표채는 과거에 채권에 이자쿠폰(利票, coupon))이 붙어 있는 상태로 발행되었던 데에서 유래되었다. 이 채권을 보유한 사람은 매기간 이 이표를 떼어서 발행자에게 제출하였고, 발행자는 이표에 적혀있는 이자를 지급하였다.[7] 다시 말하면 이표채는 만기(滿期, maturity)까지 매기간(예: 매반기 또는 매년) 발행금액(發行金額, face amount, F)에 발행시 정해진 이자율(發行金利, coupon interest rate, i_{cp})을 곱한 금액을 이자로 지급하고 만기에는 액면금액을 지급받는 채권이다.

발행시 미리 정해진 이자율은 채권의 발행금리(coupon interest rate, i_{cp})라고 하며, 채권 보유자가 매기간 받는 이자수입(coupon interest income, C)은 채권의 발행금액에 채권의 발행금리를 곱하여 산출된다 $(C = F \cdot i_{cp})$. 이표채 발행시 미리 정해진 이자율로 매기간 이자를 지급하기 때문에 이표채 보유자는 시장이자율이 아무리 변동하더라도 이미 정해진 이자수입을 얻게 된다.[8] 또한 이표채의 이자수입이 시장이자율의 변동에도 불구하고 보장되기 때문에 이표채를 포함한 채권들은 대표적인 안전자산으로 간주되고 있다. 다만, 여기에서 안전자산이란 말은 미래에 수령하는 채권의 이자금액과 액면금액이 이미 정해져 있다는 것일 뿐, 미래에 수령하는 이자금액과 액면금액의 현재가치는 시장이자율의 등락에 따라 변동한다. 이 점이 채권에 내재된 금융시장 리스크의 중요한 부분이며, 이번 장에서 우리가 집중적으로 학습할 부문이다.

---

7) 최근에는 이표채의 이자가 계좌이체를 통해 지급된다.

8) 여기에서 고정수입(fixed income)이란 용어가 나왔고, 고정수입 자산(fixed income asset)은 곧 채권을 의미하게 되었다.

② 이자율 변동과 이표채의 현재가치 변동

이표채의 현금흐름(cash flow, CF)은 매기간 유입되는 이자수입(coupon income, C)과 만기에 수령하는 액면금액(face value, F)으로 구성되어 있다.

$$CF = C + C + C + \cdots\cdots + C + F$$

매기에 유입되는 현금은 각각 다른 미래시점에 유입된다. 따라서 미래 각 시점에 유입되는 현금은 채권의 가치를 평가할 때의 시장이자율로 미래시점까지의 기간만큼 할인하여 현재가치를 구한다.

$$\begin{aligned} PV &= \frac{C}{(1+i)^1} + \frac{C}{(1+i)^2} + \frac{C}{(1+i)^3} + \cdots + \frac{C}{(1+i)^n} + \frac{F}{(1+i)^n} \\ &= C\left\{\frac{1}{(1+i)^1} + \frac{1}{(1+i)^2} + \frac{1}{(1+3)^3} + \cdots + \frac{C}{(1+i)^n}\right\} + \frac{F}{(1+i)^n} \\ &= C \cdot \left[\frac{\frac{1}{(1+i)}\left\{1 - \frac{1}{(1+i)^n}\right\}}{1 - \frac{1}{(1+i)}}\right] + \left\{\frac{F}{(1+i)^n}\right\} \\ &= C \cdot \left[\frac{1}{(1+i)} \cdot \frac{(1+i)}{i} \cdot \left\{1 - \frac{1}{(1+i)^n}\right\}\right] + \left\{\frac{F}{(1+i)^n}\right\} \\ &= \frac{C}{i} \cdot \left\{1 - \frac{1}{(1+i)^n}\right\} + \left\{\frac{F}{(1+i)^n}\right\} \end{aligned}$$

여기서 이표채의 발행이자율을 i_{cp}로 표기하면 $i_{cp} = \frac{C}{F}$, $C = F \cdot i_{cp}$가 되므로 채권의 현재가치는 다음과 같이 나타낼 수 있다.

$$\begin{aligned} PV &= \frac{F \cdot i_{cp}}{i} \cdot \left\{1 - \frac{1}{(1+i)^n}\right\} + \frac{F}{(1+i)^n} \\ &= F\left\{\frac{i_{cp}}{i} - \frac{i_{cp}}{i} \cdot \frac{1}{(1+i)^n} + \frac{1}{(1+i)^n}\right\} \\ &= F\left\{\frac{i_{cp}}{i} + \frac{1}{(1+i)^n} \cdot \left(1 - \frac{i_{cp}}{i}\right)\right\} \end{aligned}$$

위의 식에서 우리는 아래와 같은 결론을 얻을 수 있다.

- 만일 $i_{cp} < i$이면, $\frac{i_{cp}}{i} < 1$이고 $\left(1-\frac{i_{cp}}{i}\right) > 0$이다. 따라서 채권의 만기 n이 길수록 $\frac{1}{(1+i)^n}$이 작아지고 양(+)의 값인 $\frac{1}{(1+i)^n} \cdot \left(1-\frac{i_{cp}}{i}\right)$이 감소한다. 이는 곧 시장이자율이 채권의 발행금리보다 높은수준으로 상승하면 채권의 현재가치가 감소하여 채권보유자가 손실을 보게 되며, 현재가치의 감소 속도는 채권의 만기가 길수록 빠르다는 점을 의미한다.
- 만일 $i_{cp} > i$이면, $\frac{i_{cp}}{i} > 1$이고 $\left(1-\frac{i_{cp}}{i}\right) < 0$이다. 따라서 채권의 만기 n이 길수록 $\frac{1}{(1+i)^n}$이 줄어들고 음(−)의 값, 즉 채권 현재가치의 감소규모 $\frac{1}{(1+i)^n} \cdot \left(1-\frac{i_{cp}}{i}\right)$가 감소한다. 이는 곧 시장이자율이 채권의 발행금리보다 낮은 수준으로 하락하면 채권의 현재가치가 증가하여 채권보유자가 이익을 보게 되며, 현재가치의 증가 속도는 채권의 만기가 길수록 빠르게 된다.
- $i_{cp} = i$이면, $\frac{i_{cp}}{i} = 1$이고 $\left(1-\frac{i_{cp}}{i}\right) = 0$이다. 따라서 만기의 길고 짧음에 관계없이 $PV = F$가 성립한다. 이는 시장이자율이 채권의 발행이자율과 같아지면 이표채의 현재가치는 채권의 액면금액과 같아짐을 의미한다.

③ 이자율 상승과 채권의 보유기간 수익률

보유기간 수익률은 채권을 매입한 후 다시 매도했을 때까지의 보유기간 동안 채권보유로 인해 얻는 수익률을 의미한다.

보유기간 수익률은 두 가지로 구성된다. 하나는 채권 매입시점의 현재가치와 채권 매도시점의 현재가치 사이의 차이이다. 다른 하나는 채권의 보유기간동안 채권보유자에게 귀속되는 이자수입이다.

먼저 채권 보유기간의 가격차이는 매도가격에서 매입가격을 빼면 구할 수 있는데, 이표채의 매입가격과 매도가격은 아래와 같이 산출된다. 여기서는 이표채를 t시점에 i_t의 시장이자율로 매입한 후 1년이 경과한 $t+1$시점에 i_{t+1}의 시장이자율로 매도한다고 가정한다.

$$\text{매입가격 : } PV_t = \frac{C}{(1+i_t)^1} + \frac{C}{(1+i_t)^2} + \cdots + \frac{C}{(1+i_t)^n} + \frac{F}{(1+i_t)^n}$$

$$\text{매도가격}^{9)} : PV_{t+1} = \frac{C}{(1+i_{t+1})^1} + \frac{C}{(1+i_{t+1})^2} + \cdots + \frac{C}{(1+i_{t+1})^{n-1}} + \frac{F}{(1+i_{t+1})^{n-1}}$$

그리고 이표채 보유기간중의 이자수입(coupon income, C)은 $C = F \cdot i_{cp}$로서 채권 보유자가 갖게 된다. 이표채의 보유기간 수익률은 채권의 보유로 인해 얻는 수입(output)과 채권의 매입에 투입한 비용(input)을 이용하여 $\frac{\{(\text{수입, output}) - (\text{비용, input})\}}{(\text{비용, input})} \times 100(\%)$의 식에 의해 산출한다.

수입(output)은 매입한 채권을 다시 매도한 가격(PV_{t+1})에 보유기간 중의 이자수입을 더하여 산출하며, 비용은 채권의 매입가격(PV_t)이다.

따라서 이표채의 보유기간 수익률은 $\frac{(PV_{t+1} + C - PV_t)}{PV_t} \times 100 = \left\{\frac{(PV_{t+1} - PV_t)}{PV_t} + \frac{C}{PV_t}\right\} \times 100$이다.

여기서 i_{t+1}이 i_t보다 낮으면 $(PV_{t+1} - PV_t)$가 양(+)의 값을 가지며 채권 보유자는 자본이득(capital gain)을 얻게 된다. 반면에 i_{t+1}이 i_t보다 높으면 $(PV_{t+1} - PV_t)$가 음(−)의 값을 가지며 채권 보유자는 자본손실

---

9) 보유기간 1년이 경과하였으므로 향후 $(n-1)$번 이자수입을 받는 점을 감안하여 계산한다.

(capital loss)을 갖게 된다. 따라서 $(PV_{t+1}-PV_t)/PV_t$는 자본수익으로서 자본이득(+) 또는 자본손실(−)을 보여준다.

그러나 이자수입은 시장이자율이 변동하더라도 언제나 만기까지 변동 없이 동일하며, 이를 경상수익(current yield)이라 한다.

예제 6-1

액면가 100,000원, 만기 10년, 쿠폰이자율 5%의 채권을 이자율 8%로 매입하여 1년간 보유한 후 이자율 9%로 매도할 경우 보유기간 수익률을 구하라.

풀이

① 이자율 8%로 매입하는 가격: 향후 10년간 들어오는 현금흐름을 이자율 8%로 할인하여 계산하면 되는데 2가지 방법이 있다.

첫째, 현재가치이자요소표(PVIFA)를 이용하여 계산하는 방법이다. 향후 10년간 매년 쿠폰이자율 5%에 해당하는 5,000원의 현금흐름이 있고 10년 후에 액면금액 100,000원의 현금이 유입된다. 따라서 10년간 매년 5,000원씩 유입되는 쿠폰이자를 이자율 8%로 할인한 현재가치의 합은 5,000× 연금의 PVIFA(8%, 10년)=5,000×6.7101=33,550.5원이다. 또한 10년 후에 1번 유입되는 액면금액 100,000원의 현재가치는 100,000×PVIF(8%, 10년)=100,000×0.4632=46,320원이다. 따라서 위의 두 수치를 합하면 33,550.5+46,320=79,870.5≒79,871원이 되며, 이것이 위의 채권을 현재 8%의 이자율로 할인한 매입가격이다.

둘째, 채권의 현재가치 수식을 이용하여 계산하는 방법이다.

$PV=F\cdot\left\{\frac{i_{cp}}{i}+\frac{1}{(1+i)^n}\cdot\left(1-\frac{i_{cp}}{i}\right)\right\}$에서 $F=100{,}000$, $i_{cp}=0.05$, $i=0.08$, $(1+i)^n=1.08^{10}=2.1589$을 대입하여 계산하면 79,869.8≒

79,870원이 된다. 약간의 차이는 계산과정상 반올림에 기인한 것이다.

② 1년 보유 후 이자율 9%로 매도하는 가격: 1년간 보유했으므로 향후 9년간 들어오는 현금흐름을 이자율 9%로 할인하여 계산하면 되는데 2가지 방법이 있다.

첫째, 현재가치표를 이용하여 계산하는 방법이다. 향후 9년간 매년 쿠폰이자율 5%에 해당하는 5,000원의 현금흐름이 있고 9년 후에 액면금액 100,000원의 현금이 유입된다. 따라서 9년간 매년 5,000원씩 유입되는 쿠폰이자를 이자율 9%로 할인한 현재가치의 합은 5,000× 연금의 PVIFA(9%, 9년)=5,000×5.9952=29,976원이다. 또한 9년 후에 1번 유입되는 액면금액 100,000원의 현재가치는 100,000×PVIF(9%, 9년)=100,000×0.4604=46,040원이다. 따라서 위의 두 수치를 합하면 29,976+46,040=76,016원이 되며, 이것이 위의 채권을 1년 후 9%의 이자율로 할인한 매도가격이다.

둘째, 채권의 현재가치 수식을 이용하여 계산하는 방법이다.

$PV = F \cdot \left\{ \frac{i_{cp}}{i} + \frac{1}{(1+i)^n} \cdot \left(1 - \frac{i_{cp}}{i}\right) \right\}$에서 $F=100,000$, $i_{cp}=0.05$, $i=0.09$, $(1+i)^n=1.09^9=2.1719$을 대입하여 계산하면 76,019원이 된다. 약간의 차이는 계산과정상 반올림에 기인한 것이다.

③ 1년 보유기간 동안 발생하는 쿠폰이자 수입은 채권보유자에게 귀속되므로 이 5,000원을 현금유입으로 가산해야 한다.

따라서 보유기간 수익률은 (76,019−79,870+5,000)/79,870=1.44%가 된다.

예제 6-2

액면가 100,000원, 만기 10년, 쿠폰이자율 5%의 채권을 이자율 8%로 매입하여 3년간 보유한 후 이자율 9%로 매도할 경우 보유기간 수익률을 구하라. 위의 (예제 6-1)의 보유기간 1년의 경우와 달리 쿠폰이자 수입의 재투자수익을 감안해야 한다.

풀이

① 향후 10년간 들어오는 현금흐름을 이자율 8%로 할인하여 계산한 값은 앞의 (예제 6-1)에서 이미 79,870원으로 구한 바 있다.

② 3년간 보유했으므로 향후 7년간 들어오는 현금흐름을 이자율 9%로 할인하여 계산하면 되는데 두 가지 방법이 있다.

첫째, 현재가치표를 이용하여 계산하는 방법이다. 7년간 매년 5,000원씩 유입되는 쿠폰이자를 이자율 9%로 할인한 현재가치의 합은 5,000×연금의 PVIFA (9%, 7년)=5,000×5.0330=25,165원이다. 또한 7년 후에 1번 유입되는 액면금액 100,000원의 현재가치는 100,000×PVIF(9%, 7년)=100,000×0.5470=54,700원이다. 따라서 위의 두 수치를 합하면 25,165+54,700=79,865원이 되며, 이것이 위의 채권을 3년 후 9%의 이자율로 할인한 매도가격이다.

둘째, 채권의 현재가치 수식을 이용하여 계산하는 방법이다.

$PV=F\cdot\left\{\frac{i_{cp}}{i}+\frac{1}{(1+i)^n}\cdot\left(1-\frac{i_{cp}}{i}\right)\right\}$에서 $F=100,000$, $i_{cp}=0.05$, $i=0.09$, $(1+i)^n=1.09^7=1.828$을 대입하여 계산하면 79,868.2≒79,868원이 된다. 약간의 차이는 계산과정상 반올림에 기인한 것이다.

③ 3년 보유기간동안 발생하는 쿠폰이자 수입은 채권보유자에게 귀속되는데 여기에 매입시의 시장이자율 8%로 이 쿠폰이자 수입을 재투자한다고 가정하면 쿠폰이자 수입의 3년 후 가치는 5,000×1.1664+5,000×1.08+5,000=16,232원이 된다. 15,000원과의 차이인 1,232원이 재투자 효과이다.

따라서 3년간의 보유기간 수익률은 (79,868−79,870+16,232)/79,870=20.32%가 된다. 그런데 수익률은 통상 1년 단위로 계산하기 때문에 이를

1년 단위의 연율로 환산하면 $1.2032^{(1/3)}=1.0636$이고 보유기간 수익률은 연 6.36%가 된다.

예제 6-3

만일 시장이자율이 중앙은행의 이자율정책의 영향으로 상승할 것으로 예상된다면 채권의 매입은 어떠한 영향을 받게 될 것인가?

풀이

① 시장이자율이 한차례 상승한 후 당분간 더 상승할 가능성이 크지 않다고 가정한다면, 이 경우 새로 발행되는 이표채는 상승한 시장이자율을 반영하여 현재보다 높은 이자율로 발행될 것이다. 또한 향후 추가 금리 상승 기대가 크지 않으므로 시장이자율이 발행금리보다 높아질 때 발생하는 자본손실의 가능성도 크지 않다. 새로 발행되는 채권을 매입하면 자본손실의 기대 없이 더 높은 이자수입을 얻을 수 있으므로 새로 발행되는 채권에 대한 수요가 커질 것이다.

② 시장이자율이 향후 1~2년 사이에 몇 차례 단계적으로 상승할 것으로 예상된다고 할 경우, 이표채는 매 발행 때마다 새로이 상승한 시장이자율을 반영하여 점점 더 높은 이자율로 발행될 것이다. 발행이자율이 단계적으로 높아지게 되면 현재보다 높은 이자율로 발행된 채권을 매입하더라도 추후에 시장이자율이 그 채권의 발행시점 이자율보다 더욱 높아지면 자본손실(capital loss)이 발생할 수 있다.

③ 이를 다음의 그래프처럼 가정된 예를 가지고 다시 생각해 보면, A는 현재의 상황을 나타내며 시장이자율이 1.5%라고 가정하자.

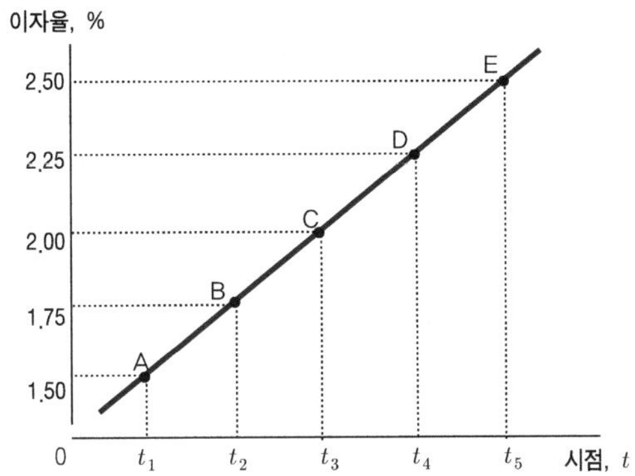

B, C, D, E는 각각 이자율이 매 기간 0.25%p 만큼 오를 것으로 예상되는 상황을 나타낸 것이다. 이표채를 B상황에서 매입하는 경우 발행이자율이 1.75%로서 A의 경우에 비해 0.25%p 높다. 그러나 이 채권을 시장이자율이 E에 이를 때까지 보유한다면 시장이자율은 2.5%가 되어 이 채권의 매입시점 이자율보다 0.75%p 높다. 무시할 수 없는 규모의 자본손실(capital loss)이 발생할 것이다. 따라서 채권의 매입 결정은 그 채권의 발행이자율뿐만 아니라 향후 예상되는 자본이득 또는 자본손실까지도 함께 고려하여 이루어져야 하는 것이다.

특별주제 마이너스 이자율 채권(negative yielding bonds)

채권 매입자는 매기의 이자수입과 만기시 액면금액을 수취하기 위해 채권에 투자한다. 따라서 채권이자율은 양(+)의 값을 갖는 것이 일반적이다. 그런데 2008년 글로벌 금융위기 발발 이후 유럽국가들을 중심으로 중앙은행이 기준금리를 0%보다 낮은 마이너스 금리로 책정하고 실제 채권시장에서 많은 양의 채권들이 마이너스 금리로 거래되고 있다.

2016년 9월 독일의 유명 칼 제조사인 헨켈(Henkel)은 2년 만기 5억 유로의 회사채를 마이너스 0.05%의 이자율로 발행하였으며, 프랑스의 세계적인 제약회사인 사노피(Sanofi)도 3.5년 만기 10억 유로의 회사채를 마이너스 0.05%의 이자율로 발행에 성공하였다. 그렇다면 투자자들이 마이너스 이자율 채권을 사는 이유는 무엇일까?
첫째, 마이너스 이자율 채권의 마이너스 폭(예: －0.05%)이 다른 금융상품의 마이너스 폭보다 작다면 이 마이너스 채권이 상대적으로 매력적일 수 있다. 유로지역의 경우 한 때 은행의 예금금리가 －0.4%까지 내려갔으며 이 경우 －0.05%는 －0.4%보다 이자율면에서 0.35%p 유리하다.
둘째, 비록 소폭의 마이너스 이자율(앞의 예: －0.05%)로 발행된 채권이더라도 앞으로 시장이자율의 추가 하락을 기대할 수 있다면 이 채권에 대한 수요가 합리적일 수 있다. 시장이자율의 마이너스 폭이 더 확대될 경우, 현재 －0.05%의 금리로 발행된 채권은 향후 추가적인 이자율 하락으로 인해 자본이득(capital gain)을 통한 채권가격의 상승을 기대할 수 있기 때문이다. 일부 투자가들은 이와 같이 위에서 언급한 마이너스 이자율 채권의 가격이 시장이자율의 추가 하락으로 인한 자본이득에 의해 추가적으로 상승할 가능성을 기대(speculation of capital gain)하고 이 채권을 매입했을 수 있다.
셋째, 부자들은 자산을 쉽고 간편한 방법으로 후손들에게 물려주고 싶어한다. 무기명 채권을 통해 거액의 자산을 편리하게 후손들에게 물려줄 수 있다면 이는 부자들이 다소의 비용을 감수하고 마이너스 이자율 채권을 매입하는 동기가 될 수 있다.

④ 채권의 현재가치 기준 가치평가의 한계

㉠ 만기와 실질적 회수기간

이표채의 만기(滿期, maturity)는 채권의 발행금액이 지급되고 채권의 지급채무가 종료되는 시점이다. 그러나 채권 보유자는 만기 이전에 이자를 수취하므로 동일 만기의 채권이라도 만기 이전에 수취하는 금액이 다르면 채권으로부터 회수되는 금액의 실질적 회수기간이라는 측면에서 의미가 다를 수 있다. 이러한 관점에서 듀레이션(duration) 개념이 등장하는데, 이에 대해서는 다음 장에서 살펴볼 것이다.

㉡ 채권가격과 이자율간의 직선관계 가정의 한계

이표채의 현재가치 산출과정에서 이표채의 현금흐름인 매기간 유입되는 이자수입(coupon income, C)과 만기에 수령하는 액면금액(face value, F)을 채권의 가치를 평가할 때의 시장이자율로 미래시점까지의 기간만큼 할인하여 다음과 같이 현재가치를 구하는 것을 살펴보았다.

$PV = \frac{C}{(1+i)^1} + \frac{C}{(1+i)^2} + \frac{C}{(1+i)^3} + \cdots + \frac{C}{(1+i)^n} + \frac{F}{(1+i)^n}$ 에서 $PV \cdot (1+i)^n = C \cdot (1+i)^{(n-1)} + C \cdot (1+i)^{(n-2)} + \cdots + C + F$이 되므로 만기수익률 i가 매기 유입되는 현금흐름을 현재의 시장이자율 i로 재투자한다는 비현실적인 가정에 기초하여 산출되는 문제점이 있음을 의미한다. 이는 곧 이러한 현재가치 관계식으로는 채권의 가격과 이자율간의 실제 관계를 제대로 나타내지 못할 수 있음을 의미한다. 이에 따라 실제 채권가격과 이자율간의 볼록한 곡선형태의 관계를 설명하기 위해 볼록성(convexity)에 대한 이해가 필요하다.

2) 듀레이션(duration)과 채권가치

① 듀레이션의 개념

듀레이션(duration)의 사전(辭典)적 의미는 지속기간이다. 채권시장에서의 듀레이션은 채권의 보유자가 채권대금을 회수하는 데까지 실질적으로 걸리는 시간이다. 여기서 채권회수의 실질적 기간이란 채권회수 기간과 채권회수 금액을 같이 감안한 것으로 채권회수 금액이 앞에 모여 있을수록 채권회수에 필요한 실질적 기간이 짧아진다는 점을 반영한 것이다.

예를 들어가며 보다 자세히 설명하고자 한다.

- 어느 채권이 1년 후 10,000원, 2년 후 10,000원 회수된다고 가정하자. 그러면 전체의 50%가 1년 후에, 나머지 50%가 2년 후에 회수

되므로 20,000원이 회수되기까지 필요한 평균기간은 0.5×1년+0.5×2년=1.5년이 될 것이다.

- 어느 채권이 1년 후 5,000원, 2년 후 15,000원 회수된다고 가정하자. 그러면 전체의 1/4이 1년 후에, 나머지 3/4이 2년 후에 회수되므로 20,000원이 회수되기까지 필요한 평균기간은 1/4×1년+3/4×2년=1.75년이라는 계산이 나온다.

  여기서 채권대금 중 나중에 회수되는 금액이 클수록 채권대금의 회수에 필요한 실질적인 기간이 길어진다는 점을 알 수 있다. 두 경우 모두 채권대금 20,000원이 전부 회수되기까지 2년이 걸리지만 나중에 회수되는 금액의 비중이 큰 두 번째 사례가 채권대금 회수에 필요한 실질적인 기간이 첫 번째보다 더 길다고 볼 수 있다. 나아가 위의 경우 1년 후와 2년 후에 회수되는 금액을 화폐의 시간가치를 고려하지 않았기 때문에 정밀한 비교라고 할 수 없다.

위의 두 가지 사례를 화폐의 시간가치 개념을 도입하여 평균회수기간을 계산하면 다음과 같다.

- 첫 번째 사례는 채권이 1년 후 10,000원, 2년 후 10,000원 회수된다고 가정하였으므로 그 현재가치를 시장할인율을 연 5%로 가정하고 계산하면, $PV=10{,}000\div1.05+10{,}000\div1.05^2=18{,}594.1$원이다.

  여기서 18,594.1원은 앞부분의 현재가치 $\frac{10{,}000}{1.05}=9{,}523.8$원과 뒷부분의 현재가치 $\frac{10{,}000}{1.05^2}=9{,}070.3$원의 합계이다.

  따라서 18,594.1원 중 앞부분의 현재가치 비중은 9,523.8÷18,594.1=0.512, 뒷부분의 현재가치 비중은 9,070.3÷18,594.1=0.488이다.

이제 이 각각의 현재가치 비중에 대금이 회수되는 기간을 곱해주면 0.512×1년+0.488×2년=1.488년이 나온다.

- 두 번째 사례는 채권이 1년 후 5,000원, 2년 후 15,000원 회수된다고 가정하였으므로 그 현재가치를 시장할인률을 연 5%로 가정하고 계산하면, $PV=5{,}000\div1.05+15{,}000\div1.05^2=18{,}367.3$원이다. 여기서 18,367.3원은 앞부분의 현재가치 $\frac{5{,}000}{1.05}=4{,}761.9$원과 뒷부분의 현재가치 $\frac{15{,}000}{1.05^2}=13{,}605.4$원의 합계이다.

  따라서 18,367.3원 중 앞부분의 현재가치 비중은 4,761.9÷18,367.3=0.259, 뒷부분의 현재가치 비중은 13,605.4÷18,367.3=0.741이다. 이제 이 각각의 현재가치 비중에 대금이 회수되는 기간을 곱해주면 0.259×1년+0.741×2년=1.741년이 나온다.

위의 두 경우를 비교하면, 대금회수가 나중에 집중되는 두 번째(1.741년)의 경우가 첫 번째(1.488년)에 비해 대금회수에 소요되는 실질적인 기간이 더 길다는 점을 발견할 수 있다. 즉, 뒤에 들어오는 현금흐름이 많을수록 채권대금을 실질적으로 회수하는 데 걸리는 기간이 길어지므로 1기, 2기, 3기, …의 매 기별 유입되는 현금흐름의 현재가치에 그 기간의 수치를 곱해 모두 더한 후 이를 채권의 가격으로 나눈다. 이 수치가 채권대금이 실질적으로 회수되는 데 필요한 기간을 의미하는 것으로 인식하고 이를 듀레이션(duration)으로 부르게 되었다.

위의 두 가지 사례를 일반화하면, 듀레이션은 매기 현금흐름의 현재가치가 전체 현재가치(채권의 가격과 동일) 중 차지하는 비중(가중치, weight, w_t)에 매기의 기간(t)를 곱한 값($w_t \cdot t$)의 합계라는 관계식임을 알 수 있다.

$$D = \frac{CF_1/(1+i)^1}{\sum CF_t/(1+i)^t} \cdot 1 + \frac{CF_2/(1+i)^2}{\sum CF_t/(1+i)^t} \cdot 2 + \cdots$$

$$+ \frac{CF_n/(1+i)^n}{\sum CF_t/(1+i)^t} \cdot n$$

$$= w_1 \cdot 1 + w_2 \cdot 2 + \cdots + w_n \cdot n$$

$$= \sum w_t \cdot t$$

여기서, $w_t = \dfrac{CF_t/(1+i)^t}{CF_1/(1+i)^1 + CF_2/(1+i)^2 + \cdots + CF_n/(1+i)^n}$

$$= \frac{CF_t/(1+i)^t}{\sum CF_t/(1+i)^t} = \frac{CF_t/(1+i)^t}{PV}$$

이 개념을 맥컬레이(Macaulay)가 처음 소개하여 맥컬레이 듀레이션(이하 D_{Mac}으로 표기)이라 부른다.

② 듀레이션의 활용

듀레이션을 이용하여 이자율 변동에 따른 채권가격 변동의 민감도 분석을 할 수 있다.

이를 위해 우선 듀레이션, 채권가격, 이자율의 관계부터 살펴보자.

채권가격(PV, 이하 P)$= \dfrac{CF_1}{(1+i)^1} + \dfrac{CF_2}{(1+i)^2} + \cdots + \dfrac{CF_n}{(1+i)^n}$이다. 이제 채권가격을 이자율에 대해 미분하면 아래와 같다.

$$\frac{dP}{di} = \left(\frac{d}{di}\right)\{CF_1 \cdot (1+i)^{-1} + CF_2 \cdot (1+i)^{-2} + \cdots + CF_n \cdot (1+i)^{-n}\}$$

$$= -1 \cdot CF_1 \cdot (1+i)^{-2} - 2 \cdot CF_2 \cdot (1+i)^{-3} + \cdots - n \cdot CF_n \cdot (1+i)^{-n-1}$$

$$= -1 \cdot (1+i)^{-1}\{1 \cdot CF_1 \cdot (1+i)^{-1} + 2 \cdot CF_2 \cdot (1+i)^{-2} + \cdots$$

$$+ n \cdot CF_n \cdot (1+i)^{-n}\}$$

그런데, 듀레이션(Macaulay Duration, D_{Mac})이 $D_{Mac} = \left\{\frac{1\cdot CF_1\cdot(1+i)^{-1}+2\cdot CF_2\cdot(1+i)^{-2}+\cdots+n\cdot CF_n\cdot(1+i)^{-n}}{P}\right\}$이므로

$\left\{1\cdot CF_1\cdot(1+i)^{-1}+2\cdot CF_2\cdot(1+i)^{-2}+\cdots+n\cdot CF_n\cdot(1+i)^{-n}\right\}=D_{Mac}\cdot P$이다.

이를 위의 식에 대입하면, $\frac{dP}{di}=-1\cdot(1+i)^{-1}\cdot D_{Mac}\cdot P$, 따라서 $D_{Mac}=-\left(\frac{dP}{di}\right)\cdot\frac{(1+i)}{P}=(1+i)\cdot-\left(\frac{dP}{di}\right)\cdot\left(\frac{1}{P}\right)$이 된다.

위의 식에서 $-\left(\frac{dP}{di}\right)\cdot\left(\frac{1}{P}\right)$는 이자율의 변화에 따른 채권가격의 변화를 채권의 가격으로 나눈 값으로, 채권의 단위가격당 이자율의 변화에 따른 채권가격의 변화를 보여준다. 이 값을 수정 듀레이션(Modified Duration, 이하 D_{Mod})이라 부른다.

따라서 $D_{Mac}=-\left(\frac{dP}{di}\right)\cdot\frac{(1+i)}{P}=(1+i)\cdot D_{Mod}$가 되고, $D_{Mod}=\frac{D_{Mac}}{(1+i)}$가 된다.

예제 6-4

채권의 발행이자율이 5%, 액면금액 100,000원, 남은 만기 4년으로 가정하자. 이 채권에 대해 이자율 변동에 대한 채권가격의 변화를 듀레이션을 이용해 측정하라. 단, 현재 시장이자율은 10%이다.

풀이

문제를 요약하면 아래표와 같다.

	$t=1$	$t=2$	$t=3$	$t=4$	합계
CF	5,000	5,000	5,000	105,000	
$t \cdot CF$	5,000	10,000	15,000	420,000	
$PVIF(10\%)$	0.9091	0.8264	0.7513	0.6830	
$CF \cdot PVIF(10\%)$	4,546	4,132	3,757	71,715	84,150
$t \cdot CF \cdot PVIF(10\%)$	4,546	8,264	11,270	286,860	310,940

여기서 맥컬레이 듀레이션(D_{Mac})과 수정 듀레이션(D_{Mod})을 구하면 각각 다음과 같다.

$$D_{Mac} = \sum\{t \cdot CF \cdot PVIF(10\%)\} / \sum\{CF \cdot PVIF(10\%)\}$$
$$=310,940/84,150 = 3.6950$$
$$D_{Mod} = D_{Mac}/(1+i) = 3.6950/(1.1) = 3.3591$$

여기서 $D_{Mod} = \frac{D_{Mac}}{(1+i)} = -\left(\frac{dP}{di}\right)\cdot\left(\frac{1}{P}\right) = -\left(\frac{dP}{P}\right)\cdot\left(\frac{1}{di}\right)$ 이므로

$-\left(\frac{dP}{P}\right) = D_{Mod} \cdot (di)$를 이용해 채권의 가치변화를 측정해보면,

$-\left(\frac{dP}{P}\right) = 3.3591 \times 0.01 \fallingdotseq 3.36\%$가 된다.

이제 실제 이자율이 1% 변화할 때 채권의 가치변화를 계산하면, 즉 시장이자율이 10%에서 11%로 상승할 경우 채권의 가격은 다음과 같다.

$$\sum\{CF \cdot PVIF(11\%)\} = 5,000 \cdot PVIFA(11\%, 4년) + 100,000 \cdot PVIF(11\%, 4년)$$
$$=5,000 \times 3.1025 + 100,000 \times 0.6587 = 81,382.5$$

시장이자율이 10%일 때의 채권가격 84,150원이 시장이자율이 11%로 상승함에 따라 81,382.5원으로 하락하였고, 따라서 채권가격 변화율은 $\{(81,382.5-84,150) \div 84,150\} = -3.29\%$로서 수정듀레이션을 이용하여 측정한 값 3.36%와 큰 차이가 없음을 알 수 있다.

3) 볼록성(convexity)과 채권가치

① 볼록성의 개념

이자율이 변동할 때 이에 따른 채권가격의 변동을 듀레이션을 이용하여 분석하는 방법은 $-\left(\frac{dP}{P}\right)=D_{Mod}\cdot(di)$의 식이 보여주듯이 이자율의 변화와 채권가격의 변화간에 선형관계가 있음을 전제로 한 것이다. 그러나 실제로 채권가격과 이자율간의 관계는 원점에 대하여 볼록한 형태(convexity)의 비선형관계에 있다.

볼록성은 채권의 가격과 이자율의 관계가 어느 정도 원점에 대해 볼록한지를 나타낸다. 채권의 볼록성을 채권가격의 단위금액당 측정하기 위해 채권가격을 수익률에 대해 2차미분한 값을 채권가격으로 나누어 계산한다.

$$PV(\text{이하 } P)=\frac{CF_1}{(1+i)^1}+\frac{CF_2}{(1+i)^2}+\cdots+\frac{CF_n}{(1+i)^n}$$

(1차미분)

$$\frac{dP}{di}=\left(\frac{d}{di}\right)\{CF_1\cdot(1+i)^{-1}+CF_2\cdot(1+i)^{-2}+\cdots+CF_n\cdot(1+i)^{-n}\}$$

$$=-1\cdot CF_1\cdot(1+i)^{-2}-2\cdot CF_2\cdot(1+i)^{-3}+\cdots-n\cdot CF_n\cdot(1+i)^{-n-1}$$

(2차미분)

$$\frac{d^2P}{di^2}=1\cdot 2\cdot CF_1\cdot(1+i)^{-3}+2\cdot 3\cdot CF_2\cdot(1+i)^{-4}+\cdots+n(n+1)\cdot CF_n\cdot(1+i)^{-(n+2)}$$

$$=\frac{1}{(1+i)^2}\cdot\left\{\frac{2CF_1}{(1+i)}+\frac{6CF_2}{(1+i)^2}+\cdots+\frac{n(n+1)(CF_n)}{(1+i)^n}\right\}\text{이다.}$$

이 값을 채권의 가격으로 나눈 값이 볼록성의 크기이다.

채권의 가격과 이자율 간에 볼록성이 있기 때문에 이를 [그림

6-1]과 같은 그래프로 나타낼 수 있다.

이자율이 i_0에서 i_1으로 상승하는 경우 채권가격의 변동을 보자. 볼록성을 인정하면 채권가격은 P_0에서 P_1으로 하락한다. 그러나 볼록성을 인정하지 않는 듀레이션 분석에 의하면 채권가격은 P_0에서 P_1'로 하락하는 것으로 나타나고, 채권가격은 실제보다 $(P_1 - P_1')$만큼 더 많이 하락하는 것으로 나타난다.

이자율이 i_0에서 i_2로 하락하는 경우 채권가격의 변동을 보자. 볼록성을 인정하면 채권가격은 P_0에서 P_2로 상승한다. 그러나 볼록성을 인정하지 않는 듀레이션 분석에 의하면 채권가격은 P_0에서 P_2'로 상승하는 것으로 나타나서 실제보다 $(P_2 - P_2')$만큼 채권가격이 덜 상승하는 것으로 나타난다.

그림 6-1 볼록성의 개념

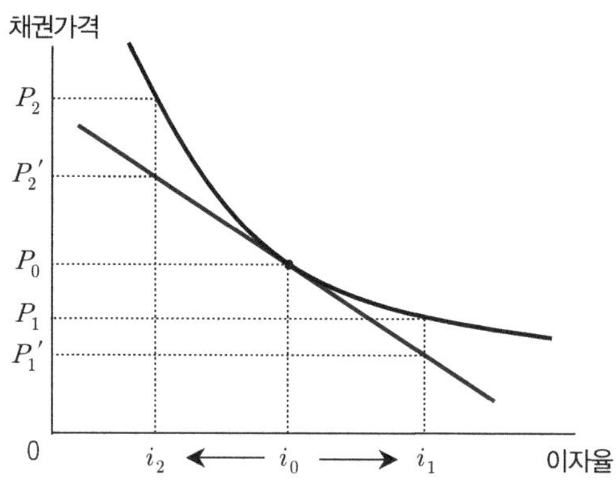

② 볼록성의 의미

이자율과 채권가격간의 볼록성에 의해 이자율이 상승할 때는 채권가격의 하락폭이 듀레이션에 의해 측정되는 하락폭보다 작고, 반대로 이자율이 하락할 때는 채권가격의 상승폭이 듀레이션에 의해 측정되는 상승폭보다 더 크다.

따라서 볼록성이 큰 채권(채권 1)에 투자하면 볼록성이 작은 채권(채권 2)에 비해 이자율이 상승할 때 발생하는 자본손실(capital loss)이 상대적으로 작고 이자율이 하락할 때 발생하는 자본이득(capital gain)이 상대적으로 더 커서 채권투자로부터 더 많은 수익을 기대할 수 있다.

그림 6-2 볼록성의 크기와 이자율 하락에 따른 채권가격 상승폭 차이

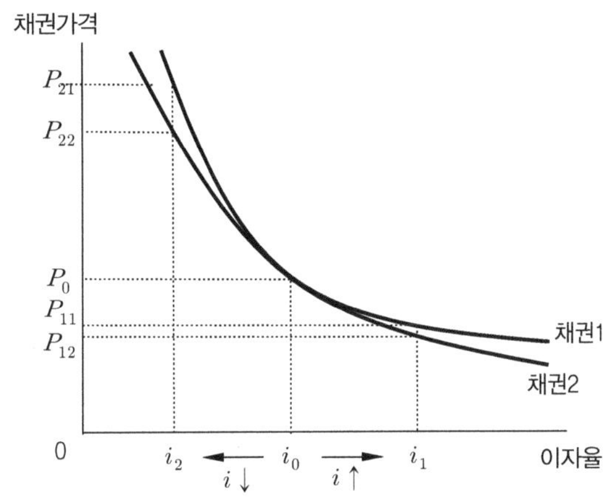

1.2.4. **외환시장의 리스크 요소**

(1) 외환리스크 요소

외환의 리스크 요소는 환율이다. 환율이 변하면 외화자산이나 부채의 포지션 가치에 변화가 생기고 이로 인해 손실이 발생할 수 있기 때문이다.

국제금융시장에서는 거래대금을 서로 다른 통화로 지급하고 수취하

는 결제가 이루어진다. 여기서 거래대금을 결제하는 시점의 환율변동에 따라 지급하는 금액이나 수취하는 금액이 변동한다. 또한 외화표시 자산이나 부채를 보유하고 있는 상황에서 결산 등 필요한 시점에 이를 자국통화 기준으로 전환해야 하는데, 이 경우 환율의 변동으로 외화표시 자산이나 부채의 자국통화 가치 환산액이 변하게 된다. 이처럼 미래 환율의 변동으로 인해 특정통화를 대가로 다른 통화를 지급하거나 수취하는 금액을 알 수 없게 되는 불확실성을 환리스크라고 한다.

예를 들어 살펴보자. 금융기관이 1억 달러를 보유하고 있을 때 이 금융기관은 환리스크가 있을까? 있다면 무엇일까? 현재 원/달러 환율이 1달러당 1,000원이라고 가정하자. 그런데 3개월 후의 원/달러 환율은 알 수 없다. 만일 3개월 후에 원/달러 환율이 1,000원보다 높아져 예를 들어 1,050원이 되면 이 금융기관은 보유달러를 매도하여 1,050억 원을 수취할 수 있다. 그런데 만일 3개월 후에 원/달러 환율이 달러당 1,000원보다 낮아져, 예를 들어 950원이 되면 1억 달러를 매도할 때 950억 원을 수취하게 된다. 따라서 금융기관은 보유 달러의 미래 가치를 현재로서는 알 수 없고, 따라서 3개월 후의 시점 기준으로 자금계획을 정확하게 수립할 수 없다. 3개월 후의 미래시점에 유입될 1억 달러의 원화가치를 확정할 수 없는 불확실성(uncertainty), 이것이 금융기관의 환리스크이다.

(2) 외환리스크 관리 방안

1) 환리스크 관리

외환거래 가운데 헤지되지 않은 부분은 환율의 변동에 따라 외화 자산이나 부채의 가치가 변할 수 있는 부분으로 환 노출(foreign exchange exposure)에 해당하며, 환 노출 부분에서 환율의 변동으로 그 가치가 변하여 환리스크가 발생한다.

이러한 환리스크를 관리하기 위해서는 미래시점에 유입될 특정통화의 다른 통화 기준 가치를 확정할 수 없는 불확실성을 없애거나 줄이는 것이 필요하다. 즉, 미래시점에 유입되거나 유출되는 특정통화의 가치를 다른 통화 기준으로 확정(fix)시키는 것이 바로 환리스크 관리의 핵심이다.

이제 환리스크를 관리하는 구체적인 방법을 살펴보겠다.

① 환전규모 자체를 줄이는 방법

만일 외화의 유출입이 다양하게 존재하는 경우라면 이들 외화흐름의 특성을 감안하여 외화의 결제금액 자체를 줄이는 것이 리스크를 줄이는 훌륭한 방법이 될 수 있다.

㉠ 네팅(netting)

네팅은 동일인 상호간 외화를 지급하고 수취해야 하는 경우 지급과 수취를 각각으로 하지 않고 가능한 금액을 상계한 후 그 차액만 지급 또는 수취함으로써 환전 필요규모 자체를 줄이는 것이다.

예를 들어 A가 B에게 10억 달러를 지급해야 하고 동일시점에 B는 A에게 5억 달러를 지급해야 한다고 하자. 이 경우 A와 B가 모두 10억 달러와 5억 달러를 각각 지급하는 경우는 총액결제(gross settlement)에 해당한다. 그런데 5억 달러를 상계하고 남는 5억 달러만 A가 B에게 지급해도 둘 사이의 경제적 실익에는 변함이 없으며[10], 이러한 차액결제를 이용하면 환전규모 자체가 총 15억 달러에서 5억 달러로 10억 달러 줄어들고 그로 인해 환리스크도 줄어든다.

---

10) 이를 차액결제(net settlement)라고 한다.

㉡ 매칭(matching)

매칭은 동일통화의 지급액과 수취액이 있을 경우 그 시기를 일치시킴으로써 외화의 지급을 위한 외화매입시 환전 필요성과 외화 수취로 인한 외화매도시 환전 필요성을 제거하는 것을 의미한다.

글로벌 은행과 글로벌 기업의 경우 세계 도처에서 영업을 하고 있기에 여러 나라 통화로 수취와 지급이 일어난다. 이 경우 유로지역에서 유로로 수취한 자금은 유로지역에서 유로로 지급하고, 미국에서 달러로 수취한 자금은 미국에서 달러로 지급함으로써 환전의 필요성을 최소화할 수 있다. 환전 규모가 줄어들면서 환리스크도 줄어든다.

② 지급시기 조절을 통한 환리스크 관리

향후 환율의 전망에 따라 외화의 지급시기를 앞당기거나(leading) 또는 늦춤(lagging)으로써 환리스크를 관리할 수 있다.

㉠ 리딩(leading)

대금을 달러화로 지급해야 하는 상황에서 달러의 가치가 계속 상승세에 있는 경우, 즉 원/달러 환율이 상승세에 있는 경우에는 계약상 지급이 가능한 시기 중 가장 빠른 시기에 지급함으로써 외화매입에 필요한 원화를 최소화할 수 있다.

㉡ 래깅(lagging)

리딩과는 반대의 경우로, 대금을 달러화로 지급해야 하는 상황에서 달러의 가치가 계속 하락세에 있는 경우에는 가능한 지급을 늦춤으로써 외화매입에 필요한 원화를 최소화할 수 있다.

③ 환율 전망에 따른 자산/부채 관리

향후의 환율 전망에 따라 강세가 예상되는 통화의 자산 비중을 늘리고 약세가 예상되는 통화의 자산 비중을 줄이는 전략도 훌륭한 환리스크 관리방안이다.

다만, 주의할 점은 향후 통화의 가치가 전망과 다르게 움직일 경우에는 이 전략의 수행으로 인해 오히려 환차손을 입을 수 있다는 점이다. 따라서 이러한 전략을 추진할 때에는 환율 전망을 신중히 해야 하고, 또한 강세가 예상되는 통화의 비중을 늘릴 때에도 리스크 관리 원칙에 따라 일정한 준칙 하에 일정범위 내에서만 시행해야 한다는 점이다.

향후 환율의 전망에 따라 강세가 예상되는 통화의 부채비중을 줄이고 약세가 예상되는 통화의 부채비중을 늘리는 전략도 위의 경우와 같은 논리로 수행할 수 있으며 동일한 논리의 주의를 요한다고 하겠다.

④ 파생금융상품을 이용한 환리스크 관리

㉠ 환율 상승이 예상되는 경우

현재 원/달러 현물환율이 1,000원인데, 앞으로 이 환율이 당분간 계속 오를 것으로 예상된다고 하자. 이때 파생금융상품을 이용한 환리스크 관리방법은 달러화 자산을 가진 경우와 달러화 부채를 가진 경우가 서로 다르다.

먼저 달러화 자산을 가진 경우이다.

(a) **달러화 보유**

달러화 자산을 보유한 상황에서 환율이 오를 것으로 예상되는 경우 달러화 환전을 지연하여 가급적 달러화를 많이 보유하고 필요시 천천히 환전하면 된다. 주의할 점은 실제 환전이 필요한 시기에 실제로 달러화 환율이 오른다고 장담할 수 없다는 점이다.

(b) **달러화 선물매도**

환율은 시장의 예상과 다르게 움직이는 경향이 많기 때문에 환율이 향후 예상대로 오른다고 장담할 수 없다. 따라서 이러한 불확실성을 피하고자 한다면, 달러화를 원화로 환전하여야 하는 시기의 가격으로 달러를 선물매도하면 된다.

만일 3개월 후의 선물환율이 1달러당 1,005원이면 이 선물환율로 달러의 선물매도 계약을 체결하는 것이다. 그러면 향후 3개월 후 원/달러 환율이 얼마가 되더라도 1달러를 매도하여 1,005원을 수취할 수 있다.

다만, 3개월 후의 원/달러 현물환율이 1달러당 1,005원보다 높은 수준, 예를 들어 1,025원으로 오르면 1달러를 1,025원에 팔 수 있는 것을 선물매도 계약으로 인해 1,005원에 팔아야 하므로 손실이 발생한다. 반대로 환율이 1달러당 1,005원보다 낮은 수준, 예를 들어 995원으로 낮아지면 1달러를 시장에서 995원에 팔아야 하는데 선물매도 계약으로 인해 1,005원에 매도할 수 있으니 이익이 발생한다.

(c) **달러화 풋옵션 매입**

위의 달러화 선물매도에서 환차익의 가능성을 보유하고 환차손의 가능성은 없애는 거래가 있다. 달러 보유자가 유리한 경우 달러매도를 원하면 상대방이 이 달러를 매수하는 의무를 지고 달러보유자가 불리한 경우에는 달러매도 요구를 하지 않는 것이다.

달러화를 팔 수 있는 권리를 달러화 풋옵션이라 하고 이 옵션을 매입하여 유리한 상황에서 달러화를 팔 수 있는 선택권(option, 권리)을 보유한 자를 풋옵션 매수자라고 한다. 반대로 풋옵션 매도자는 상대방의 요구에 의해 계약가격으로 달러화를 매수하는 의무를 지는 대가로 수수료(옵션 프리미엄)를 수취한다.

위의 예에서 풋옵션 매수자는 환율이 1달러당 1,005원보다 낮은 수준, 예를 들어 990원으로 낮아지면 1달러를 계약환율인 1,005원에 매도할 수 있으므로 시장환율 990원에 비해 15원을 더 받을 수 있다. 그러나 환율이 1달러당 1,005원보다 높은 수준, 예를 들어 1,020원으로 높아지면 풋옵션을 행사하지 않고 1달러를 시장환율 1,020원에 매도하는 것이 더 유리함으로 옵션을 행사하지 않으면 된다.

다음으로 달러화 부채를 가진 경우를 살펴보겠다.

(a) **달러화 매입, 예치**

달러화를 지금 현물시장에서 매입하여 외화예금으로 보유하면 달러화 상승 전망시 달러부채를 보유한 경우에 유익하다. 이 경우는 비용과 이익을 함께 고려하여 이익이 비용보다 큰 경우 쓸 수 있는 방법이다. 여기서 비용은 달러화 매입자금인 원화를 지금부터 상환시점까지 차입하는 데 필요한 이자비용이다. 물론 이익은 매입한 달러화를 지금부터 상환시점까지 외화예금하여 얻는 이자수익에다가 상환시점까지의 예상환차익을 더한 금액이 될 것이다.

(b) **달러화 선물매수**

환율상승이 예상될 경우 시장에서 달러화를 선물로 매수하는 계약을 하면 나중에 환율이 오르더라도 선물환 계약환율로 달러화를 매입할 수 있다.

만일 3개월 후의 선물환율이 1달러당 1,005원고 이 선물환율로 달러의 선물매수 계약을 체결하면 향후 3개월 후 원/달러 환율이 얼마가 되더라도 1달러를 1,005원에 매입할 수 있다.

3개월 후의 원/달러 현물환율이 1달러당 1,005원보다 높은 수준, 예를 들어 1,025원으로 오르면 1달러를 1,025원에 사야하는 것을 선물매수 계약으로 인해 1,005원에 살 수 있으므로 달러당 20원을 절약할 수 있다. 물론 예상보다 환율이 떨어질 경우에는 손실이 발생한다.

(c) **달러화 콜옵션 매입**

달러자산 보유시의 달러화 풋옵션 매입과 마찬가지로 선물매수에서 환차익의 가능성을 보유하고 환차손의 가능성은 없애는 거래가 있다. 바로 달러화 콜옵션 매입인데, 여기서 콜옵션은 달러화를 살 수 있는 권리이며, 이 옵션을 매입하여 유리한 상황에서 달러화를 살 수 있는 선택권(option)을 보유한 자를 콜옵션 매수자라고 한다.[11]

위의 예에서 콜옵션 매입자는 환율이 예를 들어 1,025원으로 높아지면 옵션을 행사하여 1달러를 계약환율인 1,005원에 매입할 수 있으므로 시장에서 1,025원에 매입하는 경우에 비해 달러당 20원을 절약할 수 있다. 콜옵션 매도자는 시장에서 1달러당 1,025원에 매도할 수 있는 달러를 계약대로 1,005원에 매도하는 의무를 부담하는 대가로 옵션 프리미엄을 수취한다. 만일 환율이 예를 들어 1달러당 990원으로 낮아지면 시장환율 990원에 달러를 매입하는 것이 더 유리하므로 옵션을 행사하지 않으면 된다.

만일 달러화가 일정기간만 필요한 경우에는 그 필요한 기간 동안 외환스왑 시장(1년 이내 기간)이나 통화스왑 시장(1년 이상)에서 달러화를 조달하여 사용하면 된다. 무작정 달러화를 매입하여 사용한 후 나중에 필요 없을 때 팔게 되어서는 환리스크를 부담하기 때문이다.

---

11) 풋옵션 매입과 마찬가지로, 콜옵션 매도자는 상대방의 요구에 의해 계약환율로 달러화를 매도하는 의무를 지는 대가로 옵션 프리미엄을 수취한다.

(a) 1년 이내 기간

달러화가 1년 이내의 기간 동안 필요한 경우[12]는 스왑대상기간이 1년 이내인 외환스왑을 이용하면 된다. 달러화 필요시점에 외환스왑시장에서 달러를 현물환으로 매수(buy)하고 상환시점에 맞추어 달러를 선물환으로 매도(sell)하는 거래가 결합된 buy&sell 외환스왑을 함으로써 환리스크 없이 필요기간만 달러화를 조달하여 사용할 수 있다. 이 경우 현물환율과 선물환율의 차이인 스왑포인트가 이 거래의 이자에 해당한다.

(b) 1년 이상 기간

달러화가 1년 이상의 기간 동안 필요한 경우는 스왑대상기간이 1년 이상인 통화스왑을 이용하면 된다. 달러화 필요시점에 통화스왑시장에서 달러를 현물환으로 매수하고 상환시점에 맞추어 달러를 선물환으로 매도하는 거래가 결합된 통화스왑을 함으로써 환리스크 없이 필요기간 달러화를 조달하여 사용할 수 있다. 이 경우는 외환스왑과 달리 원화이자와 외화이자를 주기적으로 교환하여야 한다.

㉡ 환율 하락이 예상되는 경우

환율이 당분간 내릴 것으로 예상될 경우 역시 달러화 자산을 가진 경우와 달러화 부채를 가진 경우로 구분하여 환리스크를 관리할 수 있는데, 앞서 자세히 살펴본 환율상승이 예상되는 경우와 논리는 같고 방법만 반대로 적용하면 된다.

달러화 자산을 가진 경우에는 ① (달러화 매도) 보유 달러화 자산을

12) 달러화 포지션에 일정기간 여유가 있는 경우에는 위에 언급한 반대방향의 외환스왑과 통화스왑을 통해 달러화를 환리스크 없이 운용할 수 있다.

최대한 빨리 원화로 환전한다. ② (달러화 선물매도) 향후 환율이 예상대로 내린다고 확신할 수 없을 경우 달러화 환전이 필요한 시기의 가격으로 달러를 선물매도하면 된다. ③ (달러화 풋옵션 매입) 달러 선물매도에서 환차익의 가능성을 유지한 채 환차손의 가능성은 없앨 수 있는 달러화 풋옵션을 매입하면 된다.

달러화 부채를 가진 경우도 마찬가지로 ① 달러화 매입 시기 지연(lagging), ② 달러화 선물매수, ③ 달러화 콜옵션 매입 등으로 대처할 수 있다.

1.3. 은행계정 자산의 금리리스크

1.3.1. 금리리스크의 개념

금융기관의 은행계정은 예금과 대출 중심으로 자금이 운용된다. 따라서 이자율이 변동하면 예금부채의 가치나 대출자산의 가치가 변동하여 은행계정 순자산의 가치가 변동할 위험이 있으며 이것이 금리리스크이다. 금리리스크[13]는 자산과 부채의 성격, 유형, 만기, 현금흐름의 시기와 크기, 예상보유기간 등에 따라 다양하게 발생하며, 발생원인별로 아래와 같이 살펴볼 수 있다.

(1) **재조달리스크**(refunding risk)

이는 부채를 단기로 조달하고 이를 장기로 대출할 경우 단기부채 상환시점에 재조달 비용이 증가하면 손실이 발생할 수 있는 리스크이다.

13) 금리리스크를 시장리스크의 한 부분으로 인식할 수도 있으나, 금융기관들은 투자목적으로 단기간 보유하는 채권과 같은 시장성 자산의 가치가 이자율 변동으로 변동할 가능성은 시장리스크로 인식하는 한편 영업과 관련하여 보유하는 예금이나 대출의 가치가 이자율의 변동으로 인해 변동하는 경우는 금리리스크로 구분하고 있다.

(2) **재투자리스크**(reinvestment risk)

이는 부채를 장기로 조달하여 이를 단기로 투자할 경우 단기투자 종료시점에 시장금리 변동으로 재투자 수익이 감소하여 손실을 이을 가능성이다.

(3) **금리개정리스크**

이는 자산과 부채의 만기 이전에 시장금리의 변동으로 자산과 부채의 가치가 변동하여 손실이 발생할 가능성이다.

1.3.2. 금리리스크의 측정

첫째는 순이자수입을 금리민감자산의 이자수입과 금리민감부채의 이자비용간 차이로 측정하는 방법이다. 금리가 상승하는 경우 변동금리 예금에 지급하는 이자비용이 증가하고 변동금리 대출로부터 수취하는 이자수익도 증가한다. 어느 쪽이 더 크게 변동하느냐에 따라서 은행 계정의 순이자수익에 영향을 미친다.

$$\Delta NII = (RSA - RSL) \cdot \Delta r$$

여기서,
ΔNII : net interest income으로 순이자수입,
RSA : rate sensitive asset으로 금리민감자산(예: 변동금리부 대출)
RSL : rate sensitive liability로서 금리민감부채(예: 변동금리부 예금)
Δr : 이자율의 변동

둘째는 자산의 듀레이션과 부채의 듀레이션을 이용하여 금리변화가 자산과 부채의 순현재가치에 미치는 영향을 파악하는 것이다.

채권의 가치평가식에서 $\frac{dP}{di} = -1 \cdot (1+i)^{-1} \cdot D_{Mac} \cdot P$, $D_{Mac} = -\frac{dP}{di} \cdot \frac{1}{P} \cdot (1+i) = D_{Mod} \cdot (1+i)$, $D_{Mod} = \frac{D_{Mac}}{(1+i)}$임을 살펴보았다. 그런데 $D_{Mod} =$

$-\frac{dP}{di}\cdot\frac{1}{P}$이므로 $\frac{dP}{P}=-D_{Mod}\cdot di$, $dP=-P\cdot D_{Mod}\cdot di$이다. 이제 이 식을 은행계정의 자산과 부채에 적용하면, 금리변동에 따른 은행계정 순자산가치의 변동은 $dP=-P_A\cdot D_{ModA}\cdot di_A-(-P_L\cdot D_{ModL}\cdot di_L)$이다. 자산과 부채의 이자율변동이 같다고 가정하면, 즉, $di_A=di_L=\Delta i$라면,

$$dP=-P_A\cdot D_{ModA}\cdot di_A-(-P_L\cdot D_{ModL}\cdot di_L)$$
$$\Delta P=-P_A\cdot[D_{ModA}-\{(P_L/P_A)\cdot D_{ModL}\}]\cdot\Delta i$$
$$=-P_A\cdot D_{gap}\cdot\Delta i$$ 이 된다.

여기서, ΔP : 순자산가치의 변화, P_A : 자산의 가치, P_L : 부채의 가치,
D_{ModA} : 자산의 수정듀레이션, D_{ModL} : 부채의 수정듀레이션,
D_{gap} : 자산과 부채의 듀레이션갭(수정듀레이션 기준),
Δi : 자산과 부채의 이자율 변동

예를 들어 보자. 자산규모가 1,000원, 자산의 수정듀레이션이 4년, 부채규모가 800원, 부채의 수정듀레이션이 2.33년일 때 이자율이 1% 상승하면 순자산가치의 변동은

$$\Delta P=-P_A\cdot[D_{ModA}-\{-(P_L/P_A)\cdot D_{ModL}\}]\cdot\Delta i$$
$$=-P_A\cdot D_{gap}\cdot\Delta i$$
$$=-1{,}000\cdot D_{gap}{}^{*}\cdot 0.01$$
$$=-1{,}000\cdot 2.136\cdot 0.01=-21.36$$ 이 된다.

* $D_{gap}=D_{modA}-(P_L/P_A)\cdot D_{ModL}=4-(800/1{,}000)\cdot 2.33=2.136$

셋째, 금리리스크를 수익률곡선 관점에서 파악할 수도 있다. 수익률곡선의 형태가 변하는 경우는 수익률곡선의 형태가 가파르게 변하는 경우(steepening)와 완만하게 변하는 경우(flattening)로 나누어 생각해 볼 수 있다. 가파르게 변하는 steepening의 경우에는 장기금리와 단기금리간의 격차가 커지는 점을 감안해야 하고, 완만하게 변하는 flattening

의 경우에는 장기금리와 단기금리간의 격차가 줄어드는 점에 유의해야 한다.

1.3.3. 금리리스크 관리 방안

금리리스크 관리란 넓은 의미에서는 국제금융시장의 금리동향에 따라 자산과 부채의 가치가 변동할 가능성에 대비하는 것을 말한다. 그러나 이 책에서는 국제금융시장 리스크로 그 범위를 국한하기 때문에 금리변동에 따라 채권의 가치가 변동할 가능성에 대비하는 것을 중심으로 설명하고자 한다.

채권 관련 이론부분에서 살펴보았듯이 채권가치는 시장금리의 변동에 크게 영향을 받는다. 따라서 국제금융시장의 금리리스크 관리는 보유채권 관련 이자율 변동 가능성과 이에 따른 채권가치의 변동 가능성에 대한 관리로 이해할 수 있다.

이러한 관점에서 금리리스크 관리방안으로는 듀레이션(duration)이나 컨벡시티(convexity) 등을 감안한 채권투자 전략의 전반적인 조정방안과 금리파생상품을 활용한 헤지 방안으로 구분할 수 있다.

(1) 금리선물을 이용한 금리리스크 관리

금리선물이란 금리에 의해 가격이 결정되는 금융자산(예: 채권)을 기초자산으로 미래 약정일(만기일)에 미리 정한 가격으로 자산을 매입 또는 매도하기로 약정하는 것이다. 이러한 금리선물을 이용하여 금리변동에 대응할 수 있다.

만일 금리상승이 예상될 때에는 금리선물을 매도하는 방식으로 대응하면 좋다. 금리상승이 예상된다는 것은 향후 보유채권의 가치하락이 예상된다는 것이므로 금리선물을 매도하면 실제로 향후 금리상승으로 채권의 가치가 하락하더라도 미리 약정한 금리선물계약에 의해 수취하는 채권매도가격이 현물시장의 채권가격보다 높기 때문에 이익이 발생한다. 이렇게 발생한 이익이 보유채권에서 금리상승으로 발생하는 손실을 상쇄할 수 있기 때문에 금리상승이 예상되는 경우 금리선물의 매도를 통해 보유채권의 가치하락 가능성을 헤지할 수 있다.

아래에서는 금리선물의 거래 메커니즘을 구체적으로 살펴봄으로써 금리리크스 관리방안을 자세히 살펴보겠다.

먼저 금리선물 가격은 현물채권을 매입하여 보유하거나 특정일 만기의 금리선물을 매입하거나, 그 가치는 동일하다는 점을 이용하여 구할 수 있다.[14] 즉, 현물채권을 매입하여 보유하는 경우 드는 비용은 ① 현물채권을 매입하는 비용과 ② 현물채권을 특정일까지 보유하는데 드는 비용에서 ③ 보유기간 동안 채권으로부터 발생하는 이자수입을 차감한 것이다. 여기서 ①의 현물채권 매입비용은 현물채권의 가격(S)이 되며, ②의 특정일까지의 보유비용은 채권가격에 조달금리(r)와 보유기간(t)을 곱하면 구할 수 있고($S \cdot r \cdot t$), ③의 보유기간 중 이자수입은 채권가격에 채권의 쿠폰이자율(i_{cp})과 보유기간을 곱한 것이 될 것이다($S \cdot i_{cp} \cdot t$). 결국 현물채권을 매입하여 특정일까지 보유하는 경우의 비용은 $\langle S + S \cdot r \cdot t - S \cdot i_{cp} \cdot t = S - S(i_{cp} - r) \cdot t \rangle$가 된다. 그리고 이러한 현물채권 보유비용은 특정일을 만기로 하는 금리선물가격(F)과 같게 된다. 이에 따라 금리선물의 이론적 가격은 $\langle F = S - S(i_{cp} - r) \cdot t \rangle$이 도출된다.[15]

---

14) 이를 보유비용모형(Cost of Carry Model)이라고 한다.

15) 예를 들어 표면금리(i_{cp})가 12%인 채권이 현물시장에서 \$100에 거래되고 있으며($S=$ \$100), 시장금리가 6%($r=6\%$)이고 만기까지 6개월 남았을 경우, 선물가격은 97\$이 된다. $F = S - S(i_{cp} - r) \cdot t$ = \$100 − \$100×(0.12−0.06)×(6/12) = \$97이다.

이러한 기초 위에서 금리리스크 관리방법을 살펴보자. 앞서 말한 바 있지만 금리리스크라는 것은 보유하고 있는 채권자산(또는 채권부채)이 향후 금리변동으로 입을 위험이므로, 그것을 관리하기 위해 그 위험을 정확히 상쇄하는 효과를 내는 선물계약을 매도(또는 매입)하면 되므로 현물포지션의 단위수량당 헤지를 위해 필요한 선물계약수를 구하면 된다. 금융시장에서는 이를 헤지비율이라고 해서 다음과 같이 산출한다. 만일 완전 헤지가 이루어진다고 가정할 경우, 현물포지션의 가치변동액(현물포지션 구성 현물수량×단위 현물가격 변동액)은 선물포지션의 가치변동액(선물계약수×계약단위×단위 선물가격 변동액)과 같아야 한다. 즉, 〈(현물포지션 구성 현물수량×단위 현물가격 변동액)=(선물계약수×계약단위×단위 선물가격 변동액)〉의 등식이 성립해야 한다. 여기서 현물채권 보유에 따른 금리리스크를 헤지할 수 있는 "선물계약수"를 남기고 나머지를 정리하면 〈선물계약수 = (현물포지션 구성 현물수량×단위 현물가격 변동액) ÷ (선물계약단위×단위 선물가격 변동액)〉이 된다. 이것이 금리선물을 이용한 금리리스크 관리방법이다. 그런데 〈채권의 가치평가〉 부분에서 살펴보았던 듀레이션을 활용하면 좀 더 쉽게 이용할 수 있다. 즉, 듀레이션은 이자율 변동에 따른 채권가격의 변동이므로, 현물이나 선물의 단위 가격변동액은 각각 현물 및 선물의 듀레이션과 동일한 개념이다. 이를 이용하여 헤지비율을 나타내면 다음과 같다.

$$\text{헤지비율} = \text{선물계약수} = \frac{\text{현물수량} \times \text{단위 현물가격 변동액}}{\text{선물계약단위} \times \text{단위 선물가격 변동액}}$$

$$= \frac{\text{현물수량} \times \text{현물 듀레이션}}{\text{선물계약단위} \times \text{선물 듀레이션}}$$

예를 들어 시가 1,000만 달러이고 듀레이션이 2.5년인 채권 포트폴리오를 보유한 미국의 투자가가 향후 시장이자율 상승에 따른 채권가격의 변동위험을 헤지하고자 할 경우, 선물 기초자산의 듀레이션이 5년이고 미국채의 계약단위는 10만 달러라고 가정하면 미국채 선물거래를 이용할 경우 헤지비율은 다음과 같이 50계약임을 알 수 있다.

$$\text{헤지비율} = \text{선물계약수} = \frac{\text{현물수량} \times \text{현물듀레이션}}{\text{선물계약단위} \times \text{선물듀레이션}}$$

$$= \frac{1{,}000\text{만 달러} \times 2.5\text{년}}{10\text{만 달러} \times 5\text{년}} = 50\text{계약}$$

(2) 금리옵션을 이용한 금리리스크 관리

금리옵션은 금리에 의하여 가격이 결정되는 금융자산을 일정 기간 후에 또는 그 전에 사전에 약정된 가격으로 매입 또는 매도할 수 있는 선택권(option)을 옵션 매입자에게 부여하는 계약을 말한다.

옵션계약은 미래에 자산을 매입 또는 매도하는 내용을 포함하고 있기 때문에 선물 매입 또는 매도의 성격을 갖고 있다. 그러나 선물매매는 반드시 약정한 매입 또는 매도를 해야 하는 반면, 옵션은 옵션매수자, 즉 매매의 선택권을 가진 자가 유리한 경우에만 선택권을 행사하여 특정자산의 매매를 요청하고 옵션매도자는 이에 응하는 점이 다르다. 따라서 유리한 선택권을 가진 옵션매수자는 자신의 옵션행사에 따라 매매의 의무를 지는 불리한 입장에서 리스크를 부담하는 옵션매도자에게 리스크 보상 차원의 옵션프리미엄을 지불한다.

금리 하락이 예상될 경우에는 콜옵션 매입으로 대응하면 된다. 즉, 금리 하락이 예상될 경우 이는 곧 금리선물의 가격 상승이 예상된다는 것이다. 따라서 콜옵션을 매입한 후 실제로 금리가 하락하여 금리선물의 가격이 상승하면 콜옵션 행사로 이익을 얻을 수 있고 실제로 금리가 상승하면 옵션을 행사하지 않으면 된다.

예를 들어 유로달러 금리를 기초자산(명목금액 100만 달러)으로 하고 행사가격 5%, 만기 1개월, 옵션프리미엄이 1,000달러(명목금액 대비 0.1%)인 콜옵션을 매입한 후 만기에 실제로 유로달러 금리가 4.8%로 하락했다고 가정하자.

이 경우 콜옵션을 행사하여 금리선물을 5%의 가격으로 매입하고, 이를 시장에서 더 비싸진 4.8%의 가격으로 매도하여 그 차이에서 0.1%의 옵션 프리미엄을 차감한 만큼 이익을 얻을 수 있다.

옵션 행사 이익 = $1,000,000×(5%−4.8%−0.1%) = $1,000

또한 플로어(floor)를 통해 손실을 제한할 수 있다. 플로어란 변동금리가 금리 하한 아래로 내려가면 금리차이를 수취하는 옵션계약을 말한다. 변동금리 상품 투자자는 금리하락 폭이 크면 수익이 크게 줄어들어 손실이 발생한다. 이 경우 플로어 계약을 하면 금리가 크게 하락할 경우 금리하한보다 더 크게 하락한 금리 부분의 손실을 만회함으로써 손실 폭을 줄일 수 있다.

금리 상승이 예상될 경우 이는 곧 금리선물의 가격 하락이 예상된다는 것이다. 따라서 풋옵션을 매입한 후 실제로 금리가 상승하여 금리선물의 가격이 하락하면 풋옵션의 행사로 이익을 얻을 수 있고 실제로 금리가 하락하면 옵션을 행사하지 않으면 된다.

예를 들어 유로달러 금리를 기초자산(명목금액 100만 달러)으로 하고 행사가격 5%, 만기 1개월, 옵션프리미엄이 1,000달러(명목금액 대비 0.1%)인 풋옵션을 매입한 후, 만기에 실제로 유로달러 금리가 5.2%로 상승했다고 가정하자.

이 경우 풋옵션을 행사하여 금리선물을 5%의 가격으로 매도하고 이를 시장에서 더 싸진 5.2%의 가격으로 매수하여 그 차이에서 0.1%의

옵션 프리미엄을 차감한 만큼 이익을 얻을 수 있다.

옵션 행사 이익 = $1,000,000×(5.2%−5.0%−0.1%) = $1,000

금리하락시와 마찬가지로 다른 방식을 통해서 손실을 제한할 수 있다. 바로 캡(cap)을 통해서다. 캡이란 변동금리가 금리상한 위로 상승하면 금리차이를 수취하는 옵션계약이다. 캡 계약을 하면 금리가 크게 상승할 경우 금리상한보다 더 크게 상승한 금리 부분의 손실을 만회함으로써 손실폭을 줄일 수 있다.

참 고 금리옵션의 종류

① 금리옵션은 Libor 등 현물금리를 기초자산으로 하는 옵션과 T-Bonds, T-Notes 등[16]에 대한 금리선물을 기초자산으로 하는 옵션으로 구분된다.

- 금리선물을 기초자산으로 하는 금리옵션이 거래비용이 낮고, 청산·결제가 쉬워 현물금리를 기초자산으로 하는 옵션보다 더 활발하게 거래된다.

② 콜옵션과 풋옵션: 콜옵션은 기초자산을 일정기간 또는 그 이전에 정해진 가격(행사가격, strike price)으로 매입할 수 있는 권리를 말하며, 풋옵션은 이를 매도할 수 있는 권리를 말한다.

③ 아메리칸옵션과 유러피언옵션: 아메리칸옵션은 옵션 매입자가 만기일 이내에 언제든지 옵션을 행사할 수 있으나, 유러피언옵션은 만기일에만 옵션행사가 가능하다.

- 현재 전세계 거래소 옵션시장에서는 아메리칸 옵션이 주로 거래되고 있다.

④ 장내옵션과 장외옵션: 장내옵션은 거래소[17]에 상장되어 있는 표준화된 옵션상품을 말한다. 장외옵션은 거래소 외에서 계약 당사자들

이 거래의 조건, 규모, 방식 등을 자유로이 정하는 옵션을 말한다.
- 장외옵션은 거래소가 제공하는 결제 및 청산 담보 기능이 없어서 신용리스크에 노출되어 있기 때문에 높은 신용도를 가진 기관들만이 거래에 참여할 수 있다.

(3) 금리스왑을 이용한 금리리스크 관리

금리스왑은 계약기간 중 두 당사자간에 사전에 약정된 방법으로 상이한 기준에 의한 현금흐름과 이자를 정기적으로 교환하는 금융거래를 말한다.

금리스왑 계약은 기본적으로 점두거래이기 때문에 계약조건을 자유롭게 변경할 수 있는 장점이 있으나, 거래상대방의 파산 등에 따른 신용위험이 있다. 금리스왑 계약기간 중 거래상대방이 파산 등으로 이자지급을 못할 경우 손실이 발생할 수 있는 것이다. 그러나 금리스왑은 명목원금의 교환 없이 명목원금에 대한 이자만 교환하기 때문에 대출이나 채권매입 등 다른 금융상품에 비해서는 상대적으로 신용위험이 작은 편이다.

금리스왑은 고정금리 이자와 변동금리[18] 이자를 교환하는 금융거래이다.[19] 여기서 변동금리 이자율은 항상 변동하지만 고정금리 이자율

---

16) 미국 재무성이 발행한 만기 1년 이상 10년 미만의 증권을 재무성 중기채(Treasury notes, T-Notes), 10년 이상의 것을 재무성 채권(T-Bonds)이라 부른다. 이들은 일정 기간마다 확정이자를 지급하는 이자부 발행방식을 택하고 있다. 참고로 만기 1년 이하는 재무성 증권(Treasury bill, TB)이라 한다.

17) 거래소는 옵션거래에 필요한 물적 장소를 제공하고 거래계약의 조건 및 내용 등을 규정함으로써 거래의 표준화를 도모하는 한편 유동성 증대 기능도 수행한다.

18) 변동금리는 보통 Libor, T/bill, CP, CD, federal funds rate 등 단기금융시장 금리가 사용되며 이중 Libor가 가장 많이 사용된다.

은 정해져 있다. 따라서 스왑거래를 고정금리 기준으로 표시하는 것이 편리하며 이 고정금리를 스왑레이트(swap rate)라 부른다. 이러한 관점에서 고정금리 기준으로 이자를 지급하는 경우 스왑을 매입(buy a swap)한 것으로 표현하며, 매입하면 포지션이 long이 되므로 long a swap이라고도 표현한다. 반면에 고정금리 기준으로 이자를 수취하는 경우 스왑을 매도(sell a swap)한 것으로 표현하며, 매도하면 포지션이 short이 되므로 short a swap이라고도 표현한다.

이러한 금리스왑 기초지식을 바탕으로 금리스왑을 이용한 구체적인 금리리스크 관리방법을 알아보겠다.

예를 들어 명목원금 5천만 달러에 대해 향후 5년간 A는 B에게 매 6개월마다 연율 5%의 고정금리를 지급하고, B는 A에게 6개월 만기 Libor를 지급하는 금리스왑 계약을 체결한 경우이다. A가 B에게 6개월마다 지급해야 할 고정금리 이자는 \$50,000,000×5%×(1/2)로서 \$1,250,000이며, B가 A에게 6개월마다 지급해야 할 변동금리 이자는 \$50,000,000×Libor×(1/2)이다. 실제 이자지급일에는 양 이자금액의 차이, 즉 \$50,000,000×(Libor−5%)×(1/2)를 정산할 것이다.

변동금리 이자수입이 예정되어 있는 경우, 변동금리 지급 & 고정금리 수취(sell a swap) 계약을 통해 금리리스크를 관리할 수 있다. 즉, 금리 하락이 예상된다고 할 때 변동금리 이자를 수취하는 경우라면 이자수입이 감소할 위험이 예상된다. 이 경우 변동금리를 지급하고 고정금리를 수취하는 금리스왑 계약을 체결하면 실제로 이자율이 하락

---

19) 이러한 거래가 일어나는 것은, 예를 들어 A은행은 단기자금을 조달하여 모기지와 같이 장기로 운영함에 따라 단기 변동금리 변동에 민감한 반면 B사는 장기채를 발행하여 사업자금으로 사용하고 있어서 장기 고정금리 변동에 민감하기 때문이다. 양 기관은 서로의 이자율 변동위험을 제거하기 위해 금리스왑계약을 체결하는 것이다.

할 경우 이자수입의 감소로 인한 손실을 상쇄할 수 있다.

변동금리 이자지급이 예정되어 있는데 금리상승이 예상 된다면 변동금리 수취 & 고정금리 지급(buy a swap) 계약을 하면 된다. 왜냐하면 금리 상승이 예상되면 변동금리 이자를 지급하는 경우에는 이자지급이 증가할 위험이 예상되기 때문이다.

1.4. 금융기관의 신용위험

1.4.1. 금융기관 신용위험의 개념

신용위험(default risk)이란 거래상대방의 파산, 부도 등에 따른 채무불이행으로 발생할 수 있는 잠재적인 경제적 손실위험 뿐 아니라 거래상대방의 신용등급 하락 등에 의한 자산이나 채권가치의 손실가능성을 의미한다. 따라서 신용리스크를 파악하기 위해서는 부도 리스크(default risk), 잠재적인 경제적 손실리스크(mitigation risk), 스프레드 리스크(spread risk), 회수율 리스크(recovery risk), 거래상대방 리스크(counterparty risk), 국가 리스크(sovereign risk), 부외거래 리스크(off balance sheet risk) 등 다양한 관점에서 관찰해야 한다.

신용리스크를 결제시점을 기준으로 생각해볼 수도 있다. 결제전 신용리스크(presettlement risk)는 거래의 존속기간 중 거래상대방이 채무를 이행하지 않음으로써 발생하는 손실의 리스크이다. 대출이나 채권의 부도, 파생상품 거래에 요구되는 지급의 불이행을 포함하며 계약체결 후 결제까지 장기간 존재한다. 결제리스크(settlement risk)는 현금흐름의 교환에 기인하며 단기간 존재한다. 한 금융기관이 요구되는 지급을 이행하면 발생하고 반대급부가 수취될 때까지 존재한다. 상이한 표준시간대에 지급이 이루어질 때 특히 기준금액이 다른통화로 교환되는 외환거래에서 자주 발생한다. 결제불이행은 거래상대방의 도산, 유동성제약, 또는 운영상 문제에 의해 초래될 수도 있다.

금융기관은 신용리스크의 원천을 감내할 수 있는 수준 이내에서 유지하고 금융기관의 수익을 위험을 감안한 기준으로 최적화할 필요가 있다. 이를 위해 대출 포트폴리오에서 발생이 예상되는 손실을 반영하여 수익의 안정성과 성장성을 도모하는 한편 최악의 경우 발생할 수 있는 비예상손실을 감안하여 리스크 자본을 확보해야 한다.

1.4.2. 신용리스크의 측정

신용리스크는 예상손실과 비예상손실로 나누어 측정할 수 있다. 예상손실(expected loss, EL)은 과거의 경험과 현재의 시장여건을 고려할 때 금융기관이 부담하는 신용리스크 노출액 중 일부분이 일정기간에 손실로 나타날 것으로 예상되는 금액이다. 금융기관은 평균손실에 해당하는 예상손실은 업무상 불가피한 영업비용으로 인식하여 여신가격에 반영하고 대손충당금으로 적립한다.

$$EL_i = EaD_i \cdot PD_i \cdot LGD_i$$

여기서, EL_i : expected loss(예상손실),

EaD_i : exposure at default(부도시 리스크 노출로서 거래상대방에 대한 청구권의 경제적 또는 시장가치),

PD_i : probability of default(부도확률[20](부도율)),

LGD_i : loss given default(부도시 손실률)[21]

---

20) 신용리스크 측정시 부도확률은 향후 1년 이내에 부도가 발생할 확률을 말한다. 여기서 부도율이 예를 들어 1%라는 것은 해당기업의 부도율이 1%라는 의미가 아니고 유사한 특성을 가진 100개 기업 중 1개 기업이 부도날 확률임을 의미한다. 시장리스크의 경우 주식과 채권을 매입하고 단기간내에 다시 매도하여 이익을 얻을 목적으로 보유하는 경우에는 10영업일을 기준으로 측정한다.

21) 부도시점에서 부도 노출규모 가운데 손실이 발생할 금액의 비율을 말한다.

비예상손실(unexpected loss, UL)은 예상손실의 변동성으로 정규분포 가정하에 주어진 신뢰수준에서 최대손실로 다음과 같이 추정한다.

$$UL_i = z \cdot \sigma CL = z \cdot \sqrt{\{PD \cdot (1-PD)\}} \cdot EaD_i \cdot LGD_i$$

예를 들어 은행이 어느 기업에 대한 대출규모가 100, 기업의 부도확률이 5%, 부도시 회수율이 40%로 추정된다고 가정하면 예상손실은 $EL_i = 100 \cdot 0.05 \cdot (1-0.4) = 3$이 되며, 99% 신뢰수준에서 추정한 비예상손실은 $UL_i = 2.33 \cdot \sqrt{\{0.05 \cdot (1-0.05)\}} \cdot 100 \cdot (1-0.4) = 30.5$가 된다.

1.4.3. 신용리스크의 노출 감축 방안

금융기관이 신용리스크를 줄이기 위해서는 신용리스크 노출 자체를 줄이는 것이 가장 좋다. 예를 들어 아래와 같은 방법이 가능하다.

첫째, 담보의 확보이다. 금융기관이 여신 등을 취급할 때 현금, 금융상품, 토지, 건물, 기계 등을 담보로 확보하여 신용리스크를 줄일 수 있다.

둘째, 보증을 이용하는 것이다. 금융기관이 여신 등을 취급할 채권보험, 보증, L/C 등을 이용하여 차주에 대한 위험을 차주 및 보증제공자가 부담하도록 할 수 있다.

셋째, 네팅(netting)이다. 이는 동일한 거래상대방에 대해 동종의 채권 · 채무가 상호 존재할 때 거래상대방의 계약불이행 사건에 동액만큼 채권 · 채무를 상계하는 것이다.

넷째, 시가평가(Mark to Market)이다. 이는 거래소 선물 및 옵션 시 적용되는 제도로서 매일 시장가격으로 계약을 평가하여 차액을 교환함으로써 신용리스크 노출액을 1일 변동액으로 제한하는 것이다.

다섯째, 재무협상(Financial Covenants)이다. 이는 차주의 신용상태에 따라 익스포져의 규모를 조절할 수 있는 계약을 체결하는 것을 의미한다.

1.4.4. 신용파생상품을 이용한 신용리스크 관리

신용파생상품은 대출채권, 회사채 등에 내재되어 있는 신용위험을 기초로 하여 현금흐름이 결정되는 파생상품이다. 이는 글로벌 금융시장에서 회사채 발행이 급증하면서 회사채 보유에 따른 신용위험을 제거하기 위해 고안되었으며 대표적인 신용파생상품으로 credit default swap(CDS)과 total return swap(TRS) 등이 있다.

(1) CDS를 이용한 신용위험 관리

CDS(credit default swap)는 신용위험 발생시 원금 보장이 핵심이다. 보장매입자(protection buyer)는 회사채 등 보유자산의 가치가 발행자의 부도위험 증가 등으로 하락할 경우에도 보장매도자(protection seller)로부터 원금을 보장받는다. 보장받는 방법은 손실액을 보장받거나 또는 채권을 인도하고 액면금액을 지급받는 방법이 있다. 물론 이와 같은 보장을 받기 위해서는 이에 대한 대가로 CDS premium을 지불하여야 한다.

이제 CDS거래의 손익을 신용사건이 발생하는 경우와 발생하지 않는 경우로 나누어 살펴보자.

1) 신용사건이 발생하는 경우

보장매입자(protection buyer)는 신용사건이 발생하는 경우 이로 인한 자산가치의 하락분을 보장매도자로부터 수취하는 이익이 발생하며, 이 경우 비용은 수수료인 CDS 프리미엄이다.

따라서 신용사건이 발생할 경우 보장매입자의 총손익은 자산가치 하락

그림 6-3 CDS 구조

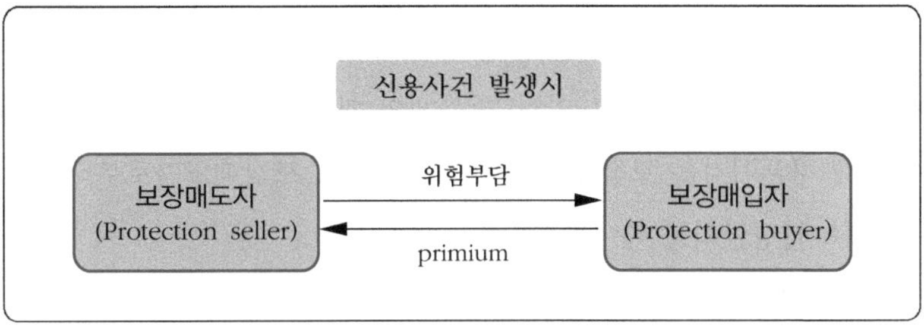

분에서 CDS 프리미엄을 차감한 금액이 된다.

보장매도자(protection seller)는 신용사건이 발생하는 경우 이로 인한 자산가치의 하락분을 보장매입자에게 지급하는 손실이 발생하며, 이 경우 수익은 수수료인 CDS 프리미엄이다. 따라서 이 경우 보장매도자의 총손익은 CDS 프리미엄에서 자산가치 하락분을 차감한 금액이다.

2) 신용사건이 발생하지 않는 경우

보장매입자는 신용사건이 발생하지 않는 경우 보장매도자에게서 수취하는 금액이 없고, CDS 프리미엄만 비용으로 지급한다.

보장매도자는 보장매입자에게 지급할 금액이 없으며 보장매입자로부터 수취하는 수수료인 CDS 프리미엄 수익만 발생한다.

(2) TRS를 이용한 신용위험 관리

TRS(total return swap)는 일정한 약정이자 보장이 핵심이다. 보장매입자는 회사채 등 보유자산으로부터 발생하는 이자수입과 자산가치의 변동분을 포함한 총수익을 보장매도자에게 지급하는 대신 보장매도자로부터 일정한 약정금리(예: Libor+α)를 수취한다.

이제 TRS를 통한 거래의 손익에 대해 알아보자.

1) 신용사건 발생으로 자산가치가 하락하는 경우

보장매입자는 신용사건 발생 등으로 인한 자산가치의 하락분(이 경우 신용사건 발생으로 인한 회사채의 가치하락으로 손실 발생)과 회사채 쿠폰이자를 보장매도자에게 지급하고, 보장매도자로부터 미리 약정한 일정금리를 수취한다.

예를 들어 약정금리가 Libor(5.5%)+0.25%, 채권의 쿠폰이자율이 연 7.5%(매 6개월마다 지급)이고 6개월 약정기간 채권의 가치가 2% 하락한 경우 보장매입자는 채권가치 하락분 −2.0%와 채권의 쿠폰이자 6개월분 7.5÷2=3.75%의 합, 즉 〈−2.0%+3.75%=1.75%〉를 보장매도자에게 지급하고 약정금리 〈(5.5%+0.25%)÷2=2.875%〉를 수취한다.

2) 신용사건이 발생하지 않고 자산가치가 상승하는 경우

보장매입자는 자산가치의 상승분과 회사채 쿠폰이자를 보장매도자에게 지급하고, 보장매도자로부터는 미리 약정한 일정금리를 수취한다.

예를 들어 약정금리가 Libor(5.5%)+0.25%, 채권의 쿠폰이자율이 연 7.5%(매 6개월마다 지급)이고 6개월 약정기간 채권의 가치가 2% 상승한 경우 보장매입자는 채권가치 상승분 2.0%와 채권의 쿠폰이자 6개월분 7.5÷2=3.75%의 합, 즉 〈2.0%+3.75%=5.75%〉를 보장매도자

그림 6-4 TRS 구조

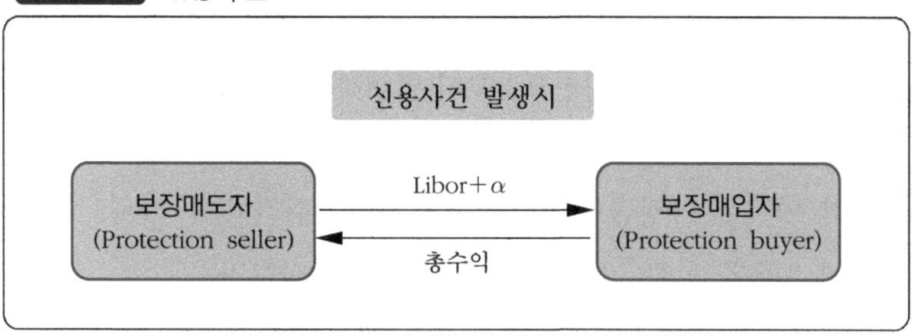

에게 지급하고 약정금리〈(5.5%+0.25%)÷2=2.875%〉를 수취한다.

여기서 중요한 것은 금리리스크의 관리라는 측면에서 TRS 보장매입자는 TRS 계약을 통해 이익을 얻는 것이 목적이 아니라 일정한 약정금리(위의 예에서 Libor+α=5.5%+0.25%=5.75%)로 수익을 확정짓는 것이 목적이라는 점에 유의하여야 한다. 따라서 자산가치가 하락하는 경우 TRS 계약을 통해 손실을 보상받기 때문에 이익이 발생하지만 자산가치가 상승하는 경우에는 이 가치 상승분을 보장매도자에게 지급함으로써 오히려 손실이 발생할 수도 있는 양면성이 있음을 이해할 필요가 있다.

(3) CSO를 이용한 신용위험 관리

CSO(credit spread option)은 신용 스프레드 스왑으로 보장매입자가 수수료를 지급하는 대신 기초자산의 스프레드가 약정된 일정수준을 넘어서는 경우 약정된 금액으로 기초자산을 매각할 수 있는 옵션상품이다. 이를 통해 보장매입자는 기초자산의 가격변화 위험을 헤지할 수 있다.

그림 6-5 신용 스프레드 옵션(credit spread option, CSO)

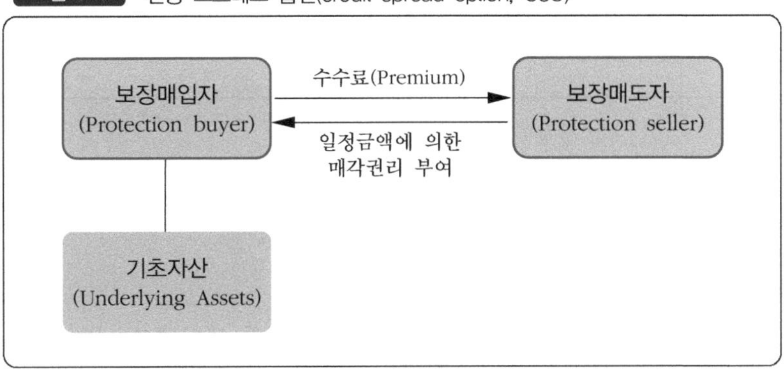

(4) CLN을 이용한 신용위험 관리

CLN(credit linked notes)는 신용연계채권으로 이자 및 원금의 지급조건이 준거자산의 신용사건 발생유무 및 회수율에 따라 달라지는 채권이다. 거래상대방이 파생상품계약을 체결할 수 없는 경우 등 여러 가지 제약으로 CDS계약이 용이하지 않을 경우 CLN이라는 채권형태의 신용파생상품을 발행하여 거래상대방에게 신용리스크를 이전한다.

- CLN 투자자(protection seller)는 고수익의 약정이자를 받는 대신 신용사건이 발생하는 경우 기초자산의 손실을 부담한다.
- CLN 발행자(protection buyer)가 특수목적기구(SPV)를 설립하고 SPV와 CDS계약을 체결하며 SPV는 국채 등 안전자산 투자에서 발생하는 이자 및 CDS 프리미엄을 투자자에게 지급한다.

그림 6-6 신용연계채권(Credit Linked Notes, CLN)

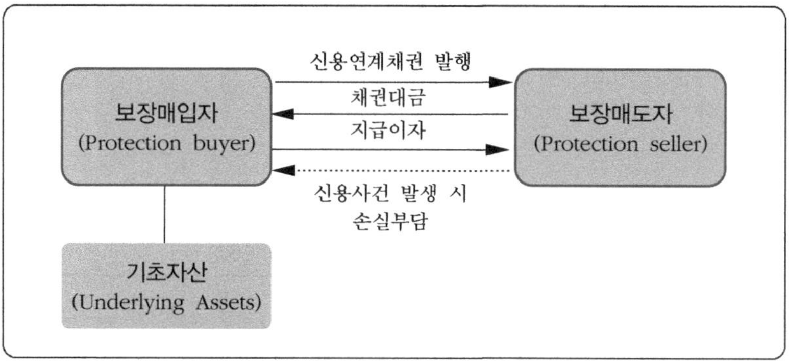

1.5. 금융기관의 결제위험

1.5.1. 결제리스크 유형

결제리스크란 지급결제시스템을 통한 결제가 예정대로 이루어지지 않아 발생할 수 있는 손실로, 현실화될 가능성은 낮지만 실제 현실화될 경우 금융기관과 금융시장에 미치는 영향이 매우 클 수 있다.

지급결제 규모가 지속적으로 늘어나는 가운데 정보통신기술의 발달과 같은 지급결제 환경변화와 글로벌 금융위기의 영향으로 결제리스크에 대한 관심이 높아지고 있다. 정보통신기술의 발달은 지급결제시스템의 전자화와 다양한 지급수단의 제공을 통하여 지급결제제도의 효율성을 높이고 있으나 다른 한편으로는 결제리스크를 증대시키는 요인으로 작용하고 있다. 또한 금융시장의 글로벌화로 인하여 국내외 금융시장 및 금융기관 간 상호연계성이 커지고, 지급결제시스템 간 상호의존성도 높아지면서 지급결제시스템에 참가하는 특정 기관의 결제불이행이 다른 참가기관에 급속히 파급되어 결제시스템 전체의 안정성을 위협할 가능성도 증대되었다.

이에 따라 주요 선진국 중앙은행들은 안전하고 효율적인 지급결제시스템의 구축이 금융제도의 안정성과 건전한 신용질서 유지에 필수적이라는 데 의견을 같이 하고 다양한 결제리스크 관리방안을 마련하여 시행하고 있다.

(1) **신용리스크**(credit risk)

신용리스크는 지급결제시스템에 참가하는 금융기관이 파산 등으로 결제대금 전액을 완전히 결제하지 못하는 경우 발생하는 리스크이며 원금리스크와 대체비용리스크로 나누어진다.

원금리스크는 지급결제시스템 참가기관이 운영기관으로부터 제공받은 일중 신용을 갚지 못하거나 지정 시점에 지급채무를 이행하지 못하는 경우 발생할 수 있다. 주로 증권이나 외환결제시스템에서 증권 또는 이종통화의 인도와 거래대금의 결제가 동시에 이루어지지 않을 때(예를 들어 증권은 인도하였으나 대금은 수취하지 못하는 경우) 발생한다.

대체비용리스크는 결제일 전에 거래당사자 한쪽의 거래취소 또는 파산 등으로 원래 거래를 다른 거래로 대체하는 데 따른 비용을 부담하게 되는 위험이다. 예를 들어 증권 또는 외환거래 시 계약시점과 대금결제시점 사이에 가격이 크게 변동하는 경우 대체비용리스크가 발생한다. 대체비용리스크의 크기는 매매대상이 되는 증권이나 외환 등의 가격 변동성과 결제기간에 비례하여 커진다.

(2) **유동성리스크**(liquidity risk)

유동성리스크는 지급결제시스템 참가기관이 단기적인 자금부족으로 결제시점에 결제의무를 이행하지 못하는 경우 발생할 수 있는 리스크이다. 이론적으로 유동성리스크는 결제시점 이후에라도 원금 전액이 결제될 수 있다는 점에서 신용리스크와 구분되나 실제로는 유동성리스크가 다른 계약의 불이행이나 파산으로 이어질 수 있어 신용리스크와 구분하기 힘든 경우가 많다.

(3) **운영리스크**(operational risk)

운영리스크는 정보시스템 또는 내부 프로세스의 결함, 인적 실수, 관리 실패 또는 외부 사건으로부터의 혼란이 지급결제시스템이 제공하는 서비스의 축소, 악화 또는 장애를 초래하는 위험을 말한다. 운영의 실패는 지급결제시스템의 신뢰성을 훼손하고 법적 문제로 이어지고 참가자 및 기타 당사자의 재무적 손실을 초래할 수 있으며, 경우에 따라서는 시스템적 리스크의 원천이 될 수도 있다.

(4) **법률리스크**(legal risk)

법률리스크는 법률이나 제도가 제대로 정비되어 있지 않거나 법적 불확실성으로 인하여 결제가 완결되지 못하는 경우 발생할 수 있는 리스크를 의미한다. 지급결제와 관련하여 국내외 법률, 운영기관 규칙 또는 참가기관 사이의 협약 등이 미비하거나 새로운 법률이나 제도의 도입에 따른 예상치 못한 변화에 대한 대응이 미흡한 경우에 발생할 수 있다.

(5) **시스템적 리스크**(systemic risk)

시스템적 리스크는 지급결제시스템에서 특정 참가기관의 신용리스크 또는 유동성리스크 등으로 인한 결제불이행이 다른 기관으로 확산되어 연쇄적인 결제불이행을 유발함으로써 지급결제시스템과 금융시장 전체의 안정성에 악영향을 미칠 수 있는 위험을 말한다. 세계 금융시장의 통합이 진전되고 단기금융시장과 자본시장 간 상호의존성이 심화됨에 따라 특정 참가기관 또는 시장의 리스크가 다른 시장으로 쉽게 확산될 수 있어 시스템적 리스크의 발생 가능성이 크게 높아지고 있다.

1.5.2. 결제리스크 관리

(1) 차액결제리스크 관리

차액결제방식은 참가기관 사이에 주고받을 것을 계산하여 차액만을 산출하는 방식이므로 자금거래를 건별로 결제하는 총액결제에 비해 결제건수와 금액을 대폭 축소시킬 수 있다. 따라서 차액결제방식은 참가기관의 자금부담과 결제비용을 경감시키고 시스템 효율성을 높일 수 있는 만큼 소액·대량 결제에 매우 효율적인 제도이다. 그러나 차액결제방식은 실제거래가 일어나고 주고받을 것을 계산한 차액이 영업마감 후 또는 그다음 영업일에 중앙은행에 있는 참가기관의 당좌예금 계좌를 통해 최종적으로 결제되므로 참가기관의 결제불이행 리스크가 내재되어 있다.

우리나라의 소액결제시스템은 거래일 다음 영업일 11시에 금융기관별 순차액결제포지션(금융기관끼리 서로 주고 받을 것을 계산하여 최종적으로 지급 또는 수취해야할 금액)을 한은금융망을 통해 최종결제하고 있다. 이에 한국은행은 참가기관이 최종결제를 할 때 결제불이행이 생기더라도 차액결제가 적시에 종료될 수 있도록 ① 참가기관이 소액결제시스템에서 이체할 수 있는 한도를 스스로 설정하도록 하고(순이체한도 설정)[22], ② 순이체한도에 비례하여 사전에 참가기관이 한국은행에 담보(국채, 통안증권 등)를 납입하도록 하고, ③ 결제불이행기관의 납입담보를 초과하는 손실은 참가은행이 공동으로 분담하는 등 차액결제리스크 관리제도를 운영하고 있다. 또한 차액결제에 직접 참가하지 않는 기관(금융투자회사 등)의 결제리스크 관리를 위해 차액결제대행제도[23]를 운영하고, 일부 소액결제망을 통해 처리되던 거액자금이체를 한은금융망에서 처리하도록 조치(한은금융망과 전자금융 공동망 간 연계결제시스템 2016년 3월 가동)하는 등 차액결제리스크 관리 강화 노력을 지속하고 있다.

한편 한국은행은 국제기준[24](Principles for Financial Market Infrastructures, PFMI)에 맞춰 신용리스크를 관리하기 위해 차액결제 참가은

---

22) 참가기관별 자금이체 순(純)한도(지급지시송신합계액 - 지급지시수신합계액)

23) 차액결제를 대행하는 은행이 차액결제시점에 자신의 순포지션뿐 아니라 차액결제위탁기관의 순포지션을 합산하여 차액결제를 수행한다.

24) 「금융시장인프라에 관한 원칙」(PFMI)에서는 신용리스크를 완전히(100%) 커버할 수 있는 수준의 담보 확보를 요구하고 있다.

행의 담보증권 제공비율을 2025년 100%를 목표로 단계적으로 인상할 방침이다.

(2) 증권결제리스크 관리

일반적으로 증권결제리스크의 주요 발생 원인으로는 매매시점과 결제시점 간 시차로 인한 증권가격 변동, 결제수단의 안전성, 거래당사자 및 결제기관의 재무건전성 악화 등을 들 수 있다.

또한 증권결제리스크는 결제방식의 영향을 받는다. 차액결제방식은 결제건수와 금액을 축소시켜 참가자들의 부담을 줄이고 시스템 효율성을 높이지만 거래당사자와 결제당사자가 다르고 채권 · 채무관계가 복잡하기 때문에 결제불이행 시 시스템적 리스크 발생 가능성이 높다. 반면 총액결제방식은 건별로 결제하기 때문에 결제규모가 커져 효율성이 낮아지고 유동성리스크 발생 가능성이 커지지만 매매당사자와 결제당사자가 동일하고 채권·채무관계가 단순해 상대적으로 안전성이 높다.

증권결제리스크는 증권매매에 따른 대금 지급수단에도 영향을 받는다. 대금결제를 중앙은행이 발행한 화폐나 중앙은행 당좌예금계좌를 이용할 경우 이체와 동시에 완결성이 확보된다. 그러나 수표 · 어음과 같은 비현금 지급수단을 이용하여 대금을 결제하면, 증권인도시점에 대금결제의 완결성이 확보되지 않기 때문에 증권매도자가 원금리스크에 노출된다.

우리나라의 주요 증권결제시스템은 증권대금동시결제제도를 도입하여 증권결제리스크 중 원금리스크를 제거하고 있으며 채무자회생법 및 자본시장법에 따라 결제완결성을 보장하고 있다. 또한 주요 증권거래의 결제처리가 국제기준(T+3일 이내) 이내로 완료(주식 : T+2일,

채권 : T+0~1일)되고 있어 대체비용리스크를 최소화하고 있는 것으로 평가할 수 있다.

한편 한국거래소는 증권시장 및 파생상품시장의 CCP로서 결제이행을 보증해야 하므로 일정 기준을 충족하는 금융기관만이 회원으로 참여하고 있다. 또한 한국거래소는 회원의 결제의무 불이행에 대비하여 회원들로부터 증거금을 징구하고 있으며, 결제불이행 기관이 납입한 증거금이 부족할 경우에 대비하여 손해배상 공동기금을 적립하고 있다. 한편 한국거래소는 결제이행재원을 확보하기 위하여 자산 중 일부를 결제적립금으로 이용하고 있다.

(3) 외환결제리스크 관리

금융기관은 외환거래에 따른 원금리스크를 제거하기 위하여 CLS시스템 등 외환동시결제시스템을 이용할 수 있다. 그러나 거래대상통화가 CLS 결제통화가 아니거나 거래상대방이 CLS시스템 참가기관이 아니어서 외환동시결제가 불가능한 경우 원금리스크 축소를 위한 적절한 대안이 마련될 필요가 있다. 우선 금융기관은 신용도 등 자체기준에 따라 거래상대방별로 한도를 설정하여 매도통화 익스포저를 이 한도 내에서 관리할 수 있다. 또한 거래상대방과 차감계약을 체결하고 매입·매도통화 정산 후 최종 포지션만을 결제함으로써 원금리스크 노출 규모를 축소할 수 있다. 한편 금융기관은 외환결제리스크를 감축하고 적절하게 관리하기 위해 관련 리스크를 적절하게 인식, 측정, 모니터링 및 통제하는 종합적인 리스크 통제체계를 갖출 필요가 있다.

(4) 업무지속계획

지급결제시스템 업무지속계획(Business Continuity Planning, BCP)은

각 지급결제시스템에 가동중단사태가 발생하지 않도록 예방하고, 내부 장애가 발생하거나 외부충격이 있는 경우 사전에 합의된 수준으로 업무가 계속 유지될 수 있도록 하는 한편 업무 중단에 대한 신속한 대응 및 복구를 목표로 하는 대책이다.

선진국에서는 업무지속계획을 지급결제제도의 안전성 확보를 위한 필수적 요소로 인식하고 있다. 한은금융망 업무지속계획은 「한은금융망 비상계획」이라는 명칭으로 1999년 최초로 수립되었으며 2005년에 한은금융망 업무의 지속성 확보를 위한 위험예방 및 사후대응에 중점을 둔 「한은금융망 업무지속계획」으로 전면 개편되었다.

1.6. 금융기관의 유동성리스크

1.6.1. 유동성리스크의 개념

금융기관의 유동성(liquidity)이란 금융기관이 필요한 채무의 지급 등을 위해 현금 또는 현금성 자산을 충분히 보유하는 것을 말한다. 현금은 당연히 100%의 유동성이 인정되며 현금성 자산은 현금은 아니더라도 필요시 가치의 큰 손실 없이 매각하여 현금화가 가능한 자산을 말한다.

금융기관의 유동성리스크는 개별 금융기관의 유동성 부족이나 금융시장 전체적인 유동성 부족 등으로 금융기관이 자금조달이나 자산의 처분과 관련하여 손실을 입을 가능성을 의미한다. 이는 다시 자금조달 유동성리스크와 시장 유동성리스크로 구별할 수 있는데, 자금조달 유동성리스크는 금융기관이 자금의 조달과 운용상 만기불일치나 예상하지 못한 자금유출로 인해 유동성 부족이 발생하고, 이 부족자금을 적기에 조달하지 못하거나 또는 조달비용이 급상승하여 손실을 입을 가능성을 말한다. 시장 유동성리스크는 거래량 부족, 시장침체 등으로 시장가격이 하락하고 그에 따라 금융기관이 채무의 지급 등을 위해 보유자산을 현금화하는 과정에서 정상가격보다 큰 차이의 싼 값으로 자산을 매도함으로써 손실이 발생할 가능성을 말한다.

1.6.2. 유동성리스크의 측정

유동성 리스크는 비율지표로 측정하며 VaR[25]와 같은 금액으로 측정하지 않음에 유의할 필요가 있다. 그 이유는 유동성 리스크의 크기를 시장리스크처럼 금액으로 측정하여 나타내기 어렵기 때문이다. 예를 들어 신용리스크가 거의 없어서 대표적인 무위험자산으로 인정되는 선진국의 국채라 하더라도 만일 이 국채가 일시에 대량으로 매도되는 경우 가치가 크게 하락할 수 있는데 그 크기의 정도를 금액으로 환산하여 나타낼 수 있는 표준적인 방법이 없다.

이에 따라 유동성리스크는 여러 가지 유동성 비율지표를 통해 나타낸다. 또한 유동성 자산과 유동성 부채의 회계학상 기준은 잔존만기 1년이지만 금융기관의 경우 유동성 비율은 잔존만기 1개월을 기준[26]으로 산정하며, 외환의 경우에는 잔존만기 3개월을 기준으로 산정함을 참고할 필요가 있다.

(1) **유동성비율**(liquidity ratio)

유동성비율이란 유동성 자산과 유동성 부채의 비율로서 금융기관이 빠른 시일내에 갚아야 할 부채에 대해 가치의 큰 손실 없이 빠른 시일내

---

25) 231쪽의 〈시장리스크의 측정〉 파트에서 자세히 설명할 것이다.

26) 이는 곧 금융회사가 유동성이 부족할 경우 1개월 정도를 다른 자산들을 현금화하여 견딜 수 있으면 생존이 가능할 수 있다는 의미이다. 또한 정부차원에서도 관련제도를 정비하거나 새로운 방안을 강구할 시간적 여유를 가질 수 있다는 의미이기도 하다.

에 현금화할 수 있는 자산을 어느 정도 보유하고 있는지를 나타내는 비율이다.

$$\text{유동성비율} = \frac{\text{유동성자산}}{\text{유동성부채}} \geq 100\%$$

(2) **유동성 갭 비율**(liquidity gap ratio)

유동성 갭 비율이란 유동성 자산과 유동성 부채의 차이인 유동성 갭을 총자산으로 나누어 구하는데, 이 비율이 (+)이면 유동성 자산이 유동성 부채보다 많아서 유동성 자산으로 유동성 부채를 모두 상환할 수 있는 상황에 있음을 의미한다. 또한 금융기관은 유동성 갭 비율은 기간별로 다를 수 있다는 점을 감안하여 여러 구간(예: 7일, 1개월 등)으로 나누어 관리한다.

$$\text{유동성갭비율} = \frac{(\text{유동성자산} - \text{유동성부채})}{\text{총자산}}$$

(3) **유동성 커버리지 비율**(liquidity coverage ratio, LCR)

유동성 커버리지 비율은 고유동성 자산이 향후 30일간 현금의 순유출을 감당할 수 있는지를 판단하는 지표로서 〈유동성자산/(30일간의 현금유출−30일간의 현금유입)〉으로 산출한다. 이 비율의 목적은 극심한 위기상황하에서도 금융기관이 30일간의 순자금유출(30일간의 현금유출−30일간의 현금유입)을 견딜 수 있도록 고유동성자산[27)]을 보유시키는 데 있다.

---

27) 극심한 상황하에서도 가치의 큰 손실 없이 현금화될 수 있는 자산으로 현금, 한국은행 예치금, 국채, 통안채, 산금채 등을 말한다.

$$\text{유동성커버리지비율} = \frac{\text{고유동성자산}}{(\text{30일간의 현금유출} - \text{30일간의 현금유입})}$$

(4) **순안정자금조달비율**(net stable funding ratio, NSFR)

순안정자금조달비율은 가용안정자금이 필요안정자금을 커버할 수 있는지를 나타내는 비율이다.

$$\text{순안정자금조달비율} = \frac{\text{가용 안정자금}}{\text{필요 안정자금}} \geq 100\%$$

1.7. 금융기관의 운영위험

운영위험(operational risk)은 금융기관의 부적절한 내부 시스템, 내부 통제 또는 관리 실패, 사기 등으로 손실이 발생할 가능성을 말한다.

운영리스크는 부적절하거나 잘못된 내부절차, 인력시스템 및 외부사건 등으로 인해 기업에 손실이 발생할 가능성을 말한다. 이러한 운영리스크가 발생할 수 있는 사건의 유형을 국제결제은행(Bank for International Settlement; BIS)은 ① 내부사기, ② 외부사기, ③ 고용관행과 작업장 안전, ④ 고객·상품 및 거래 관행, ⑤ 유형자산의 피해, ⑥ 영업상 혼란과 시스템 이상, ⑦ 실무처리 과정상 오류의 7가지로 분류하였다.

1.8. 금융기관의 법적위험

법적위험(legal risk)은 금융기관이 계약을 이행하지 못하거나 계약서가 잘못 문서화되는 등의 사유로 법적분쟁이 발생하여 손실을 입을 가능성을 말한다.

1.9. 금융기관 리스크의 종합적 판단 필요성

리스크는 여러 가지 리스크 요인들이 복합적으로 나타나는 특성이 있으므로 리스크를 파악할 때에는 이점에 유념해야 한다.

예를 들어 A가 B와 원/달러 외환거래를 하는 경우, A는 매도통화를 결제하였으나 B가 대금결제를 이행하지 않을 결제리스크를 비롯하여 시장리스크[28]와 운영리스크[29]가 발생할 수 있겠다.

2 시장리스크의 측정

2.1. VaR를 이용한 시장리스크의 측정

시장리스크는 금리, 주가, 환율 등 시장가격의 변화에서 비롯되는 금융자산의 가치변화 가능성을 의미한다. 그런데 가치가 상승하는 경우는 문제가 되지 않으므로 가치가 예상과 달리 하락하여 손실을 입게 되는 가능성인 하방 리스크(downside risk)로 국한하되, 일반적으로 리스크를 측정하는 방법으로 통용되고 있는 VaR를 중심으로 설명하고자 한다.

먼저 VaR(Value at Risk)는 리스크 상태에 노출된 자산의 가치를 말하는 것으로, 금융자산 가운데 시장가격의 변화로 가치에 손실이

---

28) 원화 또는 달러화의 가치 변동으로 외화표시 자산이나 부채의 가치가 변동할 리스크가 발생할 수 있다.

29) 예를 들어 담당직원들이 고의로 업무를 부당하게 처리하거나, 과실로 과다한 대금지급을 하는 등의 사건으로 손실이 발생할 리스크를 들 수 있다.

발생할 가능성이 있는 부분의 가치를 의미한다. 이러한 VaR는 1994년 J.P.Morgan社에서 RiskMetrics라는 리스크 측정모형을 발표한 이후 실용화 되었는데, 세계 금융감독의 정책방향을 제시하는 Basel 위원회[30]에서 시장리스크 측정방법으로서 이 모형을 제안하면서 1997년 12월부터 전세계적으로 사용되었다.

VaR는 특정 보유기간, 신뢰수준, 확률분포를 전제할 때 정상적인 시장조건 하에서 보유자산에 발생할 수 있는 최대손실 가능액의 통계적 추정치를 말한다. 따라서 통계적 추정치를 구하기 위한 몇 가지 가정이 필요하다. 첫 번째는 통계치의 확률밀도함수가 정규분포를 이룬다는 것이다. 모든 통계분포는 표본수가 충분히 커지면 정규분포에 근접한다는 특성을 가지게 되므로 당연한 가정이라고 하겠다. 두 번째 가정은 통계분포의 한쪽 꼬리(one tail)만을 이용하여 확률을 계산한다는 점이다. 앞서 언급한 대로 VaR가 손실액만을 추정하기 때문에 수익을 의미하는 반대편 쪽의 확률은 구할 필요가 없기 때문이다.

[그림 6-7]은 자산포지션의 손실분포를 나타내는 좌우대칭의 정규분포 확률밀도함수이다. 좌우대칭선의 우측은 자산의 가치상승으로 인한 이익을 나타내고 좌측은 자산의 가치하락으로 인한 손실을 나타낸다. 이 좌측영역 가운데 임의의 임계치 z를 기준으로 z보다 큰 부분($z \sim +\infty$)의 누적면적이 신뢰구간이고 z보다 작은 부분($-\infty \sim z$)의 누적면적이 유의수준이다.

예를 들어 만일 99% 신뢰수준[31]에서 VaR를 추정한다면 z부터 $+\infty$

30) 주요 선진국(G10)의 중앙은행 및 은행 감독 당국의 대표들로 구성된 위원회로서 각국의 감독 당국이 적용할 수 있는 감독정책에 대한 전반적인 정책 방향을 결정하고 제시하는 역할을 수행한다. 매 3개월마다 스위스 바젤에 소재한 국제결제은행(BIS)에서 회의를 가진다는 점에서 〈Basel 위원회〉라고 명명되었다.

그림 6-7 정규분포 확률밀도함수

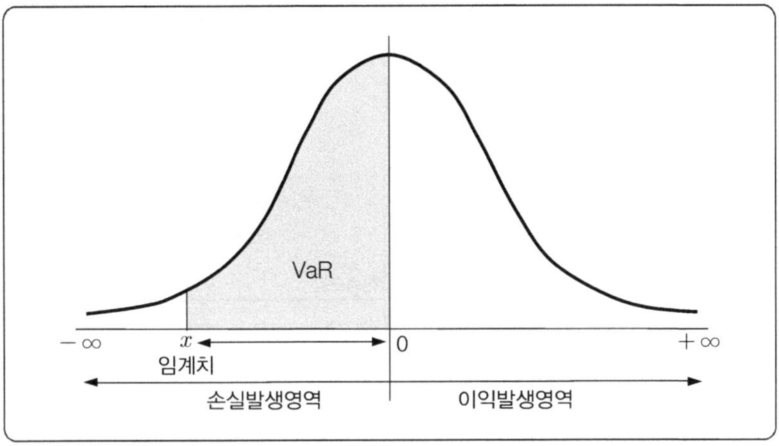

까지 확률밀도함수를 적분한 값이 99%가 될 것이며 여기서 이익이 발생하는 부분을 제외하고 손실이 발생하는 부분의 면적만 리스크로 인식하여 VaR로 산출한다. 따라서 VaR값은 확률밀도함수를 z부터 0까지 적분한 값이다. 표준화 정규분포를 가정하면 신뢰수준이 99%일 경우 임계치 $z=-2.33$이 되며 이는 곧 $-\infty$부터 -2.33까지의 표준정규분포의 면적이 1%임을 의미한다.

포트폴리오 포지션의 일별 VaR값이 99% 신뢰수준에서 100억 원이라면, 이는 곧 정상적인 시장상황 하에서 손실이 100억 원을 넘지 않을 확률이 99%이고 손실이 100억 원을 초과할 확률이 1%임을 의미한다. 이 금융자산을 T일 동안 보유했을 때의 VaR를 수식으로 표시하면 다음과 같다.

31) 신뢰수준은 실제 거래에서 발생하는 손실이 VaR를 초과하지 않을 확률을 의미한다. 따라서 신뢰수준이 높아질수록 실제 거래에서 발생하는 손실이 VaR를 초과할 확률이 작아지고 위험에 대해 더욱 보수적이 된다고 말할 수 있다.

그림 6-8 99% 신뢰수준에서 VaR

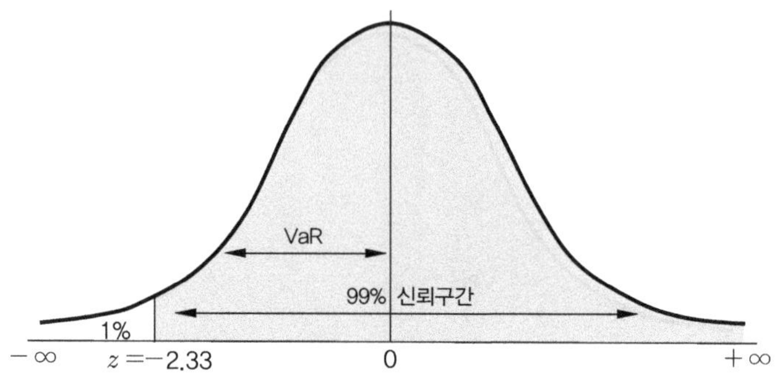

신뢰수준 99%라는 것은 누적표준정규분포에서 z값이 $-\infty\sim-2.33$까지 있을 확률이 1%라는 것을 의미한다.

$$VaR = \text{포지션의 가치} \times \text{1일 수익률의 표준편차} \times \text{신뢰수준 } z\text{값} \times \sqrt{T}$$ 32)

수익률의 표준편차는 변동성을 의미하며 신뢰수준이 95%인 경우의 z값은 표준정규분포에서 손실발생영역인 $z\leq 0$ 구간에서의 $N(z)$의 값을 표에서 찾으면 된다. $N(z)$값 0.05에 가장 가까운 0.0495일 때의 z값은 -1.65이므로 이 값을 사용한다.

예를 들면 신뢰수준 95%일 때 보유기간 10일의 VaR는 다음과 같다.

---

32) 이는 다음의 세 가지 가정 하에 성립한다. ① 목표기간이 변해도 확률분포가 변하지 않아서 정규분포의 동일한 임계치를 사용할 수 있다. ② 다양한 목표기간의 경우에도 확률분포가 동일하여 동일한 분산을 사용할 수 있다. ③ 매일 매일의 수익률 동향이 일별로 독립적 항등분포를 한다.
이렇게 될 경우 매일 매일의 분산이 모두 같기 때문에 T일간의 분산은 하루 분산의 T배가 된다. 따라서 분산의 제곱근인 표준편차의 경우 T일의 표준편차는 1일 표준편차의 $\sqrt{T}$배가 된다. (조규진, "NPV와 VaR"(2012.8) p. 171)

$$\begin{aligned} VaR &= \text{포지션의 가치} \times \text{수익률의 1일 표준편차} \\ &\quad \times \text{신뢰수준 } z\text{값} \times \sqrt{T} \\ &= \text{포지션의 가치} \times \text{수익률의 1일 표준편차} \times 1.65 \times \sqrt{10} \end{aligned}$$

그런데 만일 예를 들어 99% 신뢰구간과 10영업일의 보유기간을 적용하여 산출한 VaR를 95% 신뢰구간에서 1일 보유기간으로 산출하려면 어떻게 해야 할까? 신뢰수준과 보유기간이 서로 다른 VaR를 비교하기 위해서는 신뢰수준과 보유기간을 동일한 기준으로 전환시키는 것이 필요하다. 즉, 우선 99%의 신뢰수준을 95%의 신뢰수준으로 전환시키기 위해 99% 신뢰도의 z값 2.33으로 나누고 95% 신뢰도의 z값 1.65을 곱하여야 한다. 1.65/2.33의 비율을 곱하는 것과 같다. 그 다음 10영업일의 VaR을 1일 기준으로 전환하기 위해서는 $\sqrt{10}$ 으로 나누어야 한다. 그러면 계산식은 아래와 같이 된다.

$$VaR_{95\%,\,1\text{일}} = VaR_{99\%,\,10\text{일}} \times \frac{1.65}{2.33} \times \frac{1}{\sqrt{10}}$$

2.2. VaR를 이용한 리스크 측정 예제

시장리스크를 측정하기 위해 통계학적 기법을 이용함으로써 이해하기가 다소 어려웠을 것으로 생각된다. 조금 더 쉽게 이해하고자 실제 예를 풀어보려고 한다.[33)]

---

33) 최영한의 "국제금융 리스크관리"(2015.2) pp. 78~83을 참고하였다.

2.2.1. 외환의 VaR 측정

예제 6-5

현재 원화를 대가로 10,000달러 상당의 달러화 매입포지션을 보유하고 있다고 가정하자. 원/달러의 1일 환율변동성(σ, 표준편차)이 0.7%라고 할 때, 99% 신뢰수준으로 10일 VaR를 산출하라.

풀이

VaR = 포지션의 가치×1일 자산의 표준편차×신뢰수준 z값 ×$\sqrt{T}$이므로

= 10,000\$ × 0.7% × 2.33 × $\sqrt{10}$

= 515.8\$

예제 6-6

현재 원화를 대가로 1,000달러 상당의 달러화 매입포지션을 보유하고 있다. 원/달러의 환율이 1,100원이고 1일 환율변동성(σ, 표준편차)이 0.565%라고 할 때, 99% 신뢰수준으로 10일 VaR를 산출하라.

풀이

VaR = 포지션의 가치×1일 자산의 표준편차×신뢰수준 z값 ×$\sqrt{T}$이므로

= 1,000\$ × 1,100 × 0.565% × 2.33 × $\sqrt{10}$

= 45,792.8원

예제 6-7

신뢰수준 95%에서 외환딜러의 1일 할당 VaR가 100만달러이고 원/달러의 1일 변동성이 2%라고 가정할 때, 이 딜러가 취할 수 있는 원/달러의 1일 포지션을 산출하라.

풀이

〈VaR=포지션의 가치×1일 자산의 표준편차×신뢰수준 z값× $\sqrt{T}$〉에서 VaR가 100만 달러일 때 포지션 가치를 구하라는 문제이므로 (100만 달러 = 포지션의 가치×0.02×1.65× $\sqrt{1}$) 식을 이용하면 된다.

따라서 포지션 $= \frac{100\text{만 달러}}{0.02 \times 1.65}$=3,030.3만달러이다.

2.2.2. 채권의 VaR 측정

예제 6-8

현재 3년만기 국채를 1억원 상당 보유하고 있으며 채권유통시장의 금리는 5%이다. 수정듀레이션(D_{Mod})이 2.7, 수익률의 1일 변동성이 0.3%라고 할 때, 95% 신뢰수준으로 1일 VaR를 산출하라.

풀이

〈VaR=포지션의 가치×1일 자산의 표준편차×신뢰수준 z값× $\sqrt{T}$〉식을 이용하되, 문제에서 주어진 수정듀레이션과 수익률의 변동성을 이용하여 1일 자산의 표준편차(채권가치의 변동성)을 구하는 것이 관건이다. 그런데 수정듀레이션 관련 수식을 적절하게 이용하면 채권가격의 변동성을 구할 수 있다. 즉, 수정듀레이션 $D_{Mod} = (-\frac{dP}{di}) \times (\frac{1}{P})$에서 $\frac{dP}{P} = -D_{Mod} \times di$가

되는데, 수정듀레이션이 −2.7, 수익률의 1일 변동성$\left(\frac{di}{i}\right)$이 0.3%, 금리 5%이므로 채권가격의 변동성$\left(\frac{dP}{P}\right)$은 0.0405%가 됨을 알 수 있다.

즉, $\frac{dP}{P} = -D_{Mod} \times d_i = -D_{Mod} \times \frac{di}{i} \times i$

$= 2.7 \times 0.003 \times 0.05 = 0.0405\%$

따라서 VaR값은 〈VaR=포지션의 가치×1일 포지션의 표준편차×신뢰수준 z값× $\sqrt{T}$〉에 포지션의 가치 1억원, 1일 포지션의 표준편차 0.0405%, 95% 신뢰수준 z값 1.65, 보유기간 1일을 대입하면 VaR는 66,825원이다.

VaR = 100,000,000 × 0.0405% × 1.65 × $\sqrt{1}$

= 66,825원

2.2.3. 주식의 VaR 측정

예제 6-9

A주식을 200만원 상당 보유하고 있는데 일간 변동성이 2%라고 한다. 99% 신뢰구간에서 1일 VaR를 산출하라.

풀이

VaR를 구하는 공식 〈VaR=포지션의 가치×1일 자산의 표준편차×신뢰수준 z값× $\sqrt{T}$〉에 문제에서 주어진 값을 대입하여 구한다.

VaR = 200만원×0.02×2.33× $\sqrt{1}$ = 93,200원

그런데 이 문제는 A주식의 과거 data를 관찰했더니 전일대비 주식가치 비율의 변동폭(표준편차)이 2%이고 현재가치에서 그 표준편차의 2.33배 이상으로 하락하지 않을 가능성(확률)이 99%임을 의미하는 것이다. 이 방법은 아주 간단하고 이해가 쉬우나 주식가치 비율이 정규분포를 따르지 않을 경우 제대로 설명하지 못할 수 있음에 유의할 필요가 있다.

예제 6-10

A주식을 200만원 상당 보유하고 있는데 KOSPI의 1일간 변동성이 1.5%이고 A주식의 베타계수가 1.3이라고 한다. 99% 신뢰구간에서 1일 VaR를 산출하라.

풀이

역시 VaR를 구하는 공식 〈VaR=포지션의 가치×1일 자산의 표준편차×신뢰수준 z값× $\sqrt{T}$〉을 이용하여 구하면 된다.

그런데 A주식의 베타(β)는 정의에 따라 주식시장 전체의 변화에 대한 A주식의 변화비율이므로 1일 자산의 표준편차는 KOSPI의 1일간 변동성 × A주식의 베타계수로 나타낼 수 있다. 이를 이용하면 자산의 1일 표준편차를 쉽게 구할 수 있다.

즉, VaR = 포지션의 가치×KOSPI의 1일간 변동성×A주식의 베타계수 ×신뢰수준 z값× $\sqrt{T}$

= 200만원×1.5%×1.3×2.33× $\sqrt{1}$

= 90,870원

특별주제 개별 주식의 VaR 산출방법(역사적 시뮬레이션법)

- 역사적 시뮬레이션법은 리스크 요소의 과거 변화율을 산출한 후 현재의 주식가격이 과거의 변화율만큼 하락할 경우의 주식가격을 산출하여 현재주가와의 차이를 VaR로 인식하는 방법이다.
  - **(예시)** 1일 VaR의 경우 과거 250일 동안의 1일 변동비율 250개를 산출하여 이 비율을 적용한 가상의 주식가격 250개를 산출한 후, 이를 오름차순으로 정렬시키고 가치가 신뢰수준에 상응하는 값을 선택하여 현재가치와의 차이를 VaR로 인식하면 된다.

즉, 신뢰수준이 99%인 경우 기각확률이 1%에 해당하므로 250개의 1%인 2.5번째, 두 번째로 나쁜 주식가치를 선택한 후 이 값과 현재 가치와의 차이를 VaR로 인식한다.

1일 VaR = 현재의 주식가치 − 249번째(2번째로 낮은) 주식가치

2.2.4. **옵션의** VaR **측정**

옵션이란 미리 정해진 조건에 따라 일정기간 내에 주식 등 특정자산을 사거나 팔 수 있는 권리를 말하며 이를 매매하는 것을 옵션거래라고 한다. 옵션거래는 권리를 행사할 수 있는 기간이 미래에 있기 때문에 광의의 선물거래라고 할 수 있다. 그러나 옵션거래는 단순한 선물거래에 비해 다양한 전략을 구사할 수 있으며, 경우에 따라서는 통상의 거래에서 보다 더욱 큰 이익을 노릴 수 있기에 1973년 미국의 시카고옵션거래소(CBOE)가 시장을 개설한 이후 전세계적으로 거래규모가 크게 확대되고 있다.

이 옵션의 이론가격을 제시한 블랙-숄즈 모형에 따르면 옵션의 가치는 기초자산 가격, 행사가격, 무위험 이자율, 만기, 기초자산의 변동성에 따라 영향을 받는다고 한다. 이 모형과 델타·노말 방법[34)]을 이용하여 옵션의 VaR를 산출할 수 있다.

34) 옵션의 가치 변화가 가격 변화와 선형관계에 있다는 가정 하에 옵션 가치 변화의 변동성은 기초자산 가치변화의 변동성에 델타(기초자산 가격의 상승에 대한 옵션가치의 상승비율)를 곱하여 산출한다.

예제 6-11

기초자산의 현재가치 200만원, 기초자산의 변동성(표준편차) 2%, 옵션가격 1만원, 델타 0.4일 때, 신뢰수준 99%에서 1일 VaR를 산출하라.

풀이

기초자산의 VaR는 〈VaR=포지션의 가치×1일 자산의 표준편차×신뢰수준 z값×$\sqrt{T}$〉의 공식에 의해 구할 수 있다. 문제에서 주어진 수치를 대입하여 93,200원임을 알 수 있다.

기초자산의 VaR=200만원×2%×2.33×$\sqrt{1}$= 93,200원

옵션의 VaR는 델타 · 노말 방법에 따라 구한 옵션의 변동성(=기초자산의 변동성×델타)을 이용하여 구할 수 있다.

옵션의 VaR=200만원×2%×2.33×0.4= 37,280원

한편 역사적 시뮬레이션법으로도 옵션의 VaR 산출할 수 있는데, 과거 250일 동안에 실제로 발생한 옵션의 가치변화를 현재 포지션에 다시 대입하여 미래 가능한 250개의 가치 시나리오를 생성하고 그 중에서 가치가 작은 기준으로 2번째 값과 현재가치와의 차이를 VaR로 인식하면 된다.

2.2.5. **포트폴리오의** VaR **측정**

포트폴리오의 변동성은 포트폴리오를 구성하는 각 자산의 변동성과 구성자산간의 상관계수에 의해 결정된다. 따라서 포트폴리오 VaR를 계산하기 위해서는 각 자산의 변동성과 구성자산간의 상관계수를 이용하여 포트폴리오의 분산을 구하고 이를 이용하여 포트폴리오의 VaR를 산출하면 된다.

예를 들어 두 자산 A, B에 각각 W_A, W_B의 가중치로 투자된 포트폴리오의 분산은 아래와 같이 나타날 수 있다.

$$Var(W_A \times A + W_B \times B)$$
$$= W_A^2 \times Var(A) + W_B^2 \times Var(B) + 2W_A W_B \times Cov(A, B)$$
$$= W_A^2 \times Var(A) + W_B^2 \times Var(B) + 2W_A W_B \times \rho_{AB}\sigma_A\sigma_B$$

여기서, $Var(A)$는 자산A의 분산,
$Var(B)$는 자산B의 분산,
$Cov(A, B)$는 자산 A와 자산 B의 공분산,
ρ_{AB}는 자산 A와 자산 B의 상관관계,
σ_A는 자산A의 표준편차,
σ_B는 자산B의 표준편차

예제 6-12

다음과 같이 두 개의 자산으로 구성된 포트폴리오의 1일 VaR를 신뢰수준 95%에서 산출하라.

	자산A	자산B
현재가치	200	100
1일 변동성	2%	3%
투자가중치	2/3	1/3
상관계수	−0.4	

풀이

(풀이1) 포트폴리오 분산은 $Var(W_A \times A + W_B \times B) = W_A^2 \times Var(A) + W_B^2 \times Var(B) + 2W_A W_B \times \rho_{AB}\sigma_A\sigma_B$ 식에 각각의 수치를 대입하여 구한다. 즉, $(2/3)^2 \times (2\%)^2 + (1/3)^2 \times (3\%)^2 + 2 \times (2/3) \times (1/3) \times (-0.4) \times (2\%) \times (3\%) = 1.711\%^2$이다.

따라서 포트폴리오의 변동성(표준편차)은 $\sqrt{1.711\%^2}$ =1.308%이다.

이제 포트폴리오 VaR는 〈VaR=포지션의 가치×1일 포트폴리오의 표준편차×신뢰수준 z값× $\sqrt{T}$〉에 해당수치를 대입하여 구할 수 있다.

$$VaR = 300\times1.308\%\times1.65\times\sqrt{1} = 6.5$$

(풀이2) 이 문제는 자산A, 자산B의 VaR를 각각 구한 후 이를 이용하여 전체 포트폴리오의 변동성(표준편차)을 계산할 수도 있다.

$$VaR_A = \text{포지션의 가치}\times\text{1일 수익률의 표준편차}\times\text{신뢰수준 } z\text{값}\times\sqrt{T}$$
$$= 200\times2\%\times1.65\times\sqrt{1} = 6.6$$
$$VaR_B = 100\times3\%\times1.65\times\sqrt{1} = 5.0$$

VaR_A와 VaR_B를 포트폴리오 변동성 〈$VaR_P = (VaR_A^2 + VaR_B^2 + 2\rho\cdot VaR_A\cdot VaR_B)^{(1/2))}$〉에 대입하여 구하면 된다.

즉 $VaR_P = \sqrt{6.6^2 + 5.0^2 + 2\times(-0.4)\times6.6\times5.0}$
$= \sqrt{42.16} = 6.5$

예제 6-13

아래 개별 주식가격을 이용한 포트폴리오의 VaR를 신뢰수준 99%에서 델타·노말 방법으로 구하라.

	주식A	주식B
투자금액	200	500
1일 변동성	2%	1.7%
상관계수	0.7	

풀이

(풀이1) 두 주식의 상관관계를 고려하지 않을 경우, 두 주식의 VaR를 독립적으로 산출하여 합산한다.

1일 $VaR_P = VaR_A + VaR_B$

$= 200$만원$\times 2\% \times 2.33 + 500$만원$\times 1.7\% \times 2.33$

$= 291,250.0$

(풀이2) 두 주식의 상관관계를 고려하는 경우, $VaR(X+Y) = V(X) + V(Y) + 2\rho \cdot \sigma_X \cdot \sigma_Y$를 사용하여 산출할 수 있다.

1일 $VaR_P = (VaR_A^2 + VaR_B^2 + 2\rho \cdot VaR_A \cdot VaR_B)^{(1/2)}$

$= (93,200^2 + 198,050^2 + 2 \times 0.7 \times 93,200 \times 198,050)^{(1/2)}$

$= 271,572.5$

예제 6-14

아래 개별 주식의 베타계수를 이용한 포트폴리오의 VaR를 신뢰수준 99%에서 델타·노말 방법으로 구하라.

	주식A	주식B
투자금액	200만원	500만원
β	1.3	1.2
1일 변동성	1.5%	1.8%
상관계수	0.7	

풀이

(풀이1) 두 주식의 상관관계를 고려하지 않을 경우, 두 주식의 베타포지션을 반영하여 VaR를 독립적으로 산출한 후 이를 합산한다.

1일 $VaR_P = VaR_A + VaR_B$

$= 200$만원$\times 1.5\% \times 1.3 \times 2.33 + 500$만원$\times 1.8\%$

$\times 1.2 \times 2.33$
$= 90,870 + 251,640$
$= 342,510$

(풀이2) 두 주식의 상관관계를 고려하는 경우, $VaR(X+Y) = V(X) + V(Y) + 2\rho \cdot \sigma_X \cdot \sigma_Y$를 사용하여 산출할 수 있다.

$$1일\ VaR_P = (VaR_A^2 + VaR_B^2 + 2\rho \cdot VaR_A \cdot VaR_B)^{(1/2)}$$
$$= (90,870^2 + 251,640^2 + 2 \times 0.7 \times 90,870 \times 251,640)^{(1/2)}$$
$$= 321,859$$

2.2.6. **공헌** VaR **측정**

포트폴리오 전체의 VaR 가운데 포트폴리오를 구성하는 각 자산이 어느 정도를 차지하는지를 공헌 VaR라고 한다. 개별자산의 공헌 VaR는 자산을 운용하는 부서별 또는 트레이더별 리스크 배분의 근거로 활용될 수 있어 유용하다.

먼저 두 자산 A, B로 구성된 포트폴리오에서 포트폴리오 분산은 아래와 같이 산출할 수 있음을 앞의 포트폴리오 VaR 산출과정에서 이미 보인 바 있다.

$$Var_P = Var(W_A \times A + W_B \times B)$$
$$= W_A^2 \times Var(A) + W_B^2 \times Var(B) + 2W_A W_B \times \rho_{AB}\sigma_A\sigma_B$$

그런데 이 식에서 $2W_A W_B \cdot \rho_{AB}\sigma_A\sigma_B$ 부분을 쪼개어 자산A와 자산B에 나누어 정리하면 아래와 같이 자산A의 기여분과 자산B의 기여분으로 구분할 수 있다.

$$Var_P = \text{(자산A의 기여분)} + \text{(자산B의 기여분)}$$

여기서, 자산A의 기여분: $W_A^2 \cdot Var(A) + W_A \cdot W_B \cdot \rho_{AB} \cdot \sigma_A \cdot \sigma_B$

자산B의 기여분: $W_B^2 \cdot Var(B) + W_A \cdot W_B \cdot \rho_{AB} \cdot \sigma_A \cdot \sigma_B$

여기서 이들 자산A의 기여분과 자산B의 기여분이 포트폴리오 전체 분산에서 차지하는 비율을 구하면 이것이 바로 공헌 VaR가 되는 것이다.

$$\text{자산A의 공헌 } VaR = \frac{\{W_A^2 \cdot Var(A) + W_A \cdot W_B \cdot \rho_{AB} \cdot \sigma_A \cdot \sigma_B\}}{Var_P}$$

$$\text{자산B의 공헌 } VaR = \frac{\{W_B^2 \cdot Var(B) + W_A \cdot W_B \cdot \rho_{AB} \cdot \sigma_A \cdot \sigma_B\}}{Var_P}$$

만일 여러 자산으로 구성된 포트폴리오라면 VaR는 분산 · 공분산 행렬을 이용하여 산출하면 된다.

예제 6-15

(예제6-12)의 포트폴리오의 자산별 공헌 VaR를 산출하라

	자산A	자산B
현재가치	200	100
1일 변동성	2%	3%
투자가중치	2/3	1/3
상관계수	−0.4	

풀이

자산별 공헌 VaR을 구하는 산식에 문제에서 주어진 수치를 대입하여 구하면 된다. 그런데 Var_p는 (예제 6-12)에서 이미 1.711%^{2}으로 구한 바 있다.

$$\text{자산A의 공헌 VaR} = \frac{\left\{W_A^2 \cdot Var(A) + W_A \cdot W_B \cdot \rho_{AB} \cdot \sigma_A \cdot \sigma_B\right\}}{Var_P}$$

$$= \frac{(2/3)^2 \cdot (2\%)^2 + (2/3) \cdot (1/3) \cdot (-0.4) \cdot (2\%) \cdot (3\%)}{1.711\%^2}$$

$$= \underline{0.727(72.7\%)}$$

$$\text{자산B의 공헌 VaR} = \frac{(1/3)^2 \cdot (3\%)^2 + (2/3) \cdot (1/3) \cdot (-0.4) \cdot (2\%) \cdot (3\%)}{1.711\%^2}$$

$$= 0.273(27.3\%)$$

07

금융당국의 정책방향 예측

1 정책방향 예측의 필요성

금융기관의 영업행태는 금융기관 내부의 자체적 결정에 의해서 결정되는 측면이 있으나 다른 한편으로는 금융당국의 정책방향 결정에 의해서도 크게 영향을 받는다.

우리나라를 예로 들면, 기획재정부의 외환정책은 환율과 외화유동성 사정에 크게 영향을 미치고 중앙은행인 한국은행의 통화정책은 시장의 이자율과 금융기관의 대출여력에 크게 영향을 미친다. 또한 금융위원회와 금융감독원의 감독정책은 금융기관의 여신행태에 크게 영향을 미친다. 이러한 관점에서 향후 금융당국의 정책방향을 예측하고 이에 따른 금융기관의 영업행태를 전망할 수 있는 능력은 금융 및 재무 담당자에게 매우 중요하다.

2 통화정책 방향 예측

2.1 미 연준 등 중앙은행의 통화정책 방향 예측

2.1.1. 테일러 룰에 의한 통화정책 방향 예측

미 연준은 통화정책의 목표이자율인 연방자금 목표 이자율(federal funds target rate, FF_{target})을 아래의 테일러 룰(Taylor Rule)에 기초하여 결정함을 이미 살펴보았다. 대부분의 다른 나라 중앙은행들도 테일러 룰을 통화정책 목표금리(또는 정책금리) 결정시 중요한 기준으로 삼는다.

FF_{target} = 인플레이션율 + 균형수준의 실질 연방자금 이자율 (equilibrium real FF rate) + 1/2(인플레이션 갭, inflation gap) + 1/2(산출갭, output gap)

미 연준은 테일러 룰이 제시하는 통화정책의 방향 외에도 가능한 모든 경제지표[1]의 함축된 의미(implications)를 최대한 반영하여 가장 합리적인 통화정책 방향을 모색한다. 따라서 통화정책 룰이 제시하는 방향을 이해할 수 있으면 미 연준의 통화정책 방향을 예측하는 데 크게 도움이 된다.

2.1.2. **중앙은행 통화정책 예측시 중요한 변수**

미 연준의 법적책무(statutory mandate)가 완전고용(full employment)

그림 7-1 미연준의 정책지표 관련 문장

FEDERAL RESERVE press release

For release at 2 p.m. EDT November 3, 2021

The Federal Reserve is committed to using its full range of tools to support the U.S. economy in this challenging time, thereby promoting its maximum employment and price stability goals.

---

1) 미 연준의 이 모든 정책지표의 의미를 감안한다는 FOMC, 2021.9.22 관련 문장

와 물가안정(price stability)이며 이는 곧 미 연준이 통화정책 결정시 물가안정과 고용시장의 여건을 중시함을 의미한다.

다른 나라 중앙은행들의 경우 대부분 물가안정이 가장 중요한 법적 책무이며 완전고용이 법적 책무로 명시되어 있지는 않지만 고용시장 여건을 물가안정과 함께 중요한 정책 판단지표로 삼는다.

(1) 고용시장 지표

중앙은행들은 통화정책 결정시 고용시장 지표로서 실업률과 신규고용자수 그리고 노동시장 여건지수 등을 종합적으로 감안하여 판단한다. 그 이유는 하나의 지표만으로는 노동시장의 여건을 제대로 판단할 수 없기 때문이다.

1) 실업률 통계의 유의점

실업률은 고용시장 상황을 나타내는 가장 중요한 지표이다. 그러나 실업률만으로는 노동시장의 상황을 제대로 평가할 수 없는 한계가 있다.

우선, 실업률의 경우 아래의 산식에서 실업자가 노동인구 중 취업할 의사가 있으나 현재 취업하지 못한 상태의 사람으로 정의되기 때문에 노동시장의 여건을 제대로 반영하지 못할 가능성이 있다.

$$\text{실업률}(u) = \frac{\text{실업자 수}(U)}{\text{경제활동인구}(L = E + U)} \times 100(\%)$$

그 대표적인 사례가 구직활동을 포기한 사람들이 취업할 의사가 없는 것으로 간주되어 실업자에서 제외되고 실업률 통계가 왜곡되는 점이다. 만일 어떤 사람이 구직활동을 포기하게 되면 이 사람은 경제활동인구의 산출대상에서 제외된다. 그러면 경제활동인구 통계와 실업자 통계가 같이 감소하게 되는데 경제활동인구보다 실업자 수가 더 작기 때문에 분모와 분자에서 동일한 수치가 감소되면 실업자 감소율이 경제활동인구 감소율보다 더 커서 실업률 수치가 줄어들게 된다. 그러나 실제로 실업자가 감소한 것이 아니고 노동시장의 실제 상황도 변한 것이 없다.

또 다른 사례로 불완전 고용을 들 수 있다. 실업률 산출시 통계상 취업자로 분류되지만 생활비를 벌기에 충분한 시간을 일하지 못하는 사람들이 포함되어 있다. 예를 들어 한국의 경우 고용통계 조사기간중 1주일에 1시간 이상만 일해도 취업자로 분류된다. 그러나 이 사람은 주당 1시간의 근무를 통해 생활에 필요한 충분한 급여를 얻을 수 없다. 이 사람을 완전한 취업자로 볼 수 없는 이유이다.

2) 비농업부문 신규취업자수

실업률이 갖는 위와 같은 한계를 보완하기 위해 미 연준은 비제조업부문 신규취업자수를 매우 중요한 노동시장 지표로 관찰한다. 비농업부문 신규취업자수는 노동시장의 취근 고용상황을 나타내기 때문에 금리, 주가, 환율 등 금융시장 지표의 방향에 즉각적인 영향을 미친다.

3) 노동시장 여건지수(Labor Market Condition Index, LMCI)

미 연준과 주요국 중앙은행들은 위와 같은 실업률의 한계를 보완하기 위해 노동시장 여건지수를 노동시장의 보조지표로 사용하고 있다. 노동시장 여건지수는 노동시장 상황의 여러 측면을 지수로 보여준다.

(2) 물가안정

중앙은행의 통화정책 결정시 물가안정을 판단하는 기준은 소비자물가지수 기준 인플레이션이 중장기적으로 목표수준에 도달하는지 여부이다. 최근 대부분의 중앙은행들은 소비자물가지수 상승률 기준 인플레이션이 중장기적으로 2% 수준에 도달하는지 여부로 물가안정 여부를 판단한다.

1) **소비자물가지수**(consumer pruce index, CPI) **기준 인플레이션의 한계**

CPI는 특정 그룹 재화와 서비스의 가격 수준을 가중치를 반영하여 평균적으로 보여준다. 주요 재화와 서비스의 품목들을 정하고 각 품목들에 대해 그 중요도를 감안하여 각각 다르게 가중치를 부여한 다음, 기준년도를 선정한 후 100의 값을 부여하고 이와 비교하여 다른 년도들의 소비자물가지수를 산출한다. 인플레이션은 소비자물가지수의 전년도대비 변화율로서 아래와 같이 산출한다.

$$\text{인플레이션}(\pi_t,\ \%) = \frac{CPI_t - CPI_{t-1}}{CPI_{t-1}} \times 100$$

여기서, CPI_t : 당해년도의 소비자물가지수
CPI_{t-1} : 전년도의 소비자물가지수

이에 따라 만일 특정재화의 가격이 외부충격 등으로 급격히 싱승하는 경우 인플레이션이 목표범위를 상회할 수 있다. 이러한 경우 물가안정을 위해 즉각적으로 통화정책을 긴축적으로 전환한 후 외부충격이 소멸된 다음에 다시 완화적인 통화정책으로 전환하게 되면 경제에 큰 혼란을 초래할 수 있다. 이러한 불필요한 충격을 방지하기 위해 중앙은행이 통화정책을 수행할 때 인플레이션 목표 달성여부를 중장기적으로 판단한다.

미 연준은 공개시장위원회(FOMC)는 정책결정문에서 "FOMC가 완전고용과 인플레이션을 중장기 기준 2%를 추구하는데 최근 인플레이션이 장기목표에 미치지 못하기 때문에 이 인플레이션이 일정기간 2%를 다소 상회하여 인플레이션의 장기목표 2%와 2% 인플레이션 기대

그림 7-2 미연준의 정책지표 관련 문장

FEDERAL RESERVE press release

For release at 2 p.m. EDT November 3, 2021

The Committee seeks to achieve maximum employment and inflation at the rate of 2 percent over the longer run. With inflation having run persistently below this longer-run goal, the Committee will aim to achieve inflation moderately above 2 percent for some time so that inflation averages 2 percent over time and longer-term inflation expectations remain well anchored at 2 percent. The Committee expects to

충족할 수 있도록 완화적인 통화정책 기조를 유지하겠다."는 의지를 표명하였다.

2) **근원물가지수**(Core CPI)

앞에 언급한 소비자물가지수의 외부충격 민감성 등을 감안하여 중앙은행은 통화정책 수행시 소비자물가지수의 관련지표로서 근원물가지수를 함께 감안한다.

근원물가지수는 가격의 변동성이 큰 식료품과 에너지류 가격을 제외하고 산출한 물가지수를 말한다. 예를 들어 지정학적 리스크의 증가 등으로 유가가 매우 높게 상승하거나 이례적인 한파 또는 고온 등으로 식료품 가격이 빠르게 상승하면 소비자물가지수가 가파르게 상승하여 중앙은행의 물가안정 목표를 일시적으로 벗어날 수 있다. 만일 이러한 요인을 제외한 근원물가지수가 큰 변동성을 보이지 않는 경우에는 중앙은행이 소비자물가지수만을 기준으로 통화정책을 긴축적으로 전환할 필요가 없다는 논거가 될 수 있다.

(3) 경제성장

경제성장은 중앙은행의 통화정책 결정시 매우 중요한 판단기준이다. 중앙은행은 통화정책 결정시 현재의 경제성장률이 그 나라가 장기적으로 달성할 수 있는 균형수준(잠재 GDP)에 도달하고 있는지 여부를 중시한다.

GDP 갭은 실제 GDP와 잠재 GDP간의 차이를 의미한다(GDP 갭 = 실제 GDP − 잠재 GDP). GDP 갭이 양(+)의 값을 가지면 생산요소의 사용이 정상수준보다 과하여 경제가 상승기 또는 과열 상태에 있음을 의미하며 따라서 수요측면에서의 인플레이션 압력이 있음을 나타낸다. 중앙은행이 통화정책을 긴축적으로 전환할 수 있는 논거가 된다. GDP 갭이 음(−)의 값을 가지면 생산요소의 사용이 정상수준에 못 미치고 경제가 수축기에 있음을 나타낸다. 중앙은행이 통화정책을 완화적으로 전환할 수 있는 논거가 된다.

2.1.3. 테일러 룰에 의한 중앙은행의 통화정책 방향 예측 실습

이제 테일러 룰에 의해 중앙은행의 통화정책 방향을 예측해 보자

만일 인플레이션이 목표수준보다 높아서 인플레이션 갭(인플레이션−목표 인플레이션)이 양(+)의 수치를 보이면 FF_{target} rate의 상향조정이 필요하며, 만일 산출갭이 확대된다면 이 또한 FF_{target} rate를 올리라는 의미가 된다.

- 이제 테일러 룰(Taylor Rule)에 달라진 경제상황을 반영해보자. 당초의 가정은 다음과 같았다.

가정1 : 균형 수준의 실질 연방자금 이자율(quilibrium real FF rate) = 2%,

가정2 : 목표 인플레이션(target inflation) = 2%,

가정3 : 산출 갭(output gap) = 1%

이후에 만일 인플레이션이 목표수준인 2%보다 높은 3%로 상승하고 산출갭이 1%에서 2%로 확대된다면 연준은 목표 이자율(FF_{target} rate)을 어떻게 변경해야 하는가?

$$FF_{target.\,\pi=2\%,\,\text{산출갭}=1\%} = \text{inflation rate}(2\%) + \text{equilibrium real FF rate}(2\%) + 1/2(\text{inflation gap},\ 0\%) + 1/2(\text{output gap},\ 1\%) = 4.5\%$$

$$FF_{target.\,\pi=3\%,\,\text{산출갭}=2\%} = \text{inflation rate}(3\%) + \text{equilibrium real FF rate}(2\%) + 1/2(\text{inflation gap},\ 1\%) + 1/2(\text{output gap},\ 2\%) = 6.5\%$$

위의 식에서 두 경우의 연준 목표금리의 차이($FF_{target,\,\pi=3\%} - FF_{target,\,\pi=2\%}$)는 6.5−4.5=2.0%p이다. 이는 곧 인플레이션이 목표 수준을 1%p 상회하고 산출갭이 2%로 확대되면 연준이 인플레이션을 목표수준으로 낮추기 위해서는 목표금리를 2.0%p 올려야 함을 의미한다.

물론 연준은 이 수치를 그대로 적용하지 않고 각종 경제지표들의 함축적 의미를 최대한 신중하게 해석한 후 정책금리의 인상 폭을 결정하게 된다.

2.1.4. 미 연준의 금리인상 확률

미 연준의 목표금리(federal funds target rate) 인상 또는 인하는 다른 나라 중앙은행들의 정책금리(또는 기준금리) 방향에 매우 중요하게 영향을 미친다. 이러한 중앙은행들의 금리정책 방향은 또한 시장의 금리향방에 중요한 영향을 미친다. 이러한 이유에서 향후 미 연준의 목표금리 인상 또는 인하 여부 및 그 가능성의 크기는 금융시장에서 매우 중요하게 받아들여진다.

그런데 향후 미 연준의 금리인상 또는 인하 가능성에는 향후 미 경제에 대한 전망과 미 연준의 통화정책 기조, 그리고 국제금융시장의 동향 및 전망 등 다양한 요소가 반영된다. 이러한 요소들에 대한 평가는 연방기금선물금리에 반영될 것이고 이 선물금리의 동향을 관찰하면 시장에서 향후 미 연준의 목표금리 인상 또는 인하 가능성을 크게 보는지 또는 작게 보는지를 알 수 있다. 주요국 중앙은행들이 통화정책 방향을 결정할 때 이 점을 주시하고 있는 이유이다.

2.1.5. FOMC **위원들의 금리인상시기 예측 점도표**

〈그림 7-3〉은 FOMC 위원들이 향후 매분기별 금리수준을 예상한 표이다. 몇 명의 위원들이 향후 언제 미 금리가 상승 또는 하락할 것으로 예상하는지를 보여준다. 따라서 이 표는 FOMC 위원들이 향후 미 연준 FOMC에서 정책금리를 언제 어느 정도 조정할 것인지의 방향성을 나타내는 것으로서 향후 금리방향을 예측하는 데 큰 도움이 된다.

그림 7-3 미연준의 금리인상시기 예측 점도표

For release at 2:00 p.m., EST, December 15, 2021

Figure 2. FOMC participants' assessments of appropriate monetary policy: Midpoint of target range or target level for the federal funds rate

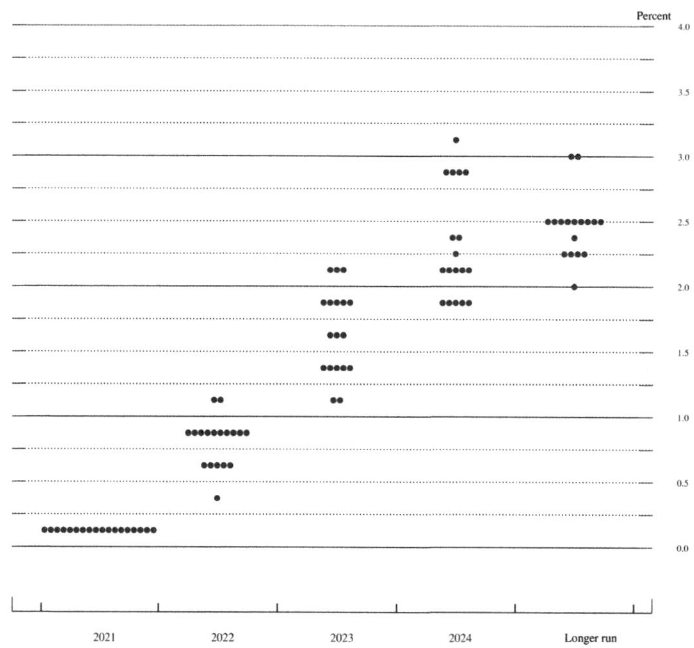

3 외환정책 방향 예측

3.1 원/달러 환율의 균형 이탈여부 평가

원/달러 환율의 균형수준 이탈여부를 객관적으로 평가하는 기준을 제시하기는 쉽지 않다. 그러나 국제사회에서는 일반적으로 우리나라의 경상수지 흑자가 누적적으로 지속되는 상황에서 원화가치가 그에 걸맞게 상승하지 않는다면 원/달러 환율이 외환당국의 개입에 의해 균형수준에서 이탈했을 가능성이 큰 것으로 보고 있다. 이 경우 시장개입 가능성의 추측근거로서 실질실효환율지수[2)]와 외환보유액이 사용될 수 있음을 살펴보자.

3.1.1. 경상수지 흑자의 지속과 실질실효환율지수

경상수지 흑자가 지속적으로 누적되면 그 중 상당부분의 달러화가 국내 외환시장으로 유입됨을 의미한다. 달러화의 공급증가는 달러화의 가치하락을 의미하므로 원/달러 환율이 하락해야 하고 실질실효환율지수는 상승해야 한다. 그런데 경상수지 흑자가 누적적으로 지속되는 상황에서 실질실효환율지수가 그에 걸맞게 상승하지 않는다면 이는 곧 공급되는 달러화의 일부가 외환당국의 매입개입으로 흡수되었을 가능성이 큰 것을 의미한다.

3.1.2. 외환보유액의 과도한 증가

외환보유액은 외환당국의 관할 하에 있는 외화자산을 의미하며 외환당국이 국내 외환시장에서 외화를 매입하거나 투자수익이 증가할 때 증가하는 것이 일반적이다. 그런데 그 증가속도가 투자수익 등으로 일반적으로 설명할 수 없이 빠르다면 이는 곧 외환당국의 매입가능성을 의미한다. 외환당국의 외화매입은 급격히 유입되는 외화로 인하여

---

2) 이론상으로는 실제 환율의 균형수준 이탈여부를 평가하기 위하여 균형환율을 추정하고 이 추정된 균형환율과 실제 환율과의 차이가 현저하게 크면 실제 환율이 균형상태에서 벗어난 것으로 판단할 수 있다. 그러나 균형환율의 추정은 모형별로 가정과 산출방식이 달라서 실제 경제상황을 어느 정도 제대로 반영하는지에 대한 학자들간의 견해차가 크다. 이러한 한계로 인해 실질실효환율지수가 균형환율의 하나로서 현실적으로 많이 이용된다.

자국통화 가치가 빠르게 상승하는 것을 완화하기 위한 것으로서 환율조작의 일환으로 이해될 수 있다.

외환보유액을 현물환기준으로 작게 보이도록 하기 위해 달러 현물환을 매도하고 선물환을 매입하는 스왑거래 등을 하더라도 대부분의 국가들이 IMF 가맹국으로서 선물환거래 등 파생상품 거래내역도 IMF에 보고해야 하기 때문에 이를 감추는 것은 불가능하다.

따라서 경상수지 흑자폭 확대로 달러화의 국내 외환시장 유입이 증가하여 원/달러 환율의 하락속도가 빨라서 이를 완화하고 싶은 경우에도 외환당국은 미 재무부의 환율보고서에서 환율조작국으로 지목될 우려 또는 수출경쟁국들의 환율조작 가능성 제기 우려 등으로 원/달러 환율의 하락세 저지에 적극적으로 나서기 어렵다.

미 재무부의 경우 매년 2회 환율보고서를 의회에 제출하는데 여기에 특정국가를 환율조작국 또는 환율조작 가능성이 의심되어 면밀한 관찰이 필요한 국가로 적시한다. 환율조작국으로 지적되면 국제사회에서 보복관세가 부과될 수 있는 등 많은 불이익을 받을 수 있다.

3.2. 금융시장 불안정성 증가

금융시장 불안정성 증가여부는 금융시장 불안정성을 나타내는 지표들을 관찰함으로써 판단할 수 있다.

금융시장 불안정성 지표가 악화되면 원화가 국제통화가 아닌 우리나라의 외환시장 및 금융시장의 불안정성이 커진다. 이 경우 외국인의 국내 주식투자자금 역송금과 이에 다른 원화매도 및 달러매수 등으로 주가하락과 원/달러 환율의 상승이 빠르게 일어날 수 있다.

(1) 금융시장 불안정성 지표

금융시장의 지표가 불안정성 가능성이 커지고 있음을 시사하는 경우 금융당국은 금융시장의 안정성을 높이기 위한 정책을 추진할 수 있다. 주로 관찰되는 금융시장 불안전성 지표를 아래에 소개한다.

1) TED 스프레드

TED 스프레드는 미국달러 리보와 미국 단기국채 이자율의 차이를 말한다. 미국달러 리보는 런던 은행간시장에서 미달러화를 차입할 때 지불하는 이자율로서 국제은행의 신용위험(credit risk)에 대한 리스크 프리미엄이 반영되어 있다. 한편, 미국의 단기국채는 미국정부가 발행하기 때문에 부도위험이 없는 안전자산(risk-free asset)으로 인식되고 있다. 따라서 미국달러 리보는 미국단기국채 이자율보다 높고 두 값의 차이인 TED 스프레드가 양(+)의 값을 보이는 것이 일반적이다. 또한 TED 스프레드는 국제금융시장의 불안정성이 커지면 국제은행의 부도위험이 높아지는 것을 반영하여 확대되기 때문에 TED 스프레드는 국제은행시장의 자금경색(credit crunch)을 나타내는 지표로 널리 이용되고 있다.

2) Libor-OIS 스프레드

OIS(overnight index swap)[3)]은 고정금리와 변동금리간 금리스왑의 일종이다. OIS는 만기가 1주일부터 1년까지로 짧고 변동금리의 기준금리로서 overnight rate를 이용하며 스왑 종료일에 1회 상호 이자를 지급

---

3) 일반적인 금리스왑은 만기가 1년에서 30년까지 장기이고 변동금리의 기준금리로서 3개월 또는 6개월 리보를 이용하며 매 결제기간마다 이자지급을 교환하는 점에서 OIS와 다르다. 미국에서는 변동금리의 기준금리로 overnight federal funds rate를 이용하며 변동금리 이자지급은 스왑기간 동안의 overnight federal funds rate의 기하평균으로 계산한다.

한다.

실제로 OIS에서는 고정금리와 변동금리 이자의 차액을 지급하고 종료된다. OIS는 원금의 교환 없이 이자차액만 결제하므로 거래상대방의 부도위험인 신용리스크(credit risk) 규모가 리보에 비해 낮다. 따라서 OIS금리는 신용리스크가 상대적으로 큰 Libor에 비해 낮게 결정되고 Libor-OIS 스프레드는 양(+)의 값을 보여준다. 또한 국제금융시장의 불안정성이 높아지면 Libor의 신용리스크도 높아지므로 Libor-OIS 스프레드가 확대된다.

그림 7-4 OIS 구조

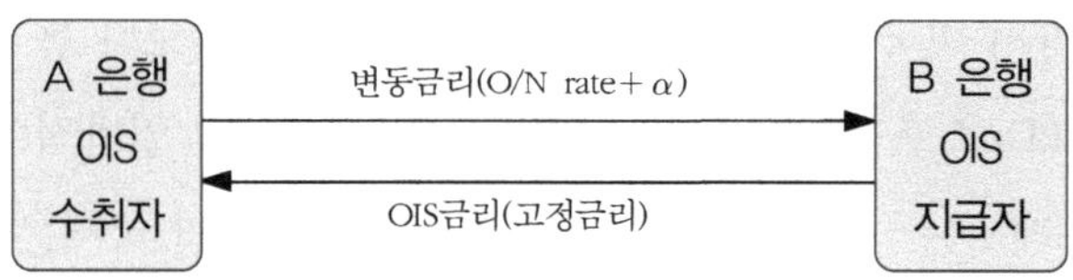

OIS 사례 예시

① 명목원금 : 1억 달러
② 고정금리 : OIS 3개월 고정금리(예, 2%)
③ 변동금리 : 3개월 O/N rate 기하평균(예, 1.9%)

- 은행A의 이자 지급액 : 100,000,000 · 0.019 · (3/12)=475,000달러
- 은행B의 이자 지급액 : 100,000,000 · 0.02 · (3/12)=500,000달러
- 정산금액 : 500,000-475,000=25,000달러*를 B가 A에 지급하고 종료
- 은행A의 OIS 이용목적 : 고정금리로 자금을 조달하여 변동금리로 운용하는 경우 변동금리 하락시 손실위험에 노출되어 있으므로 이자율이 반대방향인 고정금리 수취를 통해 금리하락시 위험을 헤지할 수 있다.
- 은행B의 OIS 이용목적 : 변동금리로 자금을 조달하여 고정금리로 운용하는 경우 변동금리 상승시 손실위험에 노출되므로 변동금리를 수취하고 고정금리 OIS 지급을 통해 금리상승에 따른 위험을 헤지할 수 있다.

* 100,000,000 · (0.02 − 0.019) · (3/12) = 25,000달러

3) CDS 프리미엄

CDS 프리미엄은 CDS(credit default swap) 거래에서 기초자산의 채무불이행 등 신용사건이 발생하면 보장매도자가 보장매수자에게 손실액 또는 일정금액을 보전하기로 하고 그 대가로 보장매도자가 보장매수자로부터 수취하는 일정 수수료를 말한다.

따라서 어느 특정자산의 신용위험이 크면 그에 따른 손실액의 보전 예상금액도 커지기 때문에 보장매도자가 수취하는 수수료가 커진다. 따라서 CDS 프리미엄[4]의 상승 또는 하락은 국제 신용시장의 유동성 상황이나 리스크의 동향을 잘 반영한다고 볼 수 있다.

4) VIX지수

VIX지수는 미국 CBOE(Chicago Board Options Exchange)에서 거래되고 있는 S&P500옵션의 내재된 변동성(implied volatility)을 말한다. VIX는 S&P500의 향후 30일간 분산값 기대치의 제곱근(표준편차)으로서 연율기준으로 발표된다. 예를 들어 VIX가 15%라는 것은 S&P500의 예상변동률이 연율로 15%라는 것을 뜻한다. VIX는 이와 같이 연율로 발표되므로 향후 30일간 주가의 예상변동률은 $15\% \cdot \sqrt{1/12} = 4.33\%$가 된다.

VIX가 높아지면 향후 주식시장의 변동성이 커지고 이에 따라 투자자들의 불안심리가 커지므로 VIX를 흔히 공포지수(fear index)라고 부른다.

4) 이론적으로 CDS 프리미엄은 만기동안 지급하는 프리미엄의 현재가치의 합이 만기중 부도로 예상되는 기초자산 손실의 현재가치와 같아지는 수준에서 결정된다.

4 금융감독정책 예측

4.1 국제결제은행(BIS) 등 정책방향 예측

국제결제은행 등 국제기구의 은행감독정책 관련 방향은 자주 변하지는 않지만 국제기구에서 논의되는 방향은 향후 각국의 감독기구나 중앙은행 등의 정책방향에 영향을 미치므로 관심을 가질 필요가 있다.

그러나 일반인들이 국제기구의 정책방향을 직접 예측하는 것은 쉽지 않으므로 각국의 감독기구나 중앙은행의 정책방향에 대한 자료를 통해 이를 예측하는 것이 더욱 효과적이다.

4.2 국내 감독당국의 정책방향 예측

금융기관의 여신이 과도하다고 판단되는 경우 이는 LTV 또는 DTI 관련 정책의 변화 가능성을 의미한다. 부동산 담보대출이나 신용대출 등의 여신에 대한 감독당국의 기준 강화는 부동산 시장은 물론 금융시장에도 영향을 미친다.

감독당국의 여신기준 강화는 금융기관의 신규여신 규모 축소 및 여신금리 상승을 통해 부동산 가격 하락 또는 상승세 둔화, 채권시장 금리 상승 및 보유채권 가치 하락, 주가 하락 등으로 연결될 가능성이 높으므로 금융 담당자는 이에 유념해야 한다.

여기서 금리상승과 환율과의 관계는 상황에 따라 신축적으로 판단해야 한다. 일반적으로 한 나라의 금리상승은 신규발행 채권의 발행금리 상승을 의미하므로 신규발행채권 매입수요 증가 등으로 달러화 유입이 기대되고 이 경우 원/달러 환율은 하락할 가능성이 있다. 또한 한 나라의 금리상승이 경제회복 기대에 기인한 것으로 판단될 경우에는 외국인 투자자금의 유입으로 원/달러 환율이 하락할 가능성이 있다.

그러나 금융당국의 여신기준 강화에 따른 자산가치 하락 및 경기둔화 가능성에 외국인 투자가들이 민감하게 반응할 경우 외국인들이 우리나라 자산을 매도하고 그 대금을 본국으로 역송금할 가능성이 있어서 원/달러 환율이 상승할 가능성도 함께 고려해야 한다.

참고문헌

1. 강병호외, 금융기관론, 박영사, 2018.9
2. 강재택, 생활 속의 환율, 경문사, 2008.4
3. 강재택, 21세기 통화전쟁, 매일경제신문사, 2014.12
4. 강재택, 거시경제 -원리와 응용-, 경문사, 2019.8
5. 강재택, 국제금융시장론 -원리와 응용-, 경문사, 2020.8
6. 강재택외, 글로벌 기업재무, 경문사, 2021.6
7. 김재인, 금융리스크관리 –이론과 실무-, 다산출판사, 2017.2
8. 서영수, 금융과 리스크 관리, 교문사, 2012.8
9. 박정식, 박종원, 현대 투자론, 다산출판사, 2018.1
10. 이상철, 금융리스크 쉽게 이해하기, 한국금융연수원, 2014.3
11. 이효구, 국제금융시장, 범한서적, 2012.10
12. 위정범 역, 재무금융 리스크 관리, 경문사, 2014.8
13. 장홍범, 권태용, 국제금융 이론과 실제, 한티미디어, 2018.7
14. 조규진, NPV와 VaR, 두남, 2012.8
15. 최영한, 국제금융 리스크관리, 한국금융연수원, 2015.2
16. 한국은행, 국제채권시장의 이해, 한국은행, 2008.8
17. 한국은행, 한국의 금융시장, 한국은행, 2012.12
18. 한국은행, 한국의 외환제도와 외환시장, 한국은행, 2016.1
19. 2013년 금융감독제도, 금융감독원, 2013.12

〈표 1〉 현재가치이자요소(PVIF)

$$PVIF = \frac{1}{(1+i)^n}$$

	이 자 율								
기간	1%	2%	3%	4%	5%	6%	7%	8%	9%
1	0.9901	0.9804	0.9709	0.9615	0.9524	0.9434	0.9346	0.9259	0.9174
2	0.9803	0.9612	0.9426	0.9246	0.9070	0.8900	0.8734	0.8573	0.8417
3	0.9706	0.9423	0.9151	0.8890	0.8638	0.8396	0.8163	0.7938	0.7722
4	0.9610	0.9238	0.8885	0.8548	0.8227	0.7921	0.7629	0.7350	0.7084
5	0.9515	0.9057	0.8626	0.8219	0.7835	0.7473	0.7130	0.6806	0.6499
6	0.9420	0.8880	0.8375	0.7903	0.7462	0.7050	0.6663	0.6302	0.5963
7	0.9327	0.8706	0.8131	0.7599	0.7107	0.6651	0.6227	0.5835	0.5470
8	0.9235	0.8535	0.7894	0.7307	0.6768	0.6274	0.5820	0.5403	0.5019
9	0.9143	0.8368	0.7664	0.7026	0.6446	0.5919	0.5439	0.5002	0.4604
10	0.9053	0.8203	0.7441	0.6756	0.6139	0.5584	0.5083	0.4632	0.4224
11	0.8963	0.8043	0.7224	0.6496	0.5847	0.5268	0.4751	0.4289	0.3875
12	0.8874	0.7885	0.7014	0.6246	0.5568	0.4970	0.4440	0.3971	0.3555
13	0.8787	0.7730	0.6810	0.6006	0.5303	0.4688	0.4150	0.3677	0.3262
14	0.8700	0.7579	0.6611	0.5775	0.5051	0.4423	0.3878	0.3405	0.2992
15	0.8613	0.7430	0.6419	0.5553	0.4810	0.4173	0.3624	0.3152	0.2745
16	0.8528	0.7284	0.6232	0.5339	0.4581	0.3936	0.3387	0.2919	0.2519
17	0.8444	0.7142	0.6050	0.5134	0.4363	0.3714	0.3166	0.2703	0.2311
18	0.8360	0.7002	0.5874	0.4936	0.4155	0.3503	0.2959	0.2502	0.2120
19	0.8277	0.6864	0.5703	0.4746	0.3957	0.3305	0.2765	0.2317	0.1945
20	0.8195	0.6730	0.5537	0.4564	0.3769	0.3118	0.2584	0.2145	0.1784
21	0.8114	0.6598	0.5375	0.4388	0.3589	0.2942	0.2415	0.1987	0.1637
22	0.8034	0.6468	0.5219	0.4220	0.3418	0.2775	0.2257	0.1839	0.1502
23	0.7954	0.6342	0.5067	0.4057	0.3256	0.2618	0.2109	0.1703	0.1378
24	0.7876	0.6217	0.4919	0.3901	0.3101	0.2470	0.1971	0.1577	0.1264
25	0.7798	0.6095	0.4776	0.3751	0.2953	0.2330	0.1842	0.1460	0.1160
30	0.7419	0.5521	0.4120	0.3083	0.2314	0.1741	0.1314	0.0994	0.0754
40	0.6717	0.4529	0.3066	0.2083	0.1420	0.0972	0.0668	0.0460	0.0318
50	0.6080	0.3715	0.2281	0.1407	0.0872	0.0543	0.0339	0.0213	0.0134

〈표 1〉 계속

이 자 율										
10%	11%	12%	13%	14%	15%	16%	17%	18%	19%	20%
0.9091	0.9009	0.8929	0.8850	0.8772	0.8696	0.8621	0.8547	0.8475	0.8403	0.8333
0.8264	0.8116	0.7972	0.7832	0.7695	0.7561	0.7432	0.7305	0.7182	0.7061	0.6944
0.7513	0.7312	0.7118	0.6931	0.6750	0.6575	0.6407	0.6244	0.6086	0.5934	0.5787
0.6830	0.6587	0.6355	0.6133	0.5921	0.5718	0.5523	0.5337	0.5158	0.4987	0.4823
0.6209	0.5935	0.5674	0.5418	0.5194	0.4972	0.4761	0.4561	0.4371	0.4191	0.4019
0.5645	0.5346	0.5066	0.4803	0.4556	0.4323	0.4104	0.3898	0.3704	0.3521	0.3349
0.5132	0.4817	0.4523	0.4251	0.3996	0.3759	0.3538	0.3332	0.3139	0.2959	0.2791
0.4665	0.4339	0.4039	0.3762	0.3506	0.3269	0.3050	0.2848	0.2660	0.2487	0.2326
0.4241	0.3902	0.3606	0.3329	0.3075	0.2843	0.2630	0.434	0.2255	0.2090	0.1938
0.3855	0.3522	0.3220	0.2946	0.2697	0.2472	0.2267	0.2080	0.1911	0.1756	0.1615
0.3505	0.3173	0.2875	0.2607	0.2366	0.2149	0.1954	0.1778	0.1619	0.1476	0.1346
0.3186	0.2858	0.2567	0.2042	0.2076	0.1869	0.1685	0.1520	0.1372	0.1240	0.1122
0.2897	0.2575	0.2292	0.1807	0.1821	0.1625	0.1452	0.1299	0.1163	0.1042	0.0935
0.2633	0.2320	0.2046	0.1599	0.1597	0.1413	0.1252	0.1110	0.0985	0.0876	0.0779
0.2394	0.2090	0.1827	0.1415	0.1401	0.1229	0.1079	0.0949	0.0835	0.0736	0.0649
0.2176	0.1883	0.1631	0.1252	0.1229	0.1069	0.0930	0.0811	0.0708	0.0618	0.0541
0.1978	0.1696	0.1456	0.1108	0.1078	0.0929	0.0802	0.0693	0.0600	0.0520	0.0451
0.1799	0.1528	0.1300	0.0981	0.0946	0.0808	0.0691	0.0593	0.0508	0.0437	0.0376
0.1635	0.1377	0.1161	0.0968	0.0829	0.0703	0.0596	0.0506	0.0431	0.0367	0.0313
0.1486	0.1240	0.1037	0.0868	0.0728	0.0611	0.0514	0.0433	0.0365	0.0308	0.0261
0.1351	0.1117	0.0926	0.0768	0.0638	0.0531	0.0443	0.0370	0.0309	0.0259	0.0217
0.1228	0.1007	0.0826	0.0680	0.0560	0.0462	0.0382	0.0316	0.0262	0.0218	0.0181
0.1117	0.0907	0.0738	0.0601	0.0491	0.0402	0.0329	0.0270	0.0222	0.0183	0.0151
0.1015	0.0817	0.0659	0.0532	0.0431	0.0349	0.0284	0.0231	0.0188	0.0154	0.0126
0.0923	0.0736	0.0588	0.0471	0.0378	0.0304	0.0245	0.0197	0.0160	0.0129	0.0105
0.0573	0.0437	0.0334	0.0256	0.0196	0.0151	0.0116	0.0090	0.0070	0.0054	0.0042
0.0221	0.0154	0.0107	0.0075	0.0053	0.0037	0.0026	0.0019	0.0013	0.0010	0.0007
0.0085	0.0054	0.0035	0.0022	0.0014	0.0009	0.0006	0.0004	0.0003	0.0002	0.0001

〈표 2〉 연금의 현재가치이자요소(PVIFA)

$$PVIFA = \left[\frac{1}{i} - \frac{1}{i(1+i)^n}\right]$$

	이 자 율								
기간	1%	2%	3%	4%	5%	6%	7%	8%	9%
1	0.9901	0.9804	0.9709	0.9615	0.9524	0.9434	0.9346	0.9259	0.9174
2	1.9704	1.9416	1.9135	1.8861	1.8594	1.8334	1.8080	1.7833	1.7591
3	2.9410	2.8839	2.8286	2.7751	2.7232	2.6730	2.6243	2.5771	2.5313
4	3.9020	3.8077	3.7171	3.6299	3.5460	3.4651	3.3872	3.3121	3.2397
5	4.8534	4.7135	4.5797	4.4518	4.3295	4.2124	4.1002	3.9927	3.8897
6	5.7955	5.6014	5.4172	5.2421	5.0757	4.9173	4.7665	4.6229	4.4859
7	6.7282	6.4720	6.2303	6.0021	5.7864	5.5824	5.3893	5.2064	5.0330
8	7.6517	7.3255	7.0197	6.7327	6.4632	6.2098	5.9713	5.7466	5.5348
9	8.5660	8.1622	7.7861	7.4353	7.1078	6.8017	6.5152	6.2469	5.9952
10	9.4713	8.9826	8.5302	8.1109	7.7217	7.3601	7.0236	6.7101	6.4177
11	10.3676	9.7868	9.2526	8.7605	8.3064	7.8869	7.4987	7.1390	6.8052
12	11.2551	10.5753	9.9540	9.3851	8.8633	8.3838	7.9427	7.5361	7.1607
13	12.1337	11.3484	10.6350	9.9856	9.3936	8.8527	8.3577	7.9038	7.4869
14	13.0037	12.1062	11.2961	10.5631	9.8986	9.2950	8.7455	8.2442	7.7862
15	13.8651	12.8493	11.9379	11.1184	10.3797	9.7122	9.1079	8.5595	8.0607
16	14.7179	13.5777	12.5611	11.6523	10.8378	10.1059	9.4466	8.8514	8.3126
17	15.5623	14.2919	13.1661	12.1657	11.2741	10.4773	9.7632	9.1216	8.5436
18	16.3983	14.9920	13.7535	12.6593	11.6896	10.8276	10.0591	9.3719	8.7556
19	17.2260	15.6785	14.3238	13.1339	12.0853	11.1581	10.3356	9.6036	8.9501
20	18.0456	16.3514	14.8775	13.5903	12.4622	11.4699	10.5940	9.8181	9.1285
21	18.8570	17.0112	15.4150	14.0292	12.8212	11.7641	10.8355	10.0168	9.2922
22	19.6604	17.6580	15.9369	14.4511	13.1630	12.0416	11.0612	10.2007	9.4424
23	20.4558	18.2922	16.4436	14.8568	13.4886	12.3034	11.2722	10.3741	9.5802
24	21.2434	18.9139	16.9355	15.2470	13.7986	12.5504	11.4693	10.5288	9.7066
25	22.0232	19.5235	17.4131	15.6221	14.0939	12.7834	11.6536	10.6748	9.8226
30	25.8077	22.3965	19.6004	17.2920	15.3725	13.7648	12.4090	11.2578	10.2737
40	32.8347	27.3555	23.1148	19.7928	17.1591	15.0463	13.3317	11.9246	10.7574
50	39.1961	31.4236	25.7298	21.4822	18.2559	15.7619	13.8007	12.2335	10.9617

〈표 2〉 계속

이자율										
10%	11%	12%	13%	14%	15%	16%	17%	18%	19%	20%
0.9091	0.9001	0.8929	0.8850	0.8772	0.8696	0.8621	0.8547	0.8475	0.8403	0.8333
1.7355	1.7125	1.6901	1.6681	1.6467	1.6257	1.6052	1.5852	1.5656	1.5465	1.5278
2.4869	2.4437	2.4018	2.3612	2.3216	2.2832	2.2459	2.2096	2.1743	2.1399	2.1065
3.1699	3.1025	3.0373	2.9745	2.9137	2.8550	2.7982	2.2732	2.6901	2.6386	2.5887
3.7908	3.6959	3.6048	3.5172	3.4331	3.3522	3.2743	3.1994	3.1272	3.0576	2.9906
4.3553	4.2305	4.1114	3.9976	3.8887	3.7845	3.6847	3.5892	3.4976	3.4098	3.3255
4.8684	4.7122	4.5638	4.4226	4.2883	4.1604	4.0386	3.9224	3.8115	3.7057	3.6046
5.3349	5.1461	4.9676	4.7988	4.6389	4.4873	4.3436	4.2042	4.0776	3.9544	3.8372
5.7590	5.5371	5.3282	5.1317	4.9464	4.7716	4.6065	4.4506	4.3030	4.1633	4.0310
6.1446	5.8892	5.6502	5.4262	5.2161	5.0188	4.8332	4.6586	4.4941	4.3389	4.1925
6.4951	6.2065	5.9377	5.6869	5.4527	5.2337	5.0286	4.8364	4.6560	4.4865	4.3271
6.8137	6.4924	6.1944	5.9177	5.6603	5.4206	5.1971	4.9884	4.7932	4.6105	4.4392
7.1034	6.7499	6.4235	6.1218	5.8424	5.5831	5.3423	5.1183	4.9095	4.7147	4.5327
7.3667	6.9819	6.6282	6.3025	6.0021	5.7245	5.4675	5.2293	5.0081	4.8023	4.6106
7.6061	7.1909	6.8109	6.4624	6.1422	5.8474	5.5755	5.3242	5.0916	4.8759	4.6755
7.8237	7.3792	6.9740	6.6039	6.2651	5.9542	5.6685	5.4053	5.1624	4.9377	4.7296
8.0216	7.5488	7.1196	6.7291	6.3729	6.0472	5.7487	5.4746	5.2223	4.9897	4.7746
8.2014	7.7016	7.2497	6.8399	6.4674	6.1280	5.8178	5.5339	5.2732	5.0333	4.8122
8.3649	7.8393	7.3658	6.9380	6.5504	6.1982	5.8775	5.5845	5.3162	5.0700	4.8435
8.5136	7.9633	7.4694	7.0248	6.6231	6.2593	5.9288	5.6278	5.3527	5.1009	4.8696
8.6487	8.0751	7.5620	7.1016	6.6870	6.3125	5.9731	5.6648	5.3837	5.1268	4.8913
8.7715	8.1754	7.6446	7.1695	6.7429	6.3587	6.0113	5.6964	5.4099	5.1486	4.9094
8.8832	8.2664	7.7184	7.2297	6.7921	6.3988	6.0442	5.7234	5.4321	5.1669	4.9245
8.9847	8.3481	7.7843	7.2829	6.8351	6.4338	6.0726	5.7465	5.4509	5.1822	4.9371
9.0770	8.4217	7.8431	7.3300	6.8729	6.4641	6.0971	5.7662	5.4669	5.1952	4.9476
9.4269	8.6938	8.0552	7.4567	7.0027	6.5660	6.1772	5.8294	5.5168	5.2347	4.9789
9.7791	8.9511	8.2438	7.6344	7.1050	6.6418	6.2235	5.8713	5.5482	5.2582	4.9966
9.9148	9.0417	8.3045	7.6752	7.1327	6.6605	6.2463	5.8801	5.5541	5.2623	4.9995

〈표 3〉 미래가치이자요소(FVIF)

$FVIF = (1+i)^n$

	이 자 율								
기간	1%	2%	3%	4%	5%	6%	7%	8%	9%
1	1.0100	1.0200	1.0300	1.0400	1.0500	1.0600	1.0700	1.0800	1.0900
2	1.0201	1.0404	1.0609	1.0816	1.1025	1.1236	1.1449	1.1664	1.1881
3	1.0303	1.0612	1.0927	1.1249	1.1576	1.1910	1.2250	1.2597	1.2950
4	1.0406	1.0824	1.1255	1.1699	1.2155	1.2625	1.3108	1.3605	1.4116
5	1.0510	1.1041	1.1593	1.2167	1.2763	1.3382	1.4026	1.4693	1.5386
6	1.0615	1.1262	1.1941	1.2653	1.3401	1.4185	1.5007	1.5869	1.6771
7	1.0721	1.1487	1.2299	1.3159	1.4071	1.5036	1.6058	1.7138	1.8280
8	1.0829	1.1717	1.2668	1.3686	1.4775	1.5938	1.7182	1.8509	1.9926
9	1.0937	1.1951	1.3048	1.4233	1.5513	1.6895	1.8385	1.9990	2.1719
10	1.1046	1.2190	1.3439	1.4802	1.6289	1.7908	1.9672	2.1589	2.3674
11	1.1157	1.2434	1.3842	1.5395	1.7103	1.8983	2.1049	2.3316	2.5804
12	1.1268	1.2682	1.4258	1.6010	1.7959	2.0122	2.2522	2.5182	2.8127
13	1.1381	1.2936	1.4685	1.6651	1.8856	2.1329	2.4098	2.7196	3.0658
14	1.1495	1.3195	1.5126	1.7317	1.9799	2.2609	2.5785	2.9372	3.3417
15	1.1610	1.3459	1.5580	1.8009	2.0789	2.3966	2.7590	3.1722	3.6425
16	1.1726	1.3728	1.6047	1.8730	2.1829	2.5404	2.9522	3.4259	3.9703
17	1.1843	1.4002	1.6528	1.9479	2.2920	2.6928	3.1588	3.7000	4.3276
18	1.1961	1.4282	1.7024	2.0258	2.4066	2.8543	3.3799	3.9960	4.7171
19	1.2081	1.4568	1.7535	2.1068	2.5270	3.0256	3.6165	4.3157	5.1417
20	1.2202	1.4859	1.8061	2.1911	2.6533	3.2071	3.8697	4.6610	5.6044
21	1.2324	1.5157	1.8603	2.2788	2.7860	3.3996	4.1406	5.0338	6.1088
22	1.2447	1.5460	1.9161	2.3699	2.9253	3.6035	4.4304	5.4365	6.6586
23	1.2572	1.5769	1.9736	2.4647	3.0715	3.8197	4.7405	5.8715	7.2579
24	1.2697	1.6084	2.0328	2.5633	3.2251	4.0489	5.0724	6.3412	7.9111
25	1.2824	1.6406	2.0938	2.6658	3.3864	4.2919	5.4274	6.8485	8.6231
30	1.3478	1.8114	2.4273	3.2434	4.3219	5.7435	7.6123	10.063	13.268
40	1.4889	2.2080	3.2620	4.8010	7.0400	10.286	14.974	21.725	31.409
50	1.6446	2.6916	4.3839	7.1067	11.467	18.420	29.457	46.902	74.358

$FVIF > 99{,}999$

〈표 3〉 계속

이자율										
10%	11%	12%	13%	14%	15%	16%	17%	18%	19%	20%
1.1000	1.1100	1.1200	1.1300	1.1400	1.1500	1.1600	1.1700	1.1800	1.1900	1.2000
1.2100	1.2321	1.2544	1.2769	1.2996	1.3225	1.3456	1.3689	1.3924	1.4161	1.4400
1.3310	1.3676	1.4049	1.4429	1.4815	1.5209	1.5609	1.6015	1.6430	1.6852	1.7280
1.4641	1.5181	1.5735	1.6305	1.6890	1.7490	1.8106	1.8739	1.9388	2.0053	2.0736
1.6105	1.6851	1.7623	1.8424	1.9254	2.0114	2.1003	2.1925	2.2878	2.3866	2.4883
1.7716	1.8704	1.9738	2.0820	2.1950	2.3131	2.4364	2.5652	2.6996	2.8398	2.9860
1.9487	2.0762	2.2107	2.3526	2.5023	2.6600	2.8262	3.0012	3.1855	3.3793	3.5832
2.1436	2.3045	2.4760	2.6584	2.8526	3.0590	3.2784	3.5115	3.7589	4.0214	4.2998
2.3579	2.5580	2.7731	3.0040	3.2519	3.5179	3.8030	4.1084	4.4355	4.7855	5.1598
2.5937	2.8394	3.1058	3.3946	3.7072	4.0456	4.4114	4.8068	5.2338	5.6947	6.1917
2.8531	3.1518	3.4785	3.8359	4.2262	4.6524	5.1173	5.6240	6.1759	6.7767	7.4301
3.1384	3.4985	3.8960	4.3345	4.8179	5.3503	5.9360	6.5801	7.2876	8.0642	8.9161
3.4523	3.8833	4.3635	4.8980	5.4924	6.1528	6.8858	7.6987	8.5994	9.5965	10.699
3.7975	4.3104	4.8871	5.5348	6.2613	7.0757	7.9875	9.0075	10.147	11.420	12.839
4.1772	4.7846	5.4736	6.2543	7.1379	8.1371	9.2655	10.539	11.974	13.590	15.407
4.5950	5.3109	6.1304	7.0673	8.1372	9.3576	10.748	12.330	14.129	16.172	18.488
5.0545	5.8951	6.8660	7.9861	9.2765	10.761	12.468	14.426	16.672	19.244	22.186
5.5599	6.5436	7.6900	9.0242	10.575	12.375	14.463	16.879	19.673	22.901	26.623
6.1159	7.2633	8.6128	10.197	12.056	14.232	16.777	19.748	23.214	27.252	31.948
6.7275	8.0623	9.6463	11.523	13.743	16.367	19.461	23.106	27.393	32.429	38.338
7.4002	8.9492	10.804	13.021	15.668	18.822	22.574	27.034	32.324	38.591	46.005
8.1403	9.9398	12.100	14.714	17.861	21.645	26.186	31.629	38.142	45.923	55.206
8.9543	11.026	13.552	16.627	20.362	24.891	30.376	37.006	45.008	54.649	66.247
9.8497	12.239	15.179	18.788	23.212	28.625	35.236	43.297	53.109	65.032	79.497
10.835	13.585	17.000	21.231	26.462	32.919	40.874	50.658	62.669	77.388	95.396
17.449	22.892	29.960	39.116	50.950	66.212	85.850	111.06	143.37	184.68	237.38
45.259	65.001	93.051	132.78	188.88	267.86	378.72	533.87	750.38	1051.7	1469.8
117.39	184.56	289.00	450.74	700.23	1083.7	1670.7	2566.2	3927.4	5988.9	9100.4

〈표 4〉 연금의 미래가치이자요소(FVIFA)

$$FVIFA = \frac{(1+i)^n - 1}{i}$$

	이 자 율								
기간	1%	2%	3%	4%	5%	6%	7%	8%	9%
1	1.0000	1.0000	1.0000	1.0000	1.0000	1.0000	1.0000	1.0000	1.0000
2	2.0100	2.0200	2.0300	2.0400	2.0500	2.0600	2.0700	2.0800	2.0900
3	3.0301	3.0604	3.0909	3.1216	3.1525	3.1836	3.2149	3.2464	3.2781
4	4.0604	4.1216	4.1836	4.2465	4.3101	4.3746	4.4399	4.5061	4.5731
5	5.1010	5.2040	5.3091	5.4163	5.5256	5.6371	5.7507	5.8666	5.9847
6	6.1520	6.3081	6.4684	6.6330	6.8019	6.9753	7.1533	7.3359	7.5233
7	7.2135	7.4343	7.6625	7.8983	8.1420	8.3938	8.6540	8.9228	9.2004
8	8.2857	8.5830	8.8932	9.2142	9.5491	9.8975	10.260	10.637	11.028
9	9.3685	9.7546	10.159	10.583	11.027	11.491	11.978	12.488	13.021
10	10.462	10.950	11.464	12.006	12.578	13.181	13.816	14.487	15.193
11	11.567	12.169	12.808	13.486	14.207	14.972	15.784	16.645	17.560
12	12.683	13.412	14.192	15.026	15.917	16.870	17.888	18.977	20.141
13	13.809	14.680	15.618	16.627	17.713	18.882	20.141	21.495	22.953
14	14.947	15.974	17.086	18.292	19.599	21.015	22.550	24.215	26.019
15	16.097	17.293	18.599	20.024	21.579	23.276	25.129	27.152	29.361
16	17.258	18.639	20.157	21.825	23.657	25.673	27.888	30.324	33.003
17	18.430	20.012	21.762	23.698	25.840	28.213	30.840	33.750	36.974
18	19.615	21.412	23.414	25.645	28.132	30.906	33.999	37.450	41.301
19	20.811	22.841	25.117	27.671	30.539	33.760	37.379	41.446	46.018
20	22.019	24.297	26.870	29.778	33.066	36.786	40.995	45.762	51.160
21	23.239	25.783	28.676	31.969	35.719	39.993	44.865	50.423	56.765
22	24.472	27.299	30.537	34.248	38.505	43.392	49.006	55.457	62.873
23	25.716	28.845	32.453	36.618	41.430	46.996	53.436	60.893	69.532
24	26.973	30.422	34.426	39.083	44.502	50.816	58.177	66.765	76.790
25	28.243	32.030	36.459	41.646	47.727	54.865	63.249	73.106	84.701
30	34.785	40.568	47.575	56.085	66.439	79.058	94.461	113.28	136.31
40	48.886	60.402	75.401	95.026	120.80	154.76	199.64	259.06	337.88
50	64.463	84.579	112.80	152.67	209.35	290.34	406.53	573.77	815.08

FVIFA > 99,999

〈표 4〉 계속

이자율										
10%	11%	12%	13%	14%	15%	16%	17%	18%	19%	20%
1.0000	1.0000	1.0000	1.0000	1.0000	1.0000	1.0000	1.0000	1.0000	1.0000	1.0000
2.1000	2.1100	2.1200	2.1300	2.1400	2.1500	2.1600	2.1700	2.1800	2.1900	2.2000
3.3100	3.3421	3.3744	3.4069	3.4396	3.4725	3.5056	3.5389	3.5724	3.6061	3.6400
4.6410	4.7097	4.7793	4.8498	4.9211	4.9934	5.0665	5.1405	5.2154	5.2913	5.3680
6.1051	6.2278	6.3528	6.4802	6.6101	6.7424	6.8771	7.0144	7.1542	7.2966	7.4416
7.7156	7.9129	8.1152	8.3227	8.5355	8.7537	8.9775	9.2069	9.4420	9.6830	9.9299
9.4872	9.7833	10.089	10.405	10.730	11.067	11.414	11.772	12.142	12.523	12.916
11.436	11.859	12.300	12.757	13.233	13.727	14.240	14.773	15.327	15.902	16.499
13.579	14.164	14.776	15.416	16.085	16.786	17.519	18.285	19.086	19.923	20.799
15.937	16.722	17.549	18.420	19.337	20.304	21.321	22.391	23.521	24.709	25.959
18.531	19.561	20.655	21.814	23.045	24.349	25.733	27.200	28.755	30.404	32.150
21.384	22.713	24.133	25.650	27.271	29.002	30.850	32.824	34.931	37.180	39.581
24.523	26.212	28.029	29.985	32.089	34.352	36.786	39.404	42.219	45.244	48.497
27.975	30.095	32.393	34.883	37.581	40.505	43.672	47.103	50.818	54.841	59.196
31.772	34.405	37.280	40.417	43.842	47.580	51.660	56.110	60.965	66.261	72.035
35.950	39.190	42.753	46.672	50.980	55.717	60.925	66.649	72.939	79.850	87.442
40.545	44.501	48.884	53.739	59.118	65.075	71.673	78.980	87.068	96.022	105.93
45.599	50.396	55.750	61.725	68.394	75.836	84.141	93.406	103.74	115.27	128.12
51.159	56.939	64.440	70.749	78.969	88.212	98.603	110.29	123.41	138.17	154.74
57.275	64.203	72.052	80.947	91.025	102.44	115.38	130.03	146.63	165.42	186.69
64.002	72.265	81.699	92.470	104.77	118.81	134.84	153.14	174.02	197.85	225.03
71.403	81.214	92.503	105.49	120.44	137.63	157.41	180.17	206.34	236.44	271.03
79.543	91.148	104.60	120.20	138.30	159.28	183.60	211.80	244.49	282.36	326.24
88.497	102.17	118.16	136.83	158.66	184.17	213.98	248.81	289.49	337.01	392.48
98.347	114.41	133.33	155.62	181.87	212.79	249.21	292.10	342.60	402.04	471.98
164.49	199.02	241.33	293.20	359.79	434.75	530.31	647.44	790.95	966.71	1181.9
442.59	581.83	767.09	1013.7	1342.0	1779.1	2360.8	3134.5	4163.2	5529.8	7343.9
1163.9	1668.8	2400.0	3549.5	4994.5	7217.7	10436.	15090.	21813.	31515.	45497.

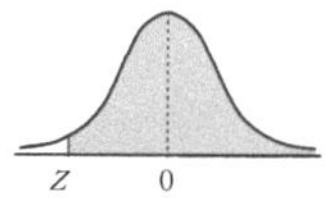

〈표 5〉 표준정규분포표

Z	.00	.01	.02	.03	.04	.05	.06	.07	.08	.09
−3.4	.0003	.0003	.0003	.0003	.0003	.0003	.0003	.0003	.0003	.0002
−3.3	.0005	.0005	.0005	.0004	.0004	.0004	.0004	.0004	.0004	.0003
−3.2	.0007	.0007	.0006	.0006	.0006	.0006	.0006	.0005	.0005	.0005
−3.1	.0010	.0009	.0009	.0009	.0008	.0008	.0008	.0008	.0007	.0007
−3.0	.0013	.0013	.0013	.0012	.0012	.0011	.0011	.0011	.0010	.0010
−2.9	.0019	.0018	.0018	.0017	.0016	.0016	.0015	.0015	.0014	.0014
−2.8	.0026	.0025	.0024	.0023	.0023	.0022	.0021	.0021	.0020	.0019
−2.7	.0035	.0034	.0033	.0032	.0031	.0030	.0029	.0028	.0027	.0026
−2.6	.0047	.0045	.0044	.0043	.0041	.0040	.0039	.0038	.0037	.0036
−2.5	.0062	.0060	.0059	.0057	.0055	.0054	.0052	.0051	.0049	.0048
−2.4	.0082	.0080	.0078	.0075	.0073	.0071	.0069	.0068	.0066	.0064
−2.3	.0107	.0104	.0102	.0099	.0096	.0094	.0091	.0089	.0087	.0084
−2.2	.0139	.0136	.0132	.0129	.0125	.0122	.0119	.0116	.0113	.0110
−2.1	.0179	.0174	.0170	.0166	.0162	.0158	.0154	.0150	.0146	.0143
−2.0	.0228	.0222	.0217	.0212	.0207	.0202	.0197	.0192	.0188	.0183
−1.9	.0287	.0281	.0274	.0268	.0262	.0256	.0250	.0244	.0239	.0233
−1.8	.0359	.0351	.0344	.0336	.0329	.0322	.0314	.0307	.0301	.0294
−1.7	.0446	.0436	.0427	.0418	.0409	.0401	.0392	.0384	.0375	.0367
−1.6	.0548	.0537	.0526	.0516	.0505	.0495	.0485	.0475	.0465	.0455
−1.5	.0668	.0655	.0643	.0630	.0618	.0606	.0594	.0582	.0571	.0559
−1.4	.0808	.0793	.0778	.0764	.0749	.0735	.0721	.0708	.0694	.0681
−1.3	.0968	.0951	.0934	.0918	.0901	.0885	.0869	.0853	.0838	.0823
−1.2	.1151	.1131	.1112	.1093	.1075	.1056	.1038	.1020	.1003	.0985
−1.1	.1357	.1335	.1314	.1292	.1271	.1251	.1230	.1210	.1190	.1170
−1.0	.1587	.1562	.1539	.1515	.1492	.1469	.1446	.1423	.1401	.1379
−0.9	.1841	.1814	.1788	.1762	.1736	.1711	.1685	.1660	.1635	.1611
−0.8	.2119	.2090	.2061	.2033	.2005	.1977	.1949	.1922	.1894	.1867
−0.7	.2420	.2389	.2358	.2327	.2296	.2266	.2236	.2206	.2177	.2148
−0.6	.2743	.2709	.2676	.2643	.2611	.2578	.2546	.2514	.2483	.2451
−0.5	.3085	.3050	.3015	.2981	.2946	.2912	.2877	.2843	.2810	.2776
−0.4	.3446	.3409	.3372	.3336	.3300	.3264	.3228	.3192	.3156	.3121
−0.3	.3821	.3783	.3745	.3707	.3669	.3632	.3594	.3557	.3520	.3483
−0.2	.4207	.4168	.4129	.4090	.4052	.4013	.3974	.3936	.3897	.3859
−0.1	.4602	.4562	.4522	.4483	.4443	.4404	.4364	.4325	.4286	.4247

〈표 5〉 계속

Z	.00	.01	.02	.03	.04	.05	.06	.07	.08	.09
0.0	.5000	.5040	.5080	.5120	.5160	.5199	.5239	.5279	.5319	.5359
0.1	.5398	.5438	.5478	.5517	.5557	.5596	.5636	.5675	.5714	.5753
0.2	.5793	.5832	.5871	.5910	.5948	.5987	.6026	.6064	.6103	.6141
0.3	.6179	.6217	.6255	.6293	.6331	.6368	.6406	.6443	.6480	.6517
0.4	.6554	.6591	.6628	.6664	.6700	.6736	.6772	.6808	.6844	.6879
0.5	.6915	.6950	.6985	.7019	.7054	.7088	.7123	.7157	.7190	.7224
0.6	.7257	.7291	.7324	.7357	.7389	.7422	.7454	.7486	.7517	.7549
0.7	.7580	.7611	.7642	.7673	.7704	.7734	.7764	.7794	.7823	.7852
0.8	.7881	.7910	.7939	.7967	.7995	.8023	.8051	.8078	.8106	.8133
0.9	.8159	.8186	.8212	.8238	.8264	.8289	.8315	.8340	.8365	.8389
1.0	.8413	.8438	.8461	.8485	.8508	.8531	.8554	.8577	.8599	.8621
1.1	.8643	.8665	.8686	.8708	.8729	.8749	.8770	.8790	.8810	.8830
1.2	.8849	.8869	.8888	.8907	.8925	.8944	.8962	.8980	.8997	.9015
1.3	.9032	.9049	.9066	.9082	.9099	.9115	.9131	.9147	.9162	.9177
1.4	.9192	.9207	.9222	.9236	.9251	.9265	.9279	.9292	.9306	.9319
1.5	.9332	.9345	.9357	.9370	.9382	.9394	.9406	.9418	.9429	.9441
1.6	.9452	.9463	.9474	.9484	.9495	.9505	.9515	.9525	.9535	.9545
1.7	.9554	.9564	.9573	.9582	.9591	.9599	.9608	.9616	.9625	.9633
1.8	.9641	.9649	.9656	.9664	.9671	.9678	.9686	.9693	.9699	.9706
1.9	.9713	.9719	.9726	.9732	.9738	.9744	.9750	.9756	.9761	.9767
2.0	.9772	.9778	.9783	.9788	.9793	.9798	.9803	.9808	.9812	.9817
2.1	.9821	.9826	.9830	.9834	.9838	.9842	.9846	.9850	.9854	.9857
2.2	.9861	.9864	.9868	.9871	.9875	.9878	.9881	.9884	.9887	.9890
2.3	.9893	.9896	.9898	.9901	.9904	.9906	.9909	.9911	.9913	.9916
2.4	.9918	.9920	.9922	.9925	.9927	.9929	.9931	.9932	.9934	.9936
2.5	.9938	.9940	.9941	.9943	.9945	.9946	.9948	.9949	.9951	.9952
2.6	.9953	.9955	.9956	.9957	.9959	.9960	.9961	.9962	.9963	.9964
2.7	.9965	.9966	.9967	.9968	.9969	.9970	.9971	.9972	.9973	.9974
2.8	.9974	.9975	.9976	.9977	.9977	.9978	.9979	.9979	.9980	.9981
2.9	.9981	.9982	.9982	.9983	.9984	.9984	.9985	.9985	.9986	.9986
3.0	.9987	.9987	.9987	.9988	.9988	.9989	.9989	.9989	.9990	.9990
3.1	.9990	.9991	.9991	.9991	.9992	.9992	.9992	.9992	.9993	.9993
3.2	.9993	.9993	.9994	.9994	.9994	.9994	.9994	.9995	.9995	.9995
3.3	.9995	.9995	.9995	.9996	.9996	.9996	.9996	.9996	.9996	.9997

찾아보기

(ㄱ)

가격규제 49
가격변수 1
간접검사 23
간접금융 3
감독정책 2
거래비용 3
거래상대방 리스크 213
거시감독 51
거시건전성정책 30
건전성 5
건전성 규제 50
건전성감독 14
건전성규제 59
검사 · 공동검사 결과의 송부 요청 21
검사 · 제재 14
검사요구 22
결제리스크 220
결제위험 171
겸영업무 58
경기대응완충자본 52, 65
경비성 예산 28
경상수익 179
경상수지 126
경영관리의 적정성 76
경영실태평가 76
경제부총리 11
경제적 손실리스크 213
경제적자본 167
경제정책 11, 12
경제주권 128
경제활동인구 251
고성능통화 87
고유동성자산 67, 72
고유업무 57
고정금리 이자 211
고정수입 175
고정수입 자산 175
고정환율제도 130
공개된 정보 121
공개시장조작 79
공공성 1, 5
공동검사 13, 22
공법인 17
공적자금 투입 24
공포지수 263
공헌 VaR 245
관리 · 감독 및 감시 14
관리변동환율제도 131
교차환율 108

구매력평가 115
국가 리스크 213
국고대리점 39
국고수납대리점 39
국내이자율-해외이자율 123
국무회의 29
국부펀드 43
국유화 0
국제결제은행 61
국제금융센터 45
국제금융정책 12
국제영업영위은행 62
국제정치적 합의 129
국제증권감독기구 37
국제통화기금 32
규제 55
규제 완화 47
규제 · 감독 1
근원물가지수 254
글로벌 금융체계상 중요 은행 65
금리개정리스크 203
금리리스크 202
금리민감부채 203
금리민감자산 203
금리선물 205
금리스왑 211
금리옵션 208
금융 자유화 47
금융(金融) 2
금융감독 기구 13
금융감독원 12, 17
금융감독원장 14, 18
금융결제원 37
금융교육 19
금융규제 47
금융기관 1, 3
금융기관 검사 및 공동검사 요구권 21
금융기관의 공공성 47
금융당국 1
금융분쟁조정 19
금융소비자보호처 19
금융시스템 1
금융안정 20
금융안정위원회 64
금융위원회 12, 13
금융정보분석원 44
금융정책 12
금융중심지 14
금융통화위원회 28
금융투자회사 3
금융행태 3
금융회사 감독 14
기본자산 64
기업회계의 기준 15
기준금리 92
기축통화 32
기타지급결제시스템 36
기획재정부 11, 12
기획재정부 차관 14
기획재정부장관 11
긴축정책 2

(ㄴ)
내부모형 63
내부유보 60
내생성 51, 89
네팅 195, 215
노동시장 여건지수 251, 252
농·수·산림조합 3

(ㄷ)
달러지수 112
담보 215
대고객시장 100
대마불사(大馬不死) 8
대손상각 7, 70
대손인정(요구)제도 71
대손충당금 60
대외지급 및 자본거래 관련 신고·접수·수리·허가 45
대체비용리스크 222
대형금융기관 53
델타·노말 방법 240
도덕적 해이 7
독립성 26
동일인 59
동태적 대손충당금 53
듀레이션 174, 184, 185
듀레이션갭 204

(ㄹ)
래깅 196
레버리지비율 66
리딩 196
리스크 요인 170
리스크 측정 170
리스크관리 5

(ㅁ)
마이너스 이자율 정책 83
마이너스 이자율 채권 83
만기(滿期) 175
만기불일치 비율 154
매도가격 178
매입가격 178
매칭 196
맥컬레이 듀레이션 188
명목실효환율 110
명목실효환율지수 111
명목환율 109
명목환율의 상승 120
목표 이자율 92
목표금리 27
무와 재산상황 조사확인권 21
무위험수익률 163
무자본 특수법인 17
물가안정 25
물가안정목표 29
미발행화폐(未發行貨幣) 31
미시감독 53
미시건전성정책 30
민감도 173
밀수 44

(ㅂ)
바젤 자기자본비율 61

바젤 I 규제 62
바젤II 규제 63
바젤III 규제개혁 64
바젤위원회 61
발권(發券) 30
발권력 10
발행금액(發行金額) 175
벌칙성 고금리 10
법률리스크 223
법안 11
법안 제출권 11
법적위험 171, 230
법적책무 250
법정화폐 30
베타 172
벤치마크수익률 163
변동금리 이자 211
변동성 162, 170
보복관세 145
보완자산 64
보유기간 수익률 177
보유비용모형 206
보장매도자 216
보장매입자 216
보증 215
보험감독원 17
보험회사 3
본원통화 4, 87, 91
볼록성 185
부도 171
부도 리스크 213
부도확률 214
부동산투자한도 72
부보금융기관 24
부수업무 57
부외거래 리스크 213
분담금 19
불건전여신 70
불건전자산 70
불공정거래 15
불법거래 색출 44
불안정성 지표 261
불완전 고용 252
불확실성 161
블랙-숄츠 모형 240
비대칭적 정보 6
비선형관계 191
비예상손실 215
비은행예금취급기관 3
비전통적 통화정책 수단 81
비체계적 위험 172
비헤지 140
비헤지 이자율 평가 140

(ㅅ)

사노피 183
사전감독 54
사전적 규제 50
사전적 금융안정 30
사후감독 55
사후관리 44
사후적 규제 50
사후적 위기수습 30
삼위일체 불가능성 136

상공회의소회장 28
상관관계 170
상대적 구매력평가 115
상대적 리스크 163
상시감시 55
상호저축은행 3
새마을금고 3
샤프비율 163
선물매도 197
선물매수 199
선물환거래 한도 154
선물환시장 99
선물환율 104
선물환포지션 규제 149
선물환포지션 한도 148
선형관계 191
성과보수 시스템 7
성장우선 정책 25
소비자물가지수 253
소액결제시스템 33
수익률 곡선 조정 정책 97, 98
수익률 분포 170
수익성 5, 76
수정 듀레이션 189
수출경쟁력 145
순안정자금조달비율 67, 72, 230
스왑레이트 41, 105
스왑포인트 104
스트레스테스트 154
스프레드 리스크 213
시가평가 215
시스템 리스크 8
시스템적 리스크 223
시장리스크 63, 171
시장리스크에 대한 민감도 76
시장변수 1, 171
시장위험가중자산 64
시장의 실패 26
시행령 11
신규고용자수 251
신규취업자수 252
신용가치조정 69
신용공여한도규제 74
신용관리기금 17
신용리스크 노출 215
신용사건 216
신용위험 171, 211, 213
신용위험가중자산 64
신용카드업 58
신용파생상품 216
신용협동조합 3
신탁업 58
실시각 관찰 가능 96
실시각총액결제시스템 33
실업률 251
실질 환율 110
실질실효환율 110
실질실효환율지수 111
실질적 회수기간 184
실질환율 110
실효환율지수 111
쏠림현상 23

(ㅇ)

아베노믹스 109
안전자산 175
약정이자 217
양적완화 82
업무영역규제 57
업무지속계획 226
엔캐리 청산 129
여신 2
역선택 6
역송금 124
연결고리 약화 95
연방공개시장위원회 27
연방기금선물금리 257
연방자금 목표 이자율 92
연방준비제도 27
연방준비제도이사회 27
영업양수도 14
예금보험공사 24
예금보험공사 사장 14
예금보험기금 24
예금보험기금채권상환기금 24
예금자보호법 24
예금통화 4, 89
예대율 규제 72
예상손실 214
오퍼레이션 트위스트 96
완전고용 25
완화정책 2
외국인 직접투자 127
외국인 채권투자 과세 151
외국환 중개회사 101
외국환거래에 대한 조사·검사 43
외국환거래정보의 집중 및 관리 44
외국환중개회사 13, 44, 101
외국환평형기금 41
외국환평형기금채권 41
외생성 54, 90
외평기금 41
외화대출 용도제한 152
외화안전자산 보유비율 154
외화여유자금비율 154
외화유동성 규제 153
외화유동성비율 154
외화유동성커버리지 비율 72
외화자금시장 105
외화차입여건 105
외환건전성 부담금 150
외환결제시스템 33
외환당국 101, 148
외환보유액 128
외환보유액의 보유와 운용 42
외환스왑 99, 104
외환시장 2, 104
외환시장 개입 134, 144
외환시장 안정기능 41
외환심사팀 45
외환의 매매시장(賣買市場) 99
외환의 차입시장(借入市場) 99
외환재정거래 141
외환정책 2, 12
외환정책에 대한 협의기능 40
외환종합지표 45

외환파생상품 포지션 한도 규제 148
요구 지급준비율 90
운영리스크 222
운영위험 171, 230
운영위험가중자산 64
원금리스크 221
위기상황분석 73
위임 13
위탁 57
위험가중자산 62
위험관리 4
위험자산 선호도 2
위험조정 자본수익률 166
유가증권투자한도 71
유동성 2, 4, 76
유동성 갭 비율 229
유동성 부족 9, 20
유동성 자산 4
유동성 커버리지 비율 229
유동성규제 71
유동성리스크 222
유동성리스크 관리 기준 73
유동성비율 228
유동성비율 규제 72
유동성위험 171
유동성커버리지비율(LCR) 67
유럽연합 26
유럽중앙은행 26
유로화 사용지역 26
유통속도 86
은행간시장 100
은행감독원 17
은행감독제도 56
은행경영실태 평가 22
은행계정 202
은행업 인가 56
은행연합회장 28
은행주식의 보유규제 58
은행지주회사 21
이자수입 123
이자율 규제 49
이자율 스프레드 97
이자율 차이 123
이자율 평가이론 138
이자율(發行金利) 175
이자쿠폰(利票) 175
이표채(利票債) 174
익익일물결제 103
인·허가 14
인가 54
인플레이션 26
인플레이션 갭 92
일중대출(日中貸出) 34
임점검사 55

(ㅈ)

자금세탁 44
자금조달 비용 124
자금중개 57
자기자본 59
자기자본비율 62
자기자본의 충실화 59
자료제출 요구권 21

자본보전완충자본 65
자본손실 178
자본손실의 가능성 123
자본수지 127
자본시장 14
자본시장의 관리 · 감독 및 감시 15
자본이득 178
자본적정성 76
자본하한 68
자산 변환 4
자산건전성 70, 76
자산건전성 분류기준 70
자유변동환율제도 131
자체 리스크 측정모형 63
재규제 47
재무건전성 기준 54
재무제표 6
재무협상 215
재의 요구권 21
재정거래 141
재정대행기관 39
재정차익 141
재정환율 108
재조달리스크 202
재투자리스크 203
재할인정책 81
적기시정조치 50, 77
적정통화증가율 86
전자중개시스템 103
전통적인 통화정책 수단 79
전환 14
절대적 구매력평가 115
절대적 리스크 162
점도표 257
점두거래 211
정규분포 232
정보비율 163
정상 70
정책 기조 97
정책목표 26
정책방향 1, 249
정책방향 예측 264
정책수행 방식 1
정책이사회 27
정책적 책무 1
정책협의 12
정치적 요인 128
제도적 규제 2
제재 19, 55
젠센의 알파 166
조폐이익 31
주가 2, 171
주식시장 경로 124
주택담보인정비율 52
중개기관 2
중앙은행 2, 3
중요지급결제시스템 36
중장기 외화자금조달비율 154
증권감독원 17
증권결제리스크 225
증권결제시스템 33
증권선물위원회 15
증권투자 127

지급결제수단 4
지급결제시스템 20
지급결제의 안정성 20
지급능력부족 20
지급불능 9, 128
지급준비금 4, 87
지급준비금 제도 53
지급준비율 4, 80, 88
지역연방준비은행 27
지정학적 긴장 128
직접검사 23
직접금융 2
진입 및 퇴출 규제 49
집합투자업 58
집합투자증권에 대한 투자매매업 58

(ㅊ)

차액결제 195
차액결제 선물환 105
차액결제방식 223
차액결제선물환 106
채권가격 2
채권시장 경로 123
청산능력 4, 71
체계적위험 172
초과 지급준비율 91
초과수익 163
초과지급준비금 89
총부채상환비율 52
총액결제시스템 33
총체적 상환능력비율 52
최저자본금규제 59
최저자본금제도 60
최종대부자 8, 20, 38
추적오차 163
추적오차 변동성 163
추정손실 70
출연금 18

(ㅋ)

캐리 통화 128
캐리 트레이드 128, 129
캡 210
컨벡시티 174
콜옵션 매입 200

(ㅌ)

탈세 44
테일러 룰 92
통합유동성커버리지 비율 72
통화 89
통화가치의 상승 120, 131
통화가치의 안정 30
통화가치의 하락 131
통화스왑 99
통화승수 89
통화승수 모형 87
통화의 가치 하락 120
통화정책 2, 12, 79
통화정책 수단 79
통화정책 운영계획 29
통화정책 운영체계 97
통화정책의 시차 95

투자중개업 58
투자행태 2
트레이너 비율 165
트레이딩 자산 171
특별인출권 32

(ㅍ)
평가(平價) 137
평가절상 131
평가절하 131
평균수익률 163
평균회수기간 186
포지션 한도 148
포트폴리오 베타 174
포트폴리오 조정 2
표준화 정규분포 233
풋옵션 매입 198
플라자 합의 129
플로어 209

(ㅎ)
하방 리스크 161
한국은행 12
한국은행 부총재 14
한국조폐공사 31
한국투자공사 43
한도규제 54
한은금융망 32, 33
합병 14
행정위원회 13
헤지 138
헤지 이자율 평가 139
헨켈 183
현금보유비율 88, 90
현금통화 87, 89
현물환시장 99
현물환율 104
현재가치 174
화폐 발행(發行) 31
화폐개혁 31
화폐수량설 85
화폐화 39
환 노출 194
환리스크 관리 194
환매조건부채권매도 79
환산액 194
환율 2, 41, 104, 171
환율 조작 144
환율제도 130
회계감리 15
회수율 리스크 213
회수의문 70

Index

(A)

absolute purchasing power parity 115
absolute risk 162
adverse selection 6
appreciation 120, 131
arbitrage benefit 141
arbitrage exchange rate 108
Asset Quality 22, 76
asymetric information 6

(B)

Bank for International Settlement, BIS 61
Basel Committee on Banking Supervision, BCBS 61
benchmark interest rate 28
BOK-wire 33
Business Continuity Planning, BCP 226
buy&sell 외환스왑 201

(C)

CAMEL 평가제도 76
CAMEL-R 경영평가 76
cap 210
Capital Adequacy 22, 76
capital conservation buffer 65
capital gain 178
capital loss 179
carry trade 129
carry trade currency 128
CDS premium 216
CDS 프리미엄 263
CDS(credit default swap) 216
CLN 발행자 220
CLN 투자자 220
CLS시스템 226
Committee on Payments and Market Infrastructures, CPMI 37
commodity price 171
consumer pruce index, CPI 253
Conventional Tools of Monetary policy 79
convexity 174, 185
Core CPI 254
Cost of Carry Model 206
countercyclical buffer 65
Countercyclical Capital Buffer, CCyB 52
counterparty risk 213

coupon 175
coupon interest income 123
coupon interest rate 175
covered IRP, CIRP 139
credit default swap, CDS 263
credit linked notes, CLN 220
Credit Valuation Adjustment, CVA 69
cross exchange rate 108
currency 87, 89
currency holding ratio 88, 90
current yield 179

(D)

Debt Service Ratio, DSR 52
Debt to Income, DTI 52
default risk 213
deposit 89
depreciation 113, 120, 131
deregulation 47
devaluation 131
dirty floating exchange rate regime 131
Discount Policy 81
dollar index 112
downside risk 161
duration 174, 184, 185
Dynamic Provisions 53

(E)

Earnings 22, 76
economic capital 167
effective exchange rate index 111
Electronic Brokering System, EBS 103
endogeneity 90
endogeneous 51
equity price 171
Euro Zone 26
European Central Bank 26
European Union, EU 26
excess reserve 89
excess reserve ratio 91
exchange rate 104, 171
exchange rate regime 130
exogeneity 90
exogeneous 54
expected loss, EL 214

(F)

face amount 175
fear index 263
federal fund target rate 27, 92
Federal Reserve Board, FRB 27
Federal Reserve System 27
Financial Covenants 215
financial liberalization 47
financial regulation 47
Financial Stability Board, FSB 64
fiscal agency 39
fixed exchange rate regime 130
fixed income 175
fixed income asset 175
flattening 204

floor 209
FOMC(Federal Open Market Committee) 27
foreign direct investment, FDI 127
foreign exchange exposure 194
foreign exchange market 104
Foreign Exchange Stabilzation Fund 41
Forward Guidance 84
free-floating exchange rate regime 131
FX market 104

(G)
geopolitical tension 128
global systemically important bank, G-SIB 65
Governing Council 27
great rotation 122

(H)
hedge 138, 183
herd behavior 23
High Quality Liquid Assets, HQLA 67
high-powered money 87

(I)
illiquidity 9, 20
impossible trinity 136
inflation gap 92
Information ratio 163
insolvency 9, 20
interest rate 171
interest rate spread 97
internal models 63
International Monetary Fund, IMF 32
International Organization of Securities Commission, IOSCO 37
international political accord 129
internationally active bank 62
intraday credit 34

(J)
Jensen's alpha 166
J커브 효과 158

(K)
key currency 32
Korea Investment Fund, KIC 43

(L)
Labor Market Condition Index, LMCI 252
lagging 196
leading 196
legal risk 230
legal tender 30
lender of last resort 20
leverage ratio 66
Libor-OIS 스프레드 261
licence 54

Liquidity 22, 76
liquidity coverage ratio, LCR 67, 229, 230
liquidity gap ratio 229
liquidity ratio 228
Loan to Value, LTV 52
loss absorbency 62

(M)

managed floating exchange rate regime 131
Management 76
Mark to Market 215
market variable 171
matching 196
maturity 175
mitigation risk 213
Modified Duration 189
monetary base 91
monetary base, MB 87
monetization 39
money 89
money multiplier 89

(N)

Negative Interest Rate Policy, NIRP 83
negative yielding bonds 83, 183
net settlement 195
Net Stable Funding Ratio, NSFR 67, 72
netting 195, 215
nominal effective exchange rate 110
nominal effective exchange rate index 111
nominal exchange rate 109
non-deliverable forward, NDF 105

(O)

off balance sheet risk 213
off-site surveillance 55
on-site examination 55
Open Market Operation, OMO 79
operation twist 96
operational risk 230
output floor 68
Oversight 34

(P)

parity 137
portfolio investment 127
potential capital loss possibility 123
protection buyer 216, 220
protection seller 216, 220
prudential regulation 50, 59
public information 121
purchasing power parity 115

(Q)

Quantitative Easing 82
Quantity Theory of Money 85

(R)

real effective exchange rate 110
real effective exchange rate index 111
real exchange rate 110
Real Time Gross Settlement, RTGS 33
Real-time monitoring 96
recovery risk 213
redenomination 31
refunding risk 202
regulation 55
reinvestment risk 203
relative purchasing power parity 115
relative risk 163
repatriation 124
repurchasing, R/P 79
Required Reserve Ratio 80, 88, 90
reregulation 47
reserve 87
Reserve Requirements 53
revaluation 131
reverse great rotation 122
risk premium 143
risk-adjusted return on capital 166
risk-off 122
risk-on 122
risk-weighted asset, RWA 62
RiskMetrics 232

(S)

sanction 55
Sanofi 183
seignorage 31
sensitivity 173
Sensitivity to Market Risk 76
shadow banking 64
Sharpe ratio 163
solvency 4
sovereign risk 213
Special Drawing Right, SDR 32
spread risk 213
statutory mandate 250
steepening 204
Stress Test 73
Surcharges for SIFIs 53
survey 22
systematic risk 172
Systemically Important Financial Institution, SIFI 53

(T)

Taylor Rule 92
TED 스프레드 261
the lender of last resort 38
Time lag of the monetary policy 95
too big to fail 8
total return swap, TRS 217, 219
tracking error 163
tracking error volatility 163
Treynor ratio 165

TRS(total return swap) 219, 220
two-corner solution 132

(U)
uncertainty 161
Unclear linkage 95
Unconventional Tools of Monetary Policy 81
uncovered IRP 138, 140
unencumbered 67
unexpected loss, UL 215
unwinding of Yen carry 129

(V)
Value at Risk 231
value spot 103
VaR 231
velocity 86
VIX지수 263
volatility 162

(Y)
Yield Curve Control 97, 98

저자소개

▪ **강 재 택**(KANG Jae Taeck) jetkang@inha.ac.kr

〈학력〉

· 1982. 연세대학교 경제학과.
· 1991~1993. 파리 13대학교, 국제경제학과(DEA)
· 1997~2000. 파리 13대학교, 국제경제학과(Ph.D.)

〈경력〉

· 현재, 인하대학교 금융투자학과 교수
· 1982~2019.2. 한국은행 브뤼셀 주재원, 위탁관리팀장, 국제연구팀장, 외환시장팀장, 외환업무부장, 충북본부장, 인재개발원 주임교수
· 2012. 국립외교원 글로벌리더십 과정(5기) 수료

〈저서〉

· 국제금융체제 개편 논의(2003.1. 한국은행)
· 생활속의 환율(2008.4. 경문사)
· 21세기 통화전쟁(2014.12. 매일경제신문사)
· Macroeconomics : Principles and Their Applications(2018.9. 경문사)
· 거시경제-원리와 응용-(2019.8. 경문사)
· 국제금융시장론-원리와 응용-(2020.8. 경문사)
· 글로벌 기업재무(2021.6. 경문사)

금융기관론

저 자	강재택
발행인	한헌주
발행처	경문사
주 소	서울시 서대문구 독립문로 21-9 1층
전 화	02) 738-7035
팩 스	02) 722-4678
E-mail	kmsp@korea.com
홈페이지	http://www.kmsp.co.kr
발행일	2022년 8월 10일

정가 **22,000** 원 ISBN 978-89-420-0022-7 93320

• 이 책은 인하대학교 연구비 지원을 통해 발간되었습니다.